U0360978

国家出版基金项目
NATIONAL PUBLICATION FOUNDATION

"十四五"国家重点图书出版规划项目
核能与核技术出版工程

先进核反应堆技术丛书（第一期）
主编 于俊崇

海洋核动力平台安全研究

Research on Safety Design of Marine Nuclear Power Platform

于俊崇 等 编著

上海交通大学出版社
SHANGHAI JIAO TONG UNIVERSITY PRESS

内容提要

    本书为"先进核反应堆技术丛书"之一。本书从海洋核动力平台安全设计的基本方法、原则和原理出发,对海洋核动力平台安全问题进行了全方位的研究。主要内容包括海洋核动力平台的安全研究的总目标和基本原则、临界安全与反应性控制、热工安全与堆芯冷却、辐射防护与屏蔽设计、海洋核动力结构力学设计、固有安全设计、耐事故能力设计、平台总体布置、严重事故预防与缓解、征兆导向应急事故规程、海上核动力平台核应急和倾斜摇摆影响分析等。本书可供广大核动力科学爱好者阅读了解,是我国广大有志于从事海洋核动力平台设计工作的研究生和已经从事设计工作的工程科研人员不可多得的参考资料与工具书。

图书在版编目(CIP)数据

    海洋核动力平台安全研究/ 于俊崇等编著. —上海:
上海交通大学出版社,2023.1
    (先进核反应堆技术丛书)
    ISBN 978-7-313-27294-2

    Ⅰ. ①海… Ⅱ. ①于… Ⅲ. ①核动力船—海上平台—核安全—研究 Ⅳ. ①U674.921

    中国版本图书馆 CIP 数据核字(2022)第 152308 号

海洋核动力平台安全研究
HAIYANG HEDONGLI PINGTAI ANQUAN YANJIU

编　　著:于俊崇 等
出版发行:上海交通大学出版社　　　　　地　　址:上海市番禺路 951 号
邮政编码:200030　　　　　　　　　　　电　　话:021-64071208
印　　制:苏州市越洋印刷有限公司　　　经　　销:全国新华书店
开　　本:710mm×1000mm　1/16　　　印　　张:13.75
字　　数:233 千字
版　　次:2023 年 1 月第 1 版　　　　　印　　次:2023 年 1 月第 1 次印刷
书　　号:ISBN 978-7-313-27294-2
定　　价:118.00 元

版权所有　侵权必究
告读者:如发现本书有印装质量问题请与印刷厂质量科联系
联系电话:0512-68180638

先进核反应堆技术丛书

编 委 会

主 编

于俊崇（中国核动力研究设计院，研究员，中国工程院院士）

编 委（按姓氏笔画排序）

王丛林（中国核动力研究设计院，研究员级高级工程师）

刘　永（核工业西南物理研究院，研究员）

刘汉刚（中国工程物理研究院，研究员）

孙寿华（中国核动力研究设计院，研究员）

李　庆（中国核动力研究设计院，研究员级高级工程师）

李建刚（中国科学院等离子体物理研究所，研究员，中国工程院院士）

杨红义（中国原子能科学研究院，研究员级高级工程师）

余红星（中国核动力研究设计院，研究员级高级工程师）

张东辉（中国原子能科学研究院，研究员）

张作义（清华大学，教授）

陈　智（中国核动力研究设计院，研究员级高级工程师）

柯国土（中国原子能科学研究院，研究员）

姚维华（中国核动力研究设计院，研究员级高级工程师）

顾　龙（中国科学院近代物理研究所，研究员）

柴晓明（中国核动力研究设计院，研究员级高级工程师）

徐洪杰（中国科学院上海应用物理研究所，研究员）

黄彦平（中国核动力研究设计院，研究员）

序

人类利用核能的历史始于 20 世纪 40 年代。实现核能利用的主要装置——核反应堆诞生于 1942 年。意大利著名物理学家恩里科·费米领导的研究小组在美国芝加哥大学体育场,用石墨和金属铀"堆"成了世界上第一座用于试验可实现可控链式反应的"堆砌体",史称"芝加哥一号堆",于 1942 年 12 月 2 日成功实现人类历史上第一个可控的铀核裂变链式反应。后人将可实现核裂变链式反应的装置称为核反应堆。

核反应堆的用途很广,主要分为两大类:一类是利用核能,另一类是利用裂变中子。核能利用又分军用与民用。军用核能主要用于原子武器和推进动力;民用核能主要用于发电,在居民供暖、海水淡化、石油开采、冶炼钢铁等方面也具有广阔的应用前景。通过核裂变中子参与核反应可生产钚-239、聚变材料氚以及广泛应用于工业、农业、医疗、卫生等诸多领域的各种放射性同位素。核反应堆产生的中子还可用于中子照相、活化分析以及材料改性、性能测试和中子治癌等方面。

人类发现核裂变反应能够释放巨大能量的现象以后,首先研究将其应用于军事领域。1945 年,美国成功研制原子弹,1952 年又成功研制核动力潜艇。由于原子弹和核动力潜艇的巨大威力,世界各国竞相开展相关研发,核军备竞赛持续至今。另外,由于核裂变能的能量密度极高且近零碳排放,这一天然优势使其成为人类解决能源问题与应对环境污染的重要手段,因而核能和平利用也同步展开。1954 年,苏联建成了世界上第一座向工业电网送电的核电站。随后,各国纷纷建立自己的核电站,装机容量不断提升,从开始的 5 000 千瓦到目前最大的 175 万千瓦。截至 2021 年底,全球在运行核电机组共计 436 台,总装机容量约为 3.96 亿千瓦。

核能在我国的研究与应用已有 60 多年的历史,取得了举世瞩目的成就。

1958 年，我国第一座核反应堆建成，开启了我国核能利用的大门。随后我国于 1964 年、1967 年与 1971 年分别研制成功原子弹、氢弹与核动力潜艇。1991 年，我国大陆第一座自主研制的核电站——秦山核电站首次并网发电，被誉为"国之光荣"。进入 21 世纪，我国在研发先进核能系统方面不断取得突破性成果，如研发出具有完整自主知识产权的第三代压水堆核电品牌 ACP1000、ACPR1000 和 ACP1400。其中，以 ACP1000 和 ACPR1000 技术融合而成的"华龙一号"全球首堆已于 2020 年 11 月 27 日首次并网成功，其先进性、经济性、成熟性、可靠性均已处于世界第三代核电技术水平，标志着我国已进入掌握先进核能技术的国家之列。截至 2022 年 7 月，我国大陆投入运行核电机组达 53 台，总装机容量达 55 590 兆瓦。在建机组有 23 台，装机容量达 24 190 兆瓦，位居世界第一。

2002 年，第四代核能系统国际论坛（Generation Ⅳ International Forum，GIF）确立了 6 种待开发的经济性和安全性更高的第四代先进的核反应堆系统，分别为气冷快堆、铅合金液态金属冷却快堆、液态钠冷却快堆、熔盐反应堆、超高温气冷堆和超临界水冷堆。目前我国在第四代核能系统关键技术方面也取得了引领世界的进展：2021 年 12 月，具有第四代核反应堆某些特征的全球首座球床模块式高温气冷堆核电站——华能石岛湾核电高温气冷堆示范工程送电成功。此外，在号称人类终极能源——聚变能方面，2021 年 12 月，中国"人造太阳"——全超导托卡马克核聚变实验装置（Experimental and Advanced Superconducting Tokamak，EAST）实现了 1 056 秒的长脉冲高参数等离子体运行，再一次刷新了世界纪录。经过 60 多年的发展，我国已建立起完整的科研、设计、实（试）验、制造等核工业体系，专业涉及核工业各个领域。科研设施门类齐全，为试验研究先后建成了各种反应堆，如重水研究堆、小型压水堆、微型中子源堆、快中子反应堆、低温供热实验堆、高温气冷实验堆、高通量工程试验堆、铀-氢化锆脉冲堆、先进游泳池式轻水研究堆等。近年来，为了适应国民经济发展的需要，我国在多种新型核反应堆技术的科研攻关方面也取得了不俗的成绩，如各种小型反应堆技术、先进快中子堆技术、新型嬗变反应堆技术、热管反应堆技术、钍基熔盐反应堆技术、铅铋反应堆技术、数字反应堆技术以及聚变堆技术等。

在我国，核能技术已应用到多个领域，为国民经济的发展做出了并将进一步做出重要贡献。以核电为例，根据中国核能行业协会数据，2021 年中国核能发电 4 071.41 亿千瓦·时，相当于减少燃烧标准煤 11 558.05 万吨，减少排放二氧化碳 30 282.09 万吨、二氧化硫 98.24 万吨、氮氧化物 85.53 万吨,相当于造林 91.50 万公顷(9 150 平方千米)。在未来实现"碳达峰、碳中和"国家重大战略和国民经济高质量发展过程中,核能发电作为以清洁能源为基础的新型电力系统的稳定电源和节能减排的保障将起到不可替代的作用。也可以说,研发先进核反应堆为我国实现能源独立与保障能源安全、贯彻"碳达峰、碳中和"国家重大战略部署提供了重要保障。

随着核动力和核技术应用的不断扩展,我国积累了大量核领域的科研成果与实践经验,因此很有必要系统总结并出版,以更好地指导实践,促进技术进步与可持续发展。鉴于此,上海交通大学出版社与国内核动力领域相关专家多次沟通、研讨,拟定书目大纲,最终组织国内相关单位,如中国原子能科学研究院、中国核动力研究设计院、中国科学院上海应用物理研究所、中国科学院近代物理研究所、中国科学院等离子体物理研究所、清华大学、中国工程物理研究院、核工业西南物理研究院等,编写了这套"先进核反应堆技术丛书"。本丛书聚集了一批国内知名核动力和核技术应用专家的最新研究成果,可以说代表了我国核反应堆研制的先进水平。

本丛书规划以 6 种第四代核反应堆型及三个五年规划(2021—2035 年)中我国科技重大专项——小型反应堆为主要内容,同时也包含了相关先进核能技术(如气冷快堆、先进快中子反应堆、铅合金液态金属冷却快堆、液态钠冷却快堆、重水反应堆、熔盐反应堆、超临界水冷堆、超高温气冷堆、新型嬗变反应堆、科学研究用反应堆、数字反应堆)、各种小型堆(如低温供热堆、海上浮动核能动力装置等)技术及核聚变反应堆设计,并引进经典著作《热核反应堆氚工艺》等,内容较为全面。

本丛书系统总结了先进核反应堆技术及其应用成果,是我国核动力和核技术应用领域优秀专家的精心力作,可作为核能工作者的科研与设计参考,也可作为高校核专业的教辅材料,为促进核能和核技术应用的进一步发展及人才的培养提供支撑。本丛书必将为我国由核能大国向核能强国迈进、推动我国核科技事业的发展做出一定的贡献。

于俊崇

2022 年 7 月

前　　言

　　自 1954 年 1 月 24 日美国建成的世界第一艘核潜艇鹦鹉螺号首次试航开始，人类在海洋条件下使用核动力的历史已经超过了一个甲子。随着科学技术发展和人类对物质需求的不断增加，在海洋条件下使用核能的应用方向，从军事领域拓展到更为广阔的民用领域，如海上开采油气、开发深海油气和矿物资源、为岛屿和近海城市提供能源、深海探测、北极航线开辟等。

　　在海洋条件下使用的核动力平台，与在陆地上广泛使用核能的电站存在明显区别。如海洋环境下的风、浪、涌作用，使核动力装置或平台产生倾斜、颠簸和摇摆；由于几何空间的限制，核动力平台的系统相对简化；核动力平台的功率较小，属于小型反应堆，但使用要求和可靠性要求较高；有些情况下，要求平台运行具备较好的机动性、可移动性和高度智能化。

　　但与陆上核能电站一样，海洋核动力平台通常采用压水堆，系统的配置和设计方法相似，平台安全设计研究的重点关注内容大多是反应性控制、堆芯热量导出和放射性物质包容。因此，海洋核动力平台的安全性能评估和改进，与较为成熟的核电站反应堆安全设计和分析相比，既有一定的通用性，又呈现出了不同的特征。

　　在七十多年的核能发展史中，发生过三次重大的核事故，即美国三哩岛核事故、苏联切尔诺贝利核事故和日本福岛核事故。这些事故造成了全球性、长久性的影响，同时也激发核能从业者们吸取经验教训，持续研究和提高核能使用的安全性。针对核电站反应堆的安全分析已有较多专著，但没有对海洋核动力平台的安全开展的针对性研究总结。本书从总目标和基本原则、堆芯的临界安全与反应性控制、热工安全与堆芯冷却、辐射防护与屏蔽设计、结构力学设计、固有安全与耐事故能力设计、系统布置、严重事故预防与缓解、核应急、倾斜摇摆影响等方面，系统分析了海洋核动力平台的安全特性，提出了可供参考的分析方法和改进措施。

书中讨论的研究对象主要针对采用压水堆的海洋核动力平台,为保证完整性,每章在关注海洋条件带来影响的同时,也简要描述了通用的基础理论和设计方法,对这些内容感兴趣的读者可以研读相关参考文献进行深入阅读和学习。

全书由杨帆博士和周毅博士统稿,于俊崇院士总策划和定稿。各章的主要撰写人员如下:第1章,于俊崇;第2章和第9章,李喆;第3章,赵文博;第4章、第10章和第11章,杨帆;第5章、第8章8.3节,周毅;第6章,吴丹;第7章,张卓华;第8章8.1节、8.2节和第12章,李权;第13章,胡强。另外,于红、王啸宇、邓坚、冉旭、白晓明、李晨曦、吴婧、辛素芳、宋丹戎、张丹也参加了本书编写的部分工作。

本书中部分素材来源于国内外学者发表的专著或期刊论文,在此表示感谢!

因编者水平有限,书中存在的不足和疏漏之处,敬请读者与同行批评指正。

目　　录

第 1 章

概　述

　　人类在海洋条件下使用核动力(以下简称"海洋核动力")的历史已超过了一个甲子。首先应用核能作为动力的是舰船,美国于 1954 年建成了世界第一艘核动力潜艇鹦鹉螺号。由于将核能动力用于海洋军事装备较化石能源动力(煤炭、石油等)有着无与伦比的优点,美国于 1959 年、1961 年先后建成世界第一艘核动力巡洋舰和核动力航空母舰,在这之前,还于 1958 年建成了世界第一艘核商船萨瓦娜号。苏联紧随美国之后,于 1957 年下水第一艘核潜艇,1959 年建成了核动力破冰船,之后又建成了核动力巡洋舰。到目前为止,人类已建造了超过 500 艘核动力舰船,至今仍有 180 座反应堆安装于不同类型的舰船上,并在海洋中运行,他们分属美、俄、中、印、法、英等国。但这种局面将很快被打破,一些第三世界国家,如巴西、阿根廷等国也早就计划自主建造海洋核动力[1]。

　　随着科学技术发展和人类对物质需求的增加,海洋条件下的核能利用将不限于军事用途,已开始应用于海上开采油气、开发深海资源、近海城市供热等民用领域。

1.1　海洋核动力的应用方向

　　海洋核动力用途广阔,主要有如下应用方向[2-3]:

　　(1) 为海上开采油气供应电力、蒸汽和淡水。我国渤海油气资源储量丰富,当前靠油井采集的"废气"进行发电、供热和海水淡化,经过多年开采,"废气"资源已近枯竭。经多种替代能源方案比较,专家认为建设海上核能发电平台是比较好的方案之一。

　　(2) 为开发深海油气资源和大洋深处矿物提供动力。开发我国深海油气资源和大洋深处矿物资源都需要专门的就地设备,为这一类深海设备提供持久动力,非核能莫属。

(3)为开发南海诸岛提供能源。南海岛屿远离大陆,各个岛屿都是独立的,需要有稳定可靠的电源为岛上的生产、生活、国防、行政管理和社会服务等方方面面提供支持(如电力和淡水),但目前在实施的太阳能、风能和柴油发电机组综合供电方案虽可满足岛上需要,但并不理想,太阳能光伏发电和风力发电设备在海洋环境下损坏率高,且因远离大陆修复难度大,风力发电设备运行还存在影响生态的问题;柴油发电虽然可靠,但成本较高,而且影响岛上生态环境。专家综合考虑认为,建造海上浮动核电站或在岛上建造小型核电站,不失为一个可行的方案。

(4)为北方近海城市供热,改善大气环境。我国北方冬季时间长,供暖多采用烧煤,这是导致当地冬季空气恶化的主要根源。如用核能供热,可彻底解决这个问题。为了不使核反应堆太靠近城市,专家建议可在海上建造一个核电供热平台。该平台可同时淡化海水,也可为轻工业和农业养殖提供热源。

(5)为深海探测提供持久动力。目前我国深海探测成绩卓著,"蛟龙号"已深潜海底超过 7 000 m,但因动力限制,深潜时间较短,如果使用核动力就可以连续长期在深海作业。

(6)为破冰船提供动力。开辟北极航线必须要有破冰船,以核动力破冰船为最佳。据报道,北极航线可为我国物资运往北欧节省 20 多天时间,既经济又省时。

1.2 海洋核动力的安全性

日本福岛核事故以后,公众对核安全的关注度空前提高,个别反核人士甚至到了逢"核"必反的程度。"邻避效应"在国内多处发生。因此,我们有必要探究海洋核动力到底安全不安全? 在搞清此问题之前,需要先研究陆上核动力(核电站)是否安全。其实,福岛核事故是检验二代和二代加核电技术能否在极端严重事故下保证安全的一次最真实的试验。结果表明,九级大地震发生后,福岛地区当时在运行的 11 台机组(另有 4 台机组停堆检修或换料)都及时停了堆,应急柴油机组及时投入,为应急冷却系统提供电源,直到 48 min 后超过 14 m 高的大海啸来袭,应急柴油机组被淹没,之后可靠电源及时自动投入,又为应急冷却系统提供电源。所有这些动作都是按原设计规定动作进行的。在经历 8 h 后,可靠电源电能耗尽,第一核电站 1、2、3 号机组因再无电源供堆芯冷却之用,最终导致严重事故发生,其余 8 台机组(包括离震中更近的女川核电站的 4 台机组)因能与外接电源接口而继续获得供电运行,或本身应急电源安全可靠(福岛第一核电站 6 号机组)使得堆芯可以继续得到冷却而安然无恙。

由此足以说明:福岛地区的 15 台核电机组(采用二代或二代加技术),其装置结构和仪控系统完全都可以经受九级特大地震的考验。第一核电站 1、2、3 号机组发生严重事故的原因,不是被大地震摧垮,而是在应急电源被海啸摧毁、可靠电源耗尽的情况下,又不具备连接外接电源的能力而导致堆芯失冷。连接外电源的能力不是技术上或经济上达不到,也不是设计规范没有要求;应急柴油机组设计标高不足以抵御可能发生的大海啸,也不是没有提醒,而是人为因素造成的,是业主对安全的漠视,是安全监管部门的疏忽和失责。引用日本国会独立调查委员会的结论:福岛核事故产生原因“不是天灾,是人祸”。

根据上述情况,我们能说二代核电技术不安全吗? 如果还有疑问的话,我们再看看对在役核电站的压力测试。

福岛核事故后,全世界在役核电站(都是二代或者二代加堆型)都进行了旨在承受极端严重事故能力的“压力测试”,测试结果表明,所有在役核电站本身设计都满足抗严重事故的要求。只有极个别核电机组的辅助设施做了一些局部改善,如我国秦山一期的海堤进行了局部加高等。因此,我们从福岛核事故中看到的不应该是“核恐惧”,而应该认识到采用二代和二代加技术建设的核电站是很安全的。

其实,包括三哩岛核事故和切尔诺贝利核事故在内,其直接原因都是人为失误或违规造成的。三哩岛核事故是由于维修质保不到位,导致给水系统功能丧失,在安全阀故障和操纵员的误判下导致事故发生;切尔诺贝利核事故是由于操纵员违反操作规程引起的,在设计存在缺陷的情况下,操作人员做试验时,切除了不应该切除的核保护,导致堆功率急速上升,燃料棒变形并开始熔化,致使控制棒无法下插,温度持续升高,引起石墨起火,冷却水急速升温、汽化而产生蒸汽爆炸,同时造成大量放射性物质外泄。

通过上述对已发生的核电事故的剖析,除切尔诺贝利核电站反应堆存在设计上的缺陷外,其他压水型核电站反应堆发生事故的原因并不是技术不成熟或存在明显缺陷,而是由人为失误造成的。这说明现行核电站的安全不仅仅需要设计技术保证,运行人员的业务水平和业主、监管人员的核安全素养及责任心同样非常重要。因此,核安全是一项系统工程。

但是话又说回来,如果技术安全依托在使用者不能发生人为失误基础上,绝不能认为该技术是完美无缺的产品。所以,三哩岛核事故和切尔诺贝利核事故以后,为了尽量减少因人为失误造成严重后果,人类发展了很多核安全软技术,并一直在核电设计、建造、运行和管理中执行,如人因工程、概率安全分析、仿真、质量管理和安全监管、严重事故管理、事故应急等技术,以尽量避免人为失误对安全造成危害,或缓解事故后果。

另外,我们在说明二代核电是安全的同时,在二代核电的基础上,进行了安全性技术的合理改进提高,于是就出现了二代加、三代核电,还要发展四代核电。目的就是让核电站即便在发生人为失误或更严重自然灾害的情况下,也能保障自身安全,保证不对人类和环境造成不应有的危害,这就是前面说的由"事故后果可控"变成"不会产生严重后果"。

总之,我们在核电的安全性方面始终在不断追求更安全、更先进。但如果把人为失误可能造成事故的产品就当作不合格产品而淘汰,那人类还能有当今的文明吗?

现在建核电站全部采用三代核电技术标准,安全性要求更高[4],例如:要求事故发生后,二代加核电的人为不干预时间为 30 min,三代核电为 72 h;堆芯余热冷却设置了"能动"和"非能动"两套系统,即使失去电源,堆芯仍然可以得到冷却,使堆芯发生熔化的概率较二代加降低了一个数量级(降低至 10^{-5})。为防止堆芯熔化使反应堆安全厂房完整性受到破坏而采取的很多措施,如非能动氢复合器、非能动反应堆安全厂房冷却系统、熔融物包容设施(VR)、非能动 VR 冷却系统等,使放射性向周围环境大规模释放的概率也较二代加降低了一个数量级(降低至 10^{-6})。

通过以上分析完全可以说明,现行在役的二代、二代加和在建的三代核电技术都是很安全的。现在要将核能动力建在海洋环境下,海洋环境对核安全将有何影响? 这必然是人们关心的问题。海洋核动力和陆上核电站其反应堆和主要系统是完全一样的,差别在于环境条件以及其是否可移动。海洋核动力是一个可移动装置,在海洋环境下由于风、浪、涌的作用,会使反应堆装置产生倾斜颠簸和摇摆,这将对反应堆流体流动和传热产生影响,进而对反应堆局部部件和管系受到的附加力产生影响。

如果核反应堆作为深海动力,因背压高于大气压力,会对某些超压排放事故进程产生影响。另外,在海洋条件下由于几何空间的限制,核动力装置布置会受到某些限制,装置系统也会有些简化或合并。所产生的这些影响,现代核动力设计技术都可以解决,都不会影响反应堆的安全。半个世纪运行核动力装置的使用经验表明:所有海洋环境和可移动条件对核动力构成的安全影响在技术上都是可以解决的。

1.3　海洋核动力技术瓶颈及发展趋势

虽然海洋核动力采用的压水型反应堆与陆上核电站大同小异,但作为可移动的水上、水下电源或动力仍有一些比陆上核电站更高的功能要求和安全要求[5],例如:应高度智能化,做到无人或少人值守;有更高的可靠性,做到免维护;有更大的安全裕度和耐事故性;做到设置尽量少的保护信号,尽量少停堆;反应堆功率控制系统在海洋条件下仍能发挥正常功能,保证反应堆运行功率不超限,并且稳定运行;安全专设系统(如非能动余热排出系统等)的设计要考虑海洋条件的影响,保证在事故条件下系统安全功能的实现;核动力装置管线结构强度设计要考虑海洋条件下的力学冲击。

近些年,国内有单位成功开发了钠冷快堆和高温气冷堆,同时也在开发商业发电。由于气冷堆和金属冷却堆可产生较高的蒸汽温度,与压水堆比较,其可采用较低的压力和较高的传热效率,在开发海洋资源方面,有独特的优势。例如裂解深海稠油需要的高温蒸汽可由气冷堆和金属冷却堆产生,而压水堆却无能为力,且高温蒸汽更有利于水解制氢,为海洋开发提供理想能源等。但就目前开发的装置结构而言,气冷堆和金属冷却堆用于海洋核动力平台是不现实的,而且存在不可克服的缺点(如气冷堆的庞大设备和复杂的卸料系统、钠冷堆的复杂系统和钠的活性难以控制等)。

苏联曾用铅铋合金作为冷却剂的反应堆装备核潜艇,虽然建了模式堆,最后仍以失败告终(曾装备 7 艘艇,使用不久就采用压水堆改装了 6 艘,留有 1 艘作为考核试验用,服役 10 年后退役),新型核潜艇仍然采用压水型反应堆(如北德温斯克号)。国内这几年对铅铋合金作为冷却剂的研究兴致很高,很多科研单位和高校都投入研究,取得不少科研成果,但都缺少实堆的考验验证。

随着人类对自然物质的需求不断增加,海洋资源开发将成为世界各国的热点。国内外在海洋核动力应用研究方面的工作早已展开,包括核动力破冰船、具备供热供汽和海水淡化等多功能的海洋核动力浮动船,以及为深海科学考察、深海油气资源开发等设计特殊核动力等。同样地,美、俄、日等国早已先于中国开发商用海洋核动力技术。早在 1962 年,联邦德国就开始建核商船"奥特·哈恩"号(1968 年建成使用),1963 年美国就将 MH‐1A 型压水堆装在一艘第二次世界大战用过的退役船上,作为浮动电站布置在巴拿马运河河口附近;最近有报道称,俄罗斯远东地区一艘浮动电站即将投入运行。美国近年来也在支持对 mPower、NuScale 等小型核动力的开发。

按国际原子能机构(IAEA)的定义,海洋核动力装置属于小型堆。早在 21 世纪初,IAEA 就启动了小型堆开发计划,目的是向全世界广大发展中国家的中小电网和偏远地区推广应用核电。此外,海洋核动力技术也可作为备用安全电源推广应用到国家安全所必需的场所。总之,海洋核动力技术有广阔的应用前景,在很多方面核动力是不二选择,特别是随着国民经济高质量飞速发展和国家利益扩展的需要,海洋核动力将在更多方面得到应用,还可以推广应用到陆上、空中、地下等。

目前,压水反应堆技术最成熟,使用经验最丰富,应是海洋核动力的首选堆型。

参考文献

[1] 罗上庚.走进核科学技术[M].北京:中国原子能出版社,2015.

[2] 王中堂,柴国旱.日本福岛核事故[M].北京:中国原子能出版社,2014.

[3] 佟立丽.核反应堆严重事故机理研究[M].上海:上海交通大学出版社,2016.

[4] 林诚格,郁祖盛,欧阳予.非能动安全先进压水堆核电技术[M].北京:中国原子能出版社,2010.

[5] 于俊崇,等.船用核动力[M].上海:上海交通大学出版社,2016.

第 2 章
安全研究的总目标和基本原则

1942 年世界第一座核反应堆诞生，20 世纪 50 年代初试验性核电站建成，核能开始用于供电，20 世纪 50 年代末 60 年代初核能又成功应用于舰船动力源。核能作为清洁、经济、高效、安全的能源，具有其他常规能源无法替代的优势。尽管核反应堆已有丰富的运行经验，无论是陆上核电站还是舰船核动力装置均有着良好的安全记录，但是在 70 多年的核能发展史中，一共发生过 3 次重大的核事故：美国三哩岛核事故、苏联切尔诺贝利核事故和日本福岛核事故。尽管只发生过这 3 次重大核事故，但不同于一般工业事故的伤害只是局限在较短的时间和有限的区域，核事故，尤其是严重核事故，一旦发生，所造成的危害和影响可能是全球性的、长久性的，对环境及人们的心理都产生了巨大的影响。核安全问题非常重要也非常复杂，而且备受关注，任何核能的利用，核安全问题都是首先要解决的问题。无论在国际还是国内，尤其是福岛核事故发生后，大家都非常重视对核安全的研究工作，核能工作者们积极吸取每一次核事故的经验教训，使核能利用的安全性持续提高。

海洋核动力平台核安全研究是核动力装置设计的重中之重，进行核安全研究首先需要进行核安全顶层设计研究，确定符合自身特点的核安全基本目标、基本原则。在核安全基本目标、基本原则的指导下进行核安全设计研究，将核安全风险降低到合理可行且尽量低的水平。

为保证核安全必须实现下列三大安全功能：控制反应性、排出堆芯热量、放射性物质包容与控制。

核安全顶层设计应围绕上述三大安全功能要求展开，根据海洋核动力平台的特点确定核安全基本目标，提出核安全设计基本原则，在基本目标和基本原则的牵引下进行核安全设计研究，核安全设计研究贯穿反应堆整个生命周期。

2.1 海洋核动力平台的特点

与陆上核电站一样,海洋核动力平台的核安全由核动力装置的设计、制造、安装、调试、在役检查、运行、修理、在役试验、监测以及退役的各环节共同实现和保证。无论是陆上核电站还是海洋核动力平台,核安全的终极目标均是保护工作人员、公众和环境免遭过量辐射的危害。但每个具体反应堆的核安全研究基本目标、基本原则的确定又与反应堆的具体特点密切相关。海洋核动力平台运行在大海上,其与陆上核电站有较大差异:陆上核电站主要用途为发电,海洋核动力平台主要为海上或近海陆地提供动力或能源;与陆上核电站不同,海洋核动力平台对空间、质量及重心有严格的要求;由于海洋核动力平台与陆上核电站运行环境不同,因此所面对的外部自然事件及对厂外应急的要求均不同,陆上核电站需要考虑地震载荷,海洋核动力平台需要考虑各种海洋条件;陆上核电站必须考虑厂外应急,而海洋核动力平台的平台外应急不是必需的。在应急能源方面,陆上核电站有着较为充足的所需电源,海洋核动力平台所需的水源充足。

1) 海洋核动力平台用途

陆上核电站作为民用反应堆,主要用途为利用核能发电,在保证核安全的前提下,实现经济性以提高商业竞争力,因此陆上核电站的设计需要安全性及经济性的统一。

海洋核动力平台主要为海上或近海陆地提供动力或能源,如核动力破冰船、核能发电等,需要在复杂多变的海洋条件下保持持续的动力,并要保持足够的机动性,只有持续的动力和足够的机动性才能保证整个平台的安全。海洋条件下的核安全和平台安全是密不可分的,只有保证核安全才能保证平台安全,反过来只有保证平台安全以确保持续的动力才能保证核安全。陆上核电站设置了数量众多的停堆保护信号以保证反应堆安全,但对于海洋核动力平台,一旦停堆就失去了动力,在浩瀚的海洋中也就无法保证平台安全,因此海洋核动力平台的停堆保护信号设置应遵循保证安全的前提下尽量减少停堆保护的原则。海洋核动力平台体积小,员工工作和生活场所均紧邻反应堆,且在浩瀚的海洋中,一旦发生事故,无法像陆上核电站一样迅速实现人员撤离,海洋核动力平台的人员安全问题与反应堆安全及平台安全是一体的。因此,海洋核动力平台必须做到核安全、平台安全(机动性)和人员安全的协调统一,必须在保证核安全的前提下，具有持续的供能能力。

2）运行环境及外部自然事件

在应对外部自然事件中，陆上核电站是固定在陆地上的，设计上必须考虑应对地震载荷，而海洋核动力平台不需考虑地震载荷，但需要考虑各种海洋条件下的外部自然事件，例如台风、海冰、风浪流组合等，核动力平台的运行环境要比陆上核电站严苛得多。在遭遇台风、海冰、风浪流组合时核动力平台会产生起伏、倾斜、摇摆和升沉等，对运行安全特性造成影响。这些运动必然会使冷却剂的流动与传热出现一些新的特征。平台的起伏、升沉运动会造成反应堆内重力场的较大变化，从而对空泡的产生、形成和分布产生影响，使堆芯的热工水力状态发生变化。平台的倾斜、摇摆等状态会造成自然循环的重要因素——自然循环系统冷热心位差的减小。因此，在海洋核动力平台的设计中，必须考虑海洋条件对反应堆热工水力特性的影响，如热工设计中需对堆芯出口含汽率严格控制，自然循环系统冷热心位差需考虑最大倾斜摇摆角度造成的影响等。

3）布置要求

陆上核电站对空间、重量要求不高，反应堆冷却剂系统多采用设计简单、技术成熟可靠的分散布置设计，以便维修和现役检查。与陆上核电站不同，海洋平台的面积有限，平台重量、重心有严格要求，所以海洋核动力平台反应堆冷却剂系统设计多采用紧凑布置或一体化（模块化）布置，并且所用设备还要考虑小型化。紧凑布置或一体化布置可使系统简化、布置紧凑、体积较小、重量较轻。

4）辐射防护

在辐射防护方面，核电站对屏蔽的体积和重量约束相对有限，可以采用几米厚的混凝土建立屏蔽层，以保证辐射水平符合辐射分区限值要求。海洋核动力平台的员工在非常靠近反应堆的地方工作和生活，这对反应堆辐射防护设计提出了更高的要求，并且海洋核动力平台对空间和总重量有严苛的要求，这就需要在有限的空间和总重量约束下，通过在设计上选择高性能的屏蔽材料、优化的屏蔽设计方案，使得辐射防护既满足保护近距离生活工作的人员安全，又满足舰艇重量体积的苛刻要求。

5）核应急

固定设计在陆上的核电站应急所需电源等相对较充足，但居住区居民与核电站距离较近，因此其安全系统等支持系统设置一般大而全，这一大特点决定了陆上核电站安全系统的设计。海洋核动力平台缺乏可利用的岸上电源,电力资源及应急资源受限,但其处于浩瀚无边的海洋,有取之不尽、用之不竭的水资源可利用,而且可以远离居民区。

《核动力厂环境辐射防护规定》(GB 6249—2011)[1]规定剂量限制和潜在照射危险限制,按照《电离辐射防护与辐射源安全基本标准》(GB 18871—2002)[2]的相关规定执行:① 在运行状态条件下,应对可能受到的核动力厂辐射照射的公众个人实行剂量限制。② 应对个人所受到的潜在照射危险加以限制,使所有照射所致的个人危险与正常照射剂量限值所相应的健康危险处于同一数量级水平。为了保证工作人员和公众在事故情况下免遭过量放射性危害,陆上核电站必须考虑厂外应急,设置应急计划区。一方面,海洋核动力平台多数远离陆地,远离居住区,即使停靠近陆沿海或港口,由于其可移动性,在必要情况下可拖离港口区域,因此应急计划区的设立不是必需的。另一方面,海洋核动力平台运行多数远离大陆,一旦发生需要平台外应急的情况,其实施的难度高于陆上核电站,因此海洋核动力平台需要更大的设计安全裕量。

2.2 核安全基本目标

《核动力厂设计安全规定》(HAF 102—2016)[3]中规定了核动力厂的基本安全目标:在核动力厂中建立并保持对放射性危害的有效防御,以保护人与环境免受放射性危害。

与陆上核电站一样,海洋核动力平台的核安全是由核动力装置的设计、制造、安装、调试、在役检查、运行、修理、在役试验、监测以及退役的各环节来共同实现和保证的。然而,因为其在用途、运行环境、空间布置、资源、辐射防护和厂外应急等与陆上核电站存在显著差异,所以在核安全顶层设计上与民用核设施的安全考虑有很大的区别。海洋核动力平台核安全目标的确定应充分考虑海洋核动力平台运行使用要求、核安全法规、用户与业界认可度、平台使用条件、环境条件等要求,充分利用可用资源、考虑限制条件,达到尽可能高的核安全性能及平台整体安全性能。

根据海洋核动力平台的特点,并确保满足《核动力厂设计安全规定》(HAF 102—2016)的要求,海洋核动力平台总的核安全目标是在海洋核动力平台上建立并维持对放射性危害的有效防御,以保护员工、公众和环境免受过量的放射性危害。在海洋核动力平台设计、建造、运行、维修、退役等全寿命周期的各个阶段,均应满足核安全基本目标的要求。

　　为了实现海洋核动力平台核安全基本目标,需要进行辐射防护设计和安全设计。

　　辐射防护的目的在于防止有害的非随机性效应,并限制随机性效应的发生概率,使其达到被认为可接受的水平。在所有运行状态下的辐射照射或根据计划对放射性物质进行排放所引起的辐射照射应保持低于规定限值并在合理可行的基础上尽量低。《核动力厂设计安全规定》(HAF 102—2016)规定核动力厂的“设计必须做到实际消除可能导致早期放射性释放或大量放射性释放的核动力厂工况发生的可能性”。海洋核动力平台辐射防护应符合实践正当性、辐射防护最优化和个人剂量限制的三个原则,辐射防护的目标是保障工作人员和广大公众的安全与健康,保护环境免遭放射性破坏。由于海洋核动力平台员工长期生活在平台上,并且海洋核动力平台对空间、重量及重心有严格的要求,因此其辐射防护设计除了需满足陆上核电站在设计、建造、运行、退役等阶段的所有辐射防护要求外,还要考虑其本身具有的特点。

　　《核动力厂设计安全规定》(HAF 102—2016)规定核动力厂的“安全设计必须采取实际措施,以减轻核与辐射事故对人的生命、健康以及环境造成的影响;必须实际消除可能导致高辐射剂量或大量放射性释放的核动力厂事故序列;必须保证发生频率高的核动力厂事故序列没有或仅有微小的潜在放射性后果”。

　　基于与辐射防护设计同样的原因,海洋条件核动力平台的安全设计应为:采取一切合理可行的措施防止海洋条件核动力平台发生核事故,并在一旦发生事故时减轻其危害后果;对于在海洋条件下核动力平台设计过程中考虑过的所有可能发生的事故,要以高可信度保证放射性后果尽可能小且在规定的限值内;并保证有严重放射性后果的事故发生的概率极低。海洋条件核动力平台的运行状态分为正常运行工况及运行瞬态、中等频率工况、稀有事故工况、极限事故工况和设计扩展工况。在安全设计中需按照纵深防御原则保证:① 防止在正常运行工况及运行瞬态时偏离正常运行状态和防止系统失效;② 防止一般事故工况发展为更为严重的事故;③ 预防和缓解极限事故和设计扩展工况,阻止事故的进一步发展,缓解严重事故发生造成的后果。

2.3　核安全基本原则

　　在海洋核动力平台的设计、制造、安装、调试、在役检查、运行、修理、在役试验、监测以及退役的各环节,应确定并遵守核安全各基本原则:始发事件分类原则、纵深防御原则、多道屏障原则、辐射防护设计原则、安全分级原则、可靠性设计原则、安全评价原则、质量保证原则以及经验证的工程实践原则等,以使海洋核动力平台在各种运行状态下、在发生设计基准事故期间和之后,以及在根据实际需要所选定的设计扩展工况下,满足三大安全功能,实现核安全基本目标。

1) 始发事件分类原则

始发事件的分类及验证应满足下列准则:频繁发生的假设始发事件必须仅有微小的或根本没有放射性的后果,而可能导致严重后果的事件的发生概率必须很低。

参考《压水堆核电厂工况分类》(NB/T 20035—2011)[4]中的规定,针对海洋核动力平台的特点,通过分析始发事件对核动力系统造成的影响,以及核动力装置总体对始发事件的抵御能力,核动力平台的全部运行状态划分为五类工况:正常运行工况及运行瞬态(工况Ⅰ)、中等频率工况(工况Ⅱ)、稀有事故工况(工况Ⅲ)、极限事故工况(工况Ⅳ)和设计扩展工况。

工况Ⅰ:在核动力装置功率运行、维修、换料和试验等过程中经常出现的状态,如启动、停止、功率运行等。

工况Ⅱ:核动力装置试验运行和装置寿期内在役运行时以中等频率发生的事件,如控制棒组误提出、失去正常给水等事故。

工况Ⅲ:核动力装置试验运行和装置寿期内在役运行时可能偶然发生的后果严重的事故,如蒸汽发生器传热管单根断裂、反应堆冷却剂系统小管道断裂等事故。

工况Ⅳ:核动力装置试验运行和装置寿期内在役运行时发生概率极小的后果非常严重的事故,如中破口失水、主蒸汽管道断裂等事故。

设计扩展工况:设计扩展工况分为两类,一类是没有造成堆芯明显恶化的设计扩展工况,另一类为堆芯明显损坏的严重事故。

2) 纵深防御原则

纵深防御的目的是补偿潜在的人为故障和部件失效;通过避免对设施和屏障本身的损害保持屏障的有效性;在这些屏障不能充分发挥有效性的情况下,保护工作人员、公众和环境在事故工况下免受损害。

海洋核动力平台设计中应贯彻纵深防御原则,其纵深防御应用具体如下。

第一层:核动力平台的设计必须是正确的、保守的、可靠的,防止发生工况 I（偏离正常运行的工况）和防止系统的失效。反应堆堆芯应在整个寿期具有负反馈，负反馈作用使得在整个寿期内反应堆的自我控制成为可能。海洋条件下的核动力装置堆芯往往具有较高的负反馈，从而具有更高的自稳自调性。海洋核动力平台反应堆冷却剂系统往往采用紧凑布置或一体化布置，从设计上取消了主管道或采用短管设计的主管道，消除或减小了反应堆冷却剂系统管道失效的可能，消除了大破口失水事故，有效减小了反应堆安全厂房失效的可能。

第二层：设置必要的、有足够安全裕量的检测、报警和保护系统，制订必要的运行规程，保证在工况 II 下燃料包壳和反应堆压力边界的完整性，从而防止其升级为更为严重的事故工况。必须设置必要的且有足够安全裕量的检测、报警系统。必须设置停堆保护系统，以保证事故后反应堆安全停堆，并在失电时可以通过重力使得控制棒插入堆芯。应制订运行规程，以纠正偏离正常运行的工况，防止运行中出现的偏差发展为事故。

第三层：对于较严重的事故，如工况 III，通过保护系统和专设安全设施缓解事故，使核动力平台在这些事故后达到稳定的、可接受的状态，从而防止它们演变成严重事故，同时使放射性物质保留在包容体内。设置安注系统，发生微小破口失水事故后，依靠安注系统补充反应堆冷却剂系统水装量的丧失，缓解失水事故后果。设置余热排出系统，实现事故停堆后余热导出。必须考虑在停堆状态和反应堆安全厂房打开状态下余热排出功能的可靠性。紧凑或一体化布置设计使得系统自然循环能力更强，应考虑设置非能动专设安全系统以提高应对事故的能力，延长操纵员可不干预时间。海洋核动力平台需要尽可能地保证其机动性，同时对空间、重量、重心有严苛的要求。因此，安全相关系统的设计在保证安全的前提下应尽可能少而精。在保证系统功能、安全性、可靠性的基础上，应充分考虑系统功能兼顾和设备共用，尽量采用非能动固有安全手段设置简单、高效的安全系统。

第四层：预防并缓解工况 IV 和设计扩展工况，包括阻止事故的进一步发展以及缓解严重事故发生造成的结果。工况 IV 和设计扩展工况虽然发生概率极低，但一旦发生，事故后果往往较严重，因此必须设置相应的预防与缓解系统，并应制订严重事故管理导则，对堆芯熔化进展进行控制，尽可能缓解严重事故后果。应采用保护系统的多样化设计预防未能停堆的预期瞬态（ATWS）事故的发生、设置多套停堆手段、手动停堆等方式确保反应堆停堆。必须在设计上考虑全平台断电的可能性和处理措施。海洋核动力平台反应堆安全厂房外被大海包围,冷源充沛,应充分利用反应堆安全厂房外部环境实现反应堆安全厂房排热。应采取适当可靠的手段减少高压堆芯熔融物喷射的可能性。在发生严重事故下应能尽可能维持反应堆安全厂房的完整性。在设计初始应确保反应堆安全厂房的贯穿件、隔离装置和空气闸门有足够能力维持它们的功能;应有长期可靠的手段排出反应堆安全厂房内的热量;应尽实际可能地控制放射性物质的泄漏;对反应堆安全厂房发生旁路型严重事故的可能性进行评价,并考虑适当的预防和缓解措施。

陆上核电站为了保证工作人员和公众在事故情况下免遭过量放射性危害,会有第五层纵深防御要求,即必须考虑厂外应急。而海洋核动力平台远离陆地,远离居住区,如果停泊在港口,应考虑可移动性,在必要情况下可拖离港口区域,因此大多海洋核动力平台不考虑平台外应急。

3) 多道屏障原则

为了实现核安全目标,确保员工、公众和环境免受过量的放射性危害,必须遵守多道屏障原则,即在放射源与人员及环境之间设置多道屏障以包容放射性物质,尽可能减少放射性物质向环境的释放。

海洋核动力平台必须设置下列 3 道屏障。

(1) 第 1 道屏障:燃料元件包壳,一般用以包容燃料元件。

(2) 第 2 道屏障:反应堆冷却剂压力边界,一般用以包容反应堆冷却剂。

(3) 第 3 道屏障:反应堆安全厂房,一般用以阻止从一回路系统外溢的放射性物质释放到环境中,并保护反应堆、重要设备等免受外部冲击的破坏。

各屏障的具体设计原则如下。

(1) 燃料元件包壳:在设计中应尽量避免燃料元件包壳在反应堆运行中出现破损,以屏蔽核燃料产生的放射性物质;在反应堆的设计中要将防止燃料元件破损作为重要的设计目标加以贯彻。

(2) 反应堆冷却剂压力边界:在运行瞬态和一般事故条件下反应堆冷却剂系统的压力边界应维持其完整性,以作为放射性物质的包容屏障。

(3) 反应堆安全厂房:在设计基准事故下,应保证反应堆安全厂房的完整性。

4) 辐射防护设计原则

为保障核动力平台工作人员、其他放射性工作人员和公众的健康与安全以及保护环境,应对核动力平台产生的电离辐射进行辐射防护,以防止发生非随机性效应,并将随机性效应的发生概率降低到可以接受的水平。核动力平台的辐射防护设计应遵守以下 3 项基本原则：

（1）实践的正当性。在进行任何一项辐射实践之前，都应经过正当性判断，确认这种实践具有正当的理由，即它对个人和社会带来的利益超过它可能引起的辐射危害。

（2）辐射防护最优化。辐射防护设计既要使所受到的辐射照射保持在合理可行尽量低的水平，又要考虑海洋核动力平台用途、运行环境等因素，同时要满足机动性及平台空间、重量、重心的要求。

（3）个人剂量限制。是指用剂量限值对个人所受的照射加以限制，即来自所有相关实践的综合照射产生的个人剂量不超过规定的剂量限值。

5）安全分级原则

应根据海洋核动力平台的系统和设备按安全功能的重要性、失效对安全的影响对安全功能进行安全分级。必须首先确定属于安全重要物项的所有构筑物、系统和部件，包括仪表和控制软件，然后根据其安全功能和安全重要性分级。物项的设计、建造和维修必须使其质量和可靠性与其分级相适应。划分某一构筑物、系统或部件安全重要性的方法必须主要基于确定论方法，适当时辅以概率论方法和工程判断，同时考虑该物项要执行的安全功能；未能执行其功能的后果；需要该物项执行某一安全功能的可能性；假设始发事件后需要该物项投入运行的时刻或持续运行时间。

必须在不同级别的构筑物、系统和部件之间提供合适的接口设计，以保证划分为较低级别的系统中的任何故障不会蔓延到划分为较高级别的系统。

必须将执行多项安全功能的安全重要物项划入与该物项所执行的最重要功能相一致的安全等级。

6）可靠性设计原则

安全重要构筑物、系统和部件必须设计成能以足够的可靠性承受所有确定的假设始发事件。必须考虑安全重要物项发生共因故障的可能性，以确定应该在哪些地方应用多样性、多重性和独立性原则来实现所需的可靠性。根据实际情况尽可能地采用多样性和多重性设计，如仅采用数字化控制保护系统，还应考虑其紧急停堆系统设计的多样化。

必须对设计中所包括的每个安全组合都应用单一故障准则。

必须恰当地考虑故障安全设计原则，并将其贯彻到安全重要系统和部件的设计中。系统必须设计成在该系统或其部件发生故障时不需要采取任何操作而使反应堆进入安全状态。设计时，应对相关系统和部件的可靠性进行评价,对不同的方案进行比较分析。

7）安全评价原则

海洋核动力平台的设计中,安全评价必须贯穿于平台的整个设计过程,应与设计活动反复交替进行,并且随着设计的进展不断增加安全评价的范围和详细程度,以保证其设计实现了基本安全目标。安全评价应包括确定论安全评价和概率论安全评价。必须论证确定论安全评价和概率论安全评价的应用范围,以表明已考虑所有可预见的事件。

8）质量保证原则

海洋核动力平台的设计建设中必须建立完善的质量保证体系,制定设计管理程序并有效实施。

《核电厂质量保证安全规定》（HAF 003—1991）[5]规定,为了保证核电厂的安全,必须制定和有效地实施电厂质量保证总大纲和每一种工作的质量保证分大纲。同时指出,本规定提出的质量保证原则,除适用于核电厂外,也适用于其他核设施。在海洋核动力平台的设计建造过程中必须尽早地制定并批准质量保证大纲,使大纲在任何应遵守大纲的设计活动开始之前生效。

设计单位必须具备相应的设计资质,并应规定设计人员的培训和资格要求,保证设计人员具有合格的技术水平,并经授权从事相应的设计活动。

在平台的设计建设中必须对工作的执行和验证所需要的文件的编制、审核、批准和发放进行控制,对设计接口、设计验证和设计变更进行规定和控制。

9）经验证的工程实践原则

海洋核动力平台在设计中需充分考虑从现役和在建核动力平台中取得的成熟经验,充分吸纳安全改进成果。

安全重要构筑物、系统和部件应尽可能按照经批准的最新的或当前适用的规范和标准进行设计;其设计必须是此前在相当使用条件下验证过的。对于用作设计准则的规范和标准必须加以鉴别和评价,以确定其适用性、恰当性和充分性,并根据需要进行补充或修改,以保证最终的质量与所需的安全功能相适应。

当引入未经验证的设计或设施,或存在着偏离已有的工程实践时,必须借助适当的支持性研究计划、具有明确验收准则的性能试验或通过其他相关的应用中获得的运行经验的检验来证明其安全性是合适的。这种开发性工作必须在投入使用前经过充分的实验,并在使用中进行监测,以便验证已达到了预期效果。

参考文献

［1］　环境保护部科技标准司,环境保护部核与辐射安全中心. GB 6249—2011 核动力厂环境辐射防护规定［S］. 北京：中国环境科学出版社,2011.

［2］　中华人民共和国卫生部,国家环境保护总局,原中国核工业总公司. GB 18871—2002 电离辐射防护与辐射源安全基本标准［S］. 北京：中国标准出版社,2003.

［3］　国家核安全局. HAF 102—2016 核动力厂设计安全规定［S］. 北京：国家核安全局,2016.

［4］　能源行业核电标准化技术委员会. NB/T 20035—2011 压水堆核电厂工况分类［S］. 北京：核工业标准化研究所,2011.

［5］　国家核安全局. HAF 003—1991 核电厂质量保证安全规定［S］. 北京：国家核安全局,1991：146-171.

第 3 章
临界安全与反应性控制

目前,压水堆核电厂的反应性控制手段主要包括化学补偿(冷却剂中加硼酸溶液)、控制棒和可燃毒物,其中化学补偿可占到总控制价值的一半以上。海洋核动力平台受限于体积以及机动性要求,一般不采用化学补偿手段,主要采用控制棒和可燃毒物作为反应性控制手段。

作为海洋核动力平台,需要反应堆具备更高的运行机动性,以适应复杂多变的运行工况。同时海洋核动力平台紧凑且复杂,堆芯换料操作过程复杂、耗时长,若反应堆有足够的剩余反应性,能够减少换料的频率。

对比核电厂,海洋核动力平台一方面反应性控制手段变少,另一方面反应性控制要求更高,如何确保海洋核动力平台的临界安全和反应性控制成为设计工作中的关键技术难题。

本章介绍了海洋核动力平台在装料、启动、运行与机动性、停堆等各环节中临界安全与反应性控制的相关标准和要求,给出了影响反应性的主要因素及海洋核动力平台中常采用的反应性控制手段;对目前常见的反应性监测、测量的基本原理、点堆模型的适用性和反应堆物理计算程序的现状做了简要介绍。

3.1 基本模型

当原子核发生裂变时,平均可以放出 2 个以上的中子,这些裂变中子可能会被散射、吸收、泄漏,同时还有一部分会进一步引起裂变放出中子,这一连续的反应称为链式反应。核反应堆中最基本的中子物理过程是链式反应。不同于核武器,核反应堆是一种以可控方式实现稳定自持链式反应的装置。由于裂变释放巨大的能量,从安全角度,无论在正常操作还是事故过程中,都需要确保链式反应可控。同样地，对反应堆外的易裂变材料，我们不希望其出现稳定自持或者发散的链式反应。

3.1.1 基本概念

链式反应采用有效增殖系数（记为 k_{eff}）描述临界现象。直观上，k_{eff} 指某一代的裂变产生中子数与上一代的裂变产生中子数的比值。当 k_{eff} 等于 1 时，堆芯处于临界状态，堆芯中子数保持恒定；当 k_{eff} 小于 1 时，堆芯处于次临界状态，随时间增加中子数不断减少，链式反应趋于停止；当 k_{eff} 大于 1 时，堆芯处于超临界状态，随时间增加中子数不断增加，其中仅瞬发中子参与就能使产生链式核反应的系统达到超临界的状态称为瞬发超临界。

有效增殖系数 k_{eff} 的严格定义需要从玻尔兹曼中子输运方程导出。反应堆内中子通量分布的控制方程为含时带外源的玻尔兹曼方程[1]，如式（3-1）所示，缓发中子先驱核浓度的控制方程如式（3-2）所示，此处假定缓发中子先驱核不在堆内迁移。

$$\frac{1}{v}\frac{\partial\psi(r,\Omega,E,t)}{\partial t}+\Omega\nabla\psi(r,\Omega,E,t)+\Sigma_t(E)\psi(r,\Omega,E,t)-$$

$$\int_0^\infty\int_{4\pi}\Sigma_s(\Omega\Omega',E'\rightarrow E)\psi(r,\Omega',E',t)d\Omega'dE'=$$

$$\frac{\chi_p(E)}{4\pi}\int_0^\infty\int_{4\pi}[1-\beta(E')]\nu\Sigma_f(E')\psi(r,\Omega',E',t)d\Omega'dE'+$$

$$\frac{1}{4\pi}\sum_{i=1}^6\chi_i(E)\lambda_iC_i(r,t)+\frac{1}{4\pi}Q(r,E,t) \tag{3-1}$$

$$\frac{\partial C_i(r,t)}{\partial t}=-\lambda_iC_i(r,t)+\int_0^\infty\int_{4\pi}\beta_i(E')\nu\Sigma_f(E')\psi(r,\Omega',E',t)d\Omega'dE'$$

$$\tag{3-2}$$

式中，v 为中子速度，r 为空间坐标，Ω 为中子运动方向的立体角，E 为中子能量，t 为时间，ψ 为中子角通量，Σ_t 为总截面，Σ_s 为散射截面，$\nu\Sigma_f$ 为裂变中子产生截面，χ_p 为瞬发裂变谱，χ_i 为第 i 组缓发中子能谱，β 为缓发中子份额，λ_i 为第 i 组缓发先驱核的衰变常数，C_i 为第 i 组缓发先驱核浓度，Q 为外中子源源强。

堆芯核设计首要关注的是稳态或长时间尺度（燃耗）的堆芯中子学性能。

在不考虑外源驱动反应堆的情形下,工程设计使用的稳态输运方程如式(3-3)所示。与式(3-1)相比,式(3-3)取消了时间导数项。接着将式(3-1)中的缓发中子和瞬发中子合并为统一的裂变源项。然后取消外源项,对于功率运行阶段的反应堆,外源水平相比裂变源可忽略不计。进一步地,将边界条件设置为齐次边界条件,如外边界通常选择入射流为零,内边界选择旋转对称、镜面对称等,从而得到了稳态齐次方程。为了保证方程有非零解,需要在方程某一项或几项加修正参数,将方程转换为特征值问题。式(3-3)通过调节裂变源的方式使得方程有非零解,即调整式(3-3)中的 k。k 和相应的非零解对应方程的本征值和本征向量。k_{eff} 定义为满足式(3-3)的最大本征值,相应的特征分布称为基波分布。基波分布就是稳态计算最终给出的通量分布。其余本征值对应的本征分布称为高阶谐波。

$$\Omega \nabla \psi(r, \Omega, E) + \Sigma_t(E)\psi(r, \Omega, E) =$$
$$\int_0^\infty \int_{4\pi} \Sigma_s(\Omega\Omega', E' \to E)\psi(r, \Omega', E')\mathrm{d}\Omega'\mathrm{d}E' +$$
$$\frac{1}{k}\frac{\chi(E)}{4\pi}\int_0^\infty \int_{4\pi} \nu\Sigma_f(E')\psi(r, \Omega', E')\mathrm{d}\Omega'\mathrm{d}E' \qquad (3-3)$$

进一步,反应性 ρ 定义为

$$\rho = 1 - \frac{1}{k_{eff}} \qquad (3-4)$$

实际应用中经常使用的是反应性变化量,如压水堆核电厂,硼酸化学补偿总价值约为 0.2,对应冷却剂添加硼酸前后两种状态的反应性变化量。为方便起见,有时以十万分之一(pcm)作为反应性的单位。反应性相关的重要参数[2]如下。

(1) 停堆深度(shutdown margin):当全部控制毒物都投入堆芯时,反应堆所达到的负反应性称为停堆深度。停堆深度同样也与堆芯所处状态相关。堆芯从热态到冷态、从有氙到零氙,停堆深度逐渐减小,要避免堆芯重返临界状态。

(2) 剩余反应性(excess reactivity):堆芯中没有任何可移动控制毒物时的反应性称为剩余反应性。剩余反应性与堆芯所处状态相关,比如从热态满功率平衡氙、热态满功率零氙、热态零功率到冷态,相应的剩余反应性依次增加。

（3）反应堆周期（reactor period）：反应堆内中子通量密度按指数规律改变 e 倍所需要的时间。

（4）反应性反馈（reactivity feedback）：由反应性引起的反应堆某些参数（如功率、温度、压力或空泡份额）的变化对反应性的影响。相应地，反应性关于参数的导数定义为反应性系数，如燃料有效温度变化 1 K 引起的反应性变化称为燃料温度系数，反应堆功率变化 1% 所引起的反应性变化称为反应性功率系数。

（5）卡棒准则（stuck rod criteria）：当控制棒组件中价值最高的一组控制棒全部卡在堆芯外时，依靠其他控制棒组件全插入堆芯仍能维持反应堆处于次临界状态的准则。

3.1.2　点堆中子动力学模型

在核安全事故分析中，更加关心堆芯瞬态过程。为此需要求解方程（3-1），同时耦合热工、燃料性能、系统等物理模型，实现瞬态过程的最佳估计。但耦合计算的代价很大，工程上常采用点堆中子动力学模型（简称点堆模型）代替方程（3-1）的三维时空动力学模型。

点堆模型认为中子通量可以表示为只与空间相关的形状函数和只与时间相关的幅函数的乘积，并假定中子动力学方程采用单群扩散模型，堆芯为单一材料裸堆，经过一系列推导[2]，能够得到幅函数 n 满足式（3-5），先驱核浓度 C_i 满足式（3-6）。

$$\frac{\mathrm{d}n}{\mathrm{d}t} = \frac{\rho - \beta}{\Lambda}n + \sum_{i=1}^{6}\lambda_i C_i + S \qquad (3-5)$$

$$\frac{\mathrm{d}C_i}{\mathrm{d}t} = -\lambda_i C_i + \frac{\beta_i}{\Lambda}n \qquad (3-6)$$

式中，S 为外源项，S 的计算可以参考 3.5 节中相关内容。Λ 为中子代时间，满足

$$\Lambda = \frac{l}{k_{\mathrm{eff}}} \qquad (3-7)$$

式中，l 为中子寿命，对于热中子反应堆，Λ 的典型数值为 $1 \times 10^{-4} \sim 1 \times 10^{-3}$ s。

虽然点堆模型将时间和空间直接分离会引入较大近似，但仍然能够反映

重要的瞬态特性——考虑了缓发中子先驱核的效应。由点堆模型知,当反应性满足 $0 < \rho < \beta$ 时,幅函数增加需要依赖缓发先驱核衰变的贡献;当 $\rho > \beta$ 时,不需要依靠缓发先驱核衰变的贡献就能确保幅函数的增加,而且第一项分母为中子代时间,预计出现指数规律的快速增长,即瞬发超临界。在切尔诺贝利核事故中,就出现了瞬发超临界,造成了堆芯解体。

此外,点堆方程需要的参数能够采用稳态设计程序预先计算,如控制棒积分价值、燃料温度系数、冷却剂温度系数等。用事故分析程序计算瞬态过程中的反应性变化,进而由点堆模型求解幅函数得到功率,再根据功率执行热工计算得到热工参数,判断控制信号等,进而实现了对整个反应堆系统事故过程的仿真模拟。当然,为了保证计算结果的保守性,需要对计算参数引入较多计算不确定性。

但点堆模型不适用于通量快速变化且空间分布畸变、可能重返临界的瞬态过程,如控制棒弹棒、主蒸汽管道破裂等。随着计算机能力的发展和对设计的精益求精,堆芯中子学模块采用三维时空动力学模型[式(3-1)简化后的模型,如基于组件均匀化的少群中子扩散模型]成为一种趋势,该模型能够较精确模拟这一类瞬态发展过程和评价事故后果。对于耦合热工子通道分析程序的瞬态节块法物理计算程序,典型弹棒事故计算用普通单机约 10 min 即可完成。而且三维节块方法可选择与堆芯核设计稳态计算模块相一致的方法,保证了计算的自洽性。对于主蒸汽管道破裂事故则需要耦合系统分析程序和堆芯物理程序。

3.2　临界安全与反应性控制相关要求

根据国际原子能机构的定义,核安全[3](简称安全),指实现核设备正常的运行工况,防止事故或减轻事故后果,从而保护工作人员、公众和环境免受不当的辐射危害。为确保反应堆的安全,需要有效地控制反应性、确保堆芯冷却和包容放射性产物。本书中反应堆临界安全泛指涉及临界事故的核安全,对应有效控制反应性部分的内容。

反应堆临界安全需要从正常运行、事故预防和缓解等多方面考虑反应性的有效控制,包括反应堆的装料、启动、实验、运行、功率调节、停堆等各个阶段。

3.2.1 装料、启动与停堆的安全要求

在装料、启动与停堆过程中,为了确保临界安全,需要探测器(通常为源量程探测器)能够监测整个过程的计数率变化。为了获得足够大并且足够体现堆芯实际次临界度的计数率,需要进行启动中子源的设计,包括源强、源布置的位置,优化屏蔽结构和探测器布置。

EJ/T 1114—2000[4]中规定:"反应堆首次装料后的堆外源量程通道中子计数率不低于 0.5 cps(信噪比>2)。"GB 12789.1—1991[5]规定:"在反应堆达到临界前,为获得有意义的信号,应这样来确定源的位置,即反应堆大约处于1%次临界时,至少 95%被测中子是由裂变产生的。""停堆状态下要有计数,通常要求完全停堆时,计数率至少达到每秒 2 个计数。当有效增殖因子(k_{eff})大约为 0.99 时,计数率大于每秒 10 个计数。"

对于停堆反应性,反应性控制设计应使反应堆具有足够的冷停堆能力,满足"卡棒准则"。应提供两套原理不同的停堆系统,包括控制棒系统和化学停堆系统。控制棒应具有紧急快速停堆能力,控制棒的落棒时间应小于设计基准事故分析所确定的时间。卡棒准则要求在剩余反应性最大的工况下(冷态、零氙),当一束反应性价值最大的控制棒在堆芯顶部被卡住时仍能保证堆芯处于次临界状态。由于堆芯可能布置一定数量的可燃毒物,由于毒物消耗释放反应性,剩余反应性峰值可能在寿期中出现。

对于压水堆核电厂,一般只要求依靠控制棒能够实现热停堆,然后冷停堆通过化学控制(硼酸)实现。即控制棒实现紧急停堆,从热态到冷态的冷却过程时间较长,化学控制即能够满足时间上的要求。同时,核电厂通过化学和容积控制系统(简称化容系统)能够调节一回路的硼酸浓度,方便再次启堆。

3.2.2 运行与设计工具相关的要求

从安全角度,慢化剂反应性温度系数必须保持负值,使堆芯反应性具有负的反馈特性。对于热中子反应堆,由于^{238}U 的共振吸收,燃料温度系数总是保持负值。因此,堆芯具有负的功率系数。

反应堆堆芯寿期与剩余反应性有关。以反应堆在 80%最大氙、控制棒全部提至行程上限时仍能启堆并以一定功率运行,作为确定堆芯设计寿期的依据。

海洋核动力平台具有高机动性特点,如紧急启动、满功率甩负荷、堆功率

的快速提升和快速下降能力、主机能从正车到倒车及倒车到正车的快速切换等。机动性所需的反应性快速调节主要依靠控制棒来实现。

控制棒的反应性引入速率应满足机动性和运行安全的要求。

核设计所采用的计算机程序应通过基准问题的检验,证明程序的理论模型和程序的编制是正确的。计算机程序中所使用的核数据应采用评价过的核数据库。核设计中所使用的核数据库和计算机程序应是配套和自洽的,能达到设计精度的要求。

必须通过零功率堆的实验、反应堆物理启动实验或反应堆运行的实测数据的分析,证明所采用的计算机程序和核数据库是合理的,其计算精度能满足工程设计要求。特别是对于新的设计,考虑到程序的适用性、燃料的加工制备等,有必要开展临界装置试验,检验设计工具的建模与计算。启动物理试验包括测量各种状态的临界棒位、等温温度系数、控制棒价值等,其目的是检验测量值与理论预测值的一致性,相应的测量值与预测值的偏差应满足试验验收要求。

3.3　反应性的影响因素和控制手段

反应堆从冷态到热态、从零功率到满功率、从零氙到平衡氙、从寿期初到寿期末,还有运行中快速变化负荷、冷停堆等,以上过程都伴随着堆芯反应性变化,需要满足相关要求确保临界安全和反应性可控。

从具体的反应性控制的作用出发,反应堆内的反应性控制大致可分为与燃耗相关的补偿控制,与温度、功率等反应性反馈相关的补偿控制和功率调节、停堆等紧急控制。可燃毒物主要用于燃耗的反应性补偿,控制棒则要同时兼顾补偿控制、功率调节和紧急控制三方面的需求。

3.3.1　燃耗

反应堆在燃耗过程中,易裂变核素^{235}U 不断地消耗,可转换核素^{238}U 俘获中子衰变转换为易裂变核素^{239}Pu,这些重同位素进一步还会俘获中子生成更重的同位素,或发生裂变、衰变、$(n, 2n)$反应等。同时,^{235}U 等核素发生裂变反应会生成大约 300 种裂变产物,其中如^{135}Xe、^{149}Sm、^{103}Ru、^{155}Eu 都具有较大的吸收截面。

裂变产物的积累会不断减小反应堆的剩余反应性。对转换比小于 1 的反应堆,堆芯的易裂变核素量随着燃耗不断减少,这会减小反应堆的剩余反应性。反应堆运行在临界状态时,需要控制棒和可燃毒物对剩余反应性进行控制。

不同于其他裂变产物,由于氙和钐对反应性的影响较大,其对反应性减小的影响特称为反应性中毒。特别是碘氙燃耗链对反应堆运行的影响很大。^{135}I 具有较大的裂变产额,中子吸收截面小,主要通过衰变产生 ^{135}Xe,衰变常数为 2.87×10^{-5} s^{-1}。^{135}Xe 有非常大的热中子吸收截面(约为 1×10^{6} b,即 1×10^{-22} m^2),同时也会衰变,衰变常数为 2.09×10^{-5} s^{-1}。由于衰变较快、吸收较强,反应堆稳定运行 48 h 就能达到饱和(平衡)。平衡氙对应的反应性变化值称为平衡氙中毒,约在几千 pcm 的量级。在紧急停堆后,^{135}Xe 的减少主要来自自身的衰变,^{135}Xe 的产生主要来自 ^{135}I 衰变,而 ^{135}I 衰变速度更快,这样就造成氙浓度的积累。当 ^{135}I 消耗到一定程度,^{135}Xe 的浓度达到最大值,此时堆芯剩余反应性处于最小值,随后 ^{135}Xe 不断减少,剩余反应性又会增加,这一现象称为"碘坑"。

对于大型热中子反应堆,其耦合较为松散,由于控制棒等局部扰动,容易引起氙振荡。氙振荡对反应性的影响较小,但对局部功率分布影响较大。氙振荡周期处在小时到天的量级,通过针对性地控制棒动作能够抑制氙振荡。同时,较强的热工水力负反馈也能起到抑制作用。

3.3.2 反应性反馈

对于压水堆,反应性反馈主要考虑慢化剂密度反馈、慢化剂温度反馈和燃料有效温度反馈。功率引起的反应性反馈包含了慢化剂密度、温度变化和燃料温度变化的反馈。在慢化剂处于液态且压力不变的情形下,慢化剂密度和温度是一一对应的,通常用慢化剂温度系数统一考虑。慢化剂温度系数的正负和堆芯欠慢化或过慢化有关。慢化剂温度增加,密度减小,逃脱共振概率减小,热中子利用系数增加,当堆芯处于欠慢化状态时,逃脱共振概率变化的影响更大,反应性减少,对应负的慢化剂温度系数。当堆芯处于过慢化状态时,对应正的慢化剂温度系数。

负的功率系数、慢化剂温度系数和燃料温度系数意味着堆芯负反馈的特性,这对压水堆等热中子反应堆安全和自稳自调特性至关重要。如果是正反馈,在升功率阶段,由于正反馈会引入更多正反应性,进而功率上升更快,控制棒系统若未能很好地调节反应性,有可能导致堆芯瞬发临界、堆芯功率失控,使系统不稳定。最典型的例子出现在切尔诺贝利核事故中,该反应堆采用石墨慢化、轻水冷却,堆芯在低功率工况下具有正的空泡系数。

从响应时间角度看,慢化剂温度变化的时间要滞后于燃料温度变化的时间。这是因为裂变产生的能量绝大部分都沉积在燃料元件内,而能量从燃料元件传递到冷却剂需要一定的时间。因此,慢化剂温度变化引入的反应性反馈响应时间要晚于燃料温度的响应时间。可以认为,燃料温度的负反馈响应时间是瞬时的。

但对于初始为零功率状态的事故过程,燃料温度的负反馈存在一定的"延迟"。比如热态零功率状态下的控制棒弹出事故,控制棒在很短时间内弹出堆芯,尽管初始阶段通量水平快速增加,但由于功率绝对数值较小,燃料温度的变化在初始阶段较为缓慢。甚至在燃料温度显著上升之前,堆芯可能会短暂的处于瞬发超临界状态。然后当燃料温度变化足够大,堆芯就会从瞬发超临界状态转换为缓发超临界状态,此时堆芯功率会下降,而燃料温度和冷却剂温度进一步上升,保护系统也开始动作,之后反应堆将紧急停堆。

3.3.3　反应性控制手段

压水堆中反应性控制主要通过吸收中子实现,控制形式主要包括控制棒、可燃毒物、化学控制。此外还有通过改变能谱、泄漏等方式控制反应性,此处不再介绍。

1) 控制棒

控制棒具有移动速度快的特点,能够实现紧急停堆和快速功率调节。从功能角度考虑,控制棒可大致分为安全棒、调节棒和补偿棒。

安全棒用于紧急停堆。为了保证足够的负反应性,在堆芯运行时安全棒基本处在活性区顶部。

调节棒的作用是调节堆芯功率水平。功率变化会导致包括燃料温度变化、冷却剂密度变化、变工况时的瞬态氙变化,进而引起反应性变化。调节棒在运行时应插入一定深度,以确保具有足够的反应性调节能力,同时棒微分价值应适中,过大、过小都不方便调节。

补偿棒用于燃耗变化等因素的反应性补偿。比如燃耗过程中剩余反应性减小,需要提升补偿棒引入正反应性补偿。

海洋核动力反应堆采用控制棒调整堆芯临界,而核电厂的燃耗补偿主要采用调节一回路冷却剂中的硼酸量实现。相比于化学补偿方式,控制棒动作会显著影响局部的功率分布,不利于功率分布展平。而且控制棒还会影响局部的燃耗历史,例如长期处于控制棒插入状态的组件,其组件燃耗相对较浅,该位置提棒后会导致功率分布展平难度加大。

对于海洋核动力平台,为了使反应堆具有足够的冷停堆能力,并满足"卡棒准则",要求控制棒必须具有足够的价值。控制棒材料应选择中子吸收截面大的核素,吸收中子后生成的子核最好也应具有较强的吸收能力。

2) 可燃毒物控制

控制棒需要配备相应的驱动机构,并要求在压力容器封头上开孔,一方面驱动机构可能会干涉反应,另一方面开孔过多不利于结构强度,因此可供布置的控制棒组数目有限。因此,常采用可燃毒物和控制棒联合控制手段。

可燃毒物的原理是布置一定的吸收核素,在寿期初减小堆芯剩余反应性,燃耗过程中,吸收核素燃耗释放的反应性能够与燃料燃耗消耗的反应性相匹配,使得寿期内剩余反应性较小且变化幅度较小,寿期末吸收核素残留较少,减小反应性惩罚。合理布置可燃毒物能够减少控制棒组的布置数量,有利于功率分布展平。

可燃毒物材料应选择强吸收体核素,吸收后的子核应具有较小的中子吸收截面,同时可燃毒物应设计成非均匀布置形式。在寿期初,非均匀布置使得自屏效应能够减小可燃毒物释放反应性的速率,这使得毒物释放的反应性和燃料消耗的反应性更匹配,而在寿期末,自屏效应减弱,毒物残留较少,反应性惩罚小。

3) 化学控制

反应性补偿的重要手段之一就是压水堆核电厂在一回路冷却剂中添加硼酸。化学补偿的最大优点是其在堆芯分布均匀,不会引起功率分布畸变。不足之处在于需要增加化学控制系统,而且一回路硼酸的加浓和稀释都需要一定的时间,无法实现快速的功率调节。此外,硼酸浓度过高会导致正的慢化剂温度系数,硼酸总量需要加以限制。

3.4 反应性监测与测量

海洋核动力反应堆在装料过程中需要监测达临界的情况,装料后需要开展启动物理试验,包括进行临界棒位的测量、反应性系数的测量、控制棒棒价值的测量等,在运行过程中要监测反应堆周期。这些监测或测量本质上都是对反应性的测量,压水堆反应性常用的测量方法包括周期法、逆动态方法、源倍增方法,以及由这些方法衍生出的一系列方法;此外,对控制棒价值的测量还有落棒法等。这些方法均是以点堆中子动力学模型作为基础的。

3.4.1　反应性方程与周期法测量反应性

在临界状态附近,可以不用考虑外源项,点堆模型对于引入阶跃反应性的情形,幅函数[2]能够表示为

$$n(t) = n(0) \sum_{l=1}^{7} A_l \mathrm{e}^{\omega_l t} \qquad (3-8)$$

式中,ω_l 满足

$$\rho = \omega_l \Lambda + \sum_{i=1}^{6} \frac{\omega_l \beta_i}{\omega_l + \lambda_i} \qquad (3-9)$$

方程(3-9)称为反应性方程。给定反应性,该方程存在 7 个根,满足 $\omega_7 < -\lambda_6 < \omega_6 < \cdots < \omega_2 < -\lambda_1 < \omega_1$。$-\lambda_6$ 到 $-\lambda_1$ 对应反应性方程的间断点。当反应性 $\rho > 0$ 时,$\omega_1 > 0$,反之则 $\omega_1 < 0$。除 ω_1 以外,其余根均小于 0。根据指数规律,幅函数将趋于 $\mathrm{e}^{\omega_1 t}$ 变化规律,称为渐进状态,$T = 1/\omega_1$ 即为反应堆周期或渐进周期。通过测量的渐进周期由反应性方程反算得到反应性是周期法测量反应性的原理。

选择典型压水堆的动力学参数,如图 3-1 所示,给出了反应性与 ω 的函数关系。受篇幅所限,图 3-1 只给出了 $-\lambda_3$ 到 $-\lambda_1$ 三个间断点附近的曲线。图 3-2 给出了反应性与反应堆周期的关系。由图 3-2(a)知:反应堆周期为 100 s 对应的反应性约为 60 pcm,而反应堆周期为 1 s 对应的反应性只需约为 500 pcm。因此,在瞬发超临界状态下,堆芯功率会在短时间内激增,外部控制

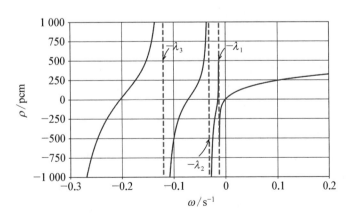

图 3-1　反应性方程曲线

手段很难及时控制。为避免这种情形的发生,在启动、升功率等反应性引入过程中,需要限制反应性的引入速率。

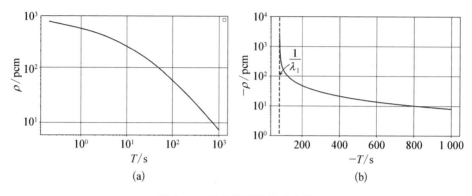

图 3-2　反应堆周期与反应性

(a) 正反应性;(b) 负反应性

如前所述,周期法测量反应性时,需要在引入反应性后等待堆芯进入渐进状态(约分钟量级)。因此,周期法的待测反应性不能过大,过大不利于安全,反应性太小则等待周期过长。对于大的反应性测量需要采取分段测量的方式。周期法的优点是测量精度高,常作为其他测量方法的校核手段。

从保护角度,周期本身衡量了中子通量变化速率,如系统瞬间引入较大的正反应性达到超临界状态,测量周期小于保护限值(如 20 s)时就会触发紧急停堆。

3.4.2　紧急停堆与落棒法测量棒价值

由图 3-2(b)知,当堆芯处于次临界状态时,无论负反应性多大,都有 $T < -\lambda_1^{-1}$。λ_1 典型数值为 $0.012\,4\ \mathrm{s}^{-1}$,对应裂变碎片 $^{87}\mathrm{Br}$。当堆芯引入很大的负反应性,比如紧急停堆,首先中子通量会出现一个瞬降过程,然后堆芯通量下降趋势变缓,逐渐进入渐进状态,渐进速率对应第 1 组先驱核的衰变,通量每 180 s 下降一个数量级。

用落棒法测量棒价值时,待测棒组在临界状态下落入反应堆底部,通过测量瞬降的份额反算引入的反应性。落棒后,瞬降部分对应式(3-8)中的衰减最快的指数项(迅速衰减为零)。对于点堆模型,可假设先驱核不变,幅函数导数为零,得到

$$(\rho - \beta)n_1 + \beta n_0 = 0 \tag{3-10}$$

式中，n_0 为初始幅函数，n_1 为瞬降后的幅函数。式(3-10)是落棒法测量控制棒价值的基本公式。

落棒法具有测量速度快、操作简单、安全的特点，但该方法测量精度不高。

紧急停堆之后，堆芯中子通量水平将趋于指数衰减，衰减速率取决于第一组缓发中子先驱核的衰变常数。紧急停堆后，堆芯功率水平也会随之下降，但堆芯功率水平的下降还需要考虑衰变热的时间特性。这是因为对于反应堆能量的分配，按能量释放时间的特点可分为瞬时释放和延迟释放两类，裂变碎片的动能、裂变中子的动能、裂变反应瞬发光子的能量、俘获反应瞬发光子的能量可认为是瞬时释放；同时，裂变产物还会发生 β 衰变，其中的电子和中微子携带的能量，以及伴生的光子能量属于延迟释放的能量，这部分延迟释放的能量(不考虑中微子携带的能量)称为衰变热(decay power)，约占总能量(停堆前)的 8%[6]。此外，存在某些核素发生中子俘获等非裂变反应后产生的次级粒子不稳定，其衰变释放的能量也应计入衰变热。因此，紧急停堆后的剩余功率(after-power)包括两部分，一部分是来自之前积累的放射性核素的衰变功率，还有一部分是渐进中子通量贡献的裂变功率。

在紧急停堆数小时后，衰变热仍然能达到停堆前总功率水平的 1%，而此时中子通量已经降到非常低的水平。如果停堆后衰变热没有有效导出堆芯，就可能导致堆芯熔化。三哩岛核事故和福岛核事故，都是由于衰变热没有及时导出而导致堆芯熔化。

3.4.3　逆动态方法与源倍增方法

点堆模型给定反应性计算幅函数，而逆动态方法正好相反，从幅函数变化计算反应性。逆动态计算主要模型如式(3-11)所示，该式可从点堆模型出发经过简单推导得到：

$$\rho(t) = \beta + \Lambda \frac{\mathrm{d}n}{n(t)\mathrm{d}t} - \sum_{i=1}^{6} \frac{\lambda_i \Lambda}{n(t)} \mathrm{e}^{-\lambda_i t} \left[C_i(0) + \frac{\beta_i}{\Lambda} \int_0^t \mathrm{e}^{\lambda_i t} n(t)\mathrm{d}t \right] - \frac{S}{n} \tag{3-11}$$

逆动态方法是反应性仪测量反应性的基础，将堆外探测器实时测量电流信号视为幅函数 n，由式(3-11)出发得到堆芯反应性。实际应用中，比如核电厂等温温度系数测量和硼微分价值测量均基于逆动态方法。此外，在采用硼刻棒方法测量控制棒价值的过程中,采用分段测量的方式,每一段的测量就是依据逆动态方法,然后通过稀释硼或添加硼不断补偿控制棒动作引入的反应性。

对于快速、局部的瞬变,不满足点堆模型的假设。同时,测量信号来自堆外探测器,探测器主要对外围组件通量分布的变化敏感。因此,为了快速、精确测量控制棒价值(节省启动物理试验时间),需要考虑空间效应的修正,比如动态刻棒方法[7]。该方法基于逆动态方法,通过采用静态空间因子和动态空间因子修正,提高了测量精度,目前已被广泛应用。测量过程中,待测棒组从堆顶以最大可控棒速插入堆芯,直至堆底,即可完成控制棒价值测量。

上述逆动态方法主要用于临界状态附近的测量。对于次临界或深次临界状态,堆芯通量分布和通量水平依赖于外中子源(外源主要包括首堆的一次中子源、换料堆芯的二次源、燃料组件的自发裂变源、燃料组件活化后的中子源),总体上通量水平较低,测量数据来自堆外源量程计数管,没有连续型信号。此时,主要采用源倍增方法进行反应性的监测。

源倍增方法仍然能够从逆动态计算公式(3-11)出发得到,外源次临界状态随着时间趋于无穷,最终将达到一个稳定状态,可以得到

$$\rho = -\frac{\Lambda S}{n} \propto -n^{-1} \tag{3-12}$$

反应性与稳定后的幅函数倒数成正比。在启堆过程中,常基于此原理,采用堆外探测器计数率的倒数推算达到临界需引入的反应性,称为次临界外推。在堆芯达临界过程中,当计数率倒数趋于0,反应性趋于0,堆芯趋于临界。由于点堆模型的局限性,外推临界反应性并不精确,达临界引入量需要小于外推数值。进一步地,根据引入反应性前后计数率倒数的变化能够估计引入的反应性大小,例如修正源倍增方法[1]、次临界刻棒技术就是基于这一原理。为提高精度,需要引入修正因子考虑相关的空间效应。

下面给出一个简单的数值算例说明空间效应的影响。图3-3为不同反应性水平下的反应堆基波功率分布和外源功率分布。问题选择 IAEA 2D 基准问题[8],并通过调整裂变中子产生截面得到 k_{eff} 取 0.9、0.99 和 0.999 三种次临界状态。外源的位置和源强保持一致。由图3-3知,当堆芯处于较深次临界状态时,外源问题中的功率主要集中在外源附近。随着次临界度趋于零,功率分布越来越接近基波分布。虽然功率分布的幅值逐渐增加,按照

式(3-12)，k_{eff} 取 0.9 和 0.999(分别对应 $-11\,111$ pcm 和 -100 pcm)，功率幅度应该相差 111 倍，但对比图中，幅度并没有严格按照式(3-12)指出的那样。

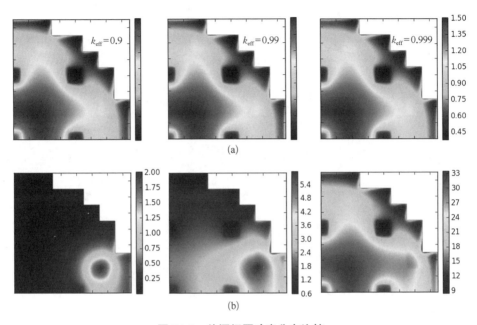

图 3-3　外源问题功率分布比较

(a) 从左至右依次为 k_{eff} 取 0.9、0.99 和 0.999 的归一化基波功率分布；(b) 从左至右依次为 k_{eff} 取 0.9、0.99 和 0.999 的堆芯布置下的外源功率分布(其中外源保持不变)

3.5　精确点堆模型与 α 本征值

本章前面几节中事故分析和反应性测量方法多基于点堆模型。本节从精确点堆模型和 α 本征值两个角度出发，说明点堆模型的适用性。

3.5.1　精确点堆模型

从改进准静态方法出发，考虑空间形状函数随时间缓慢变化，能够得到精确点堆方程[9-10]。准静态方程认为通量可以表示为 $\psi(r, E, \Omega, t) = T(t)\phi(r, E, \Omega, t)$，其中 T 为幅函数，随时间快速变化；ϕ 为形状函数，随时间变化较慢，并假设形状函数满足

$$\frac{\partial}{\partial t}\iiint \mathrm{d}V \mathrm{d}E \mathrm{d}\Omega \, \frac{1}{v(E)}\phi(r, E, \Omega, t)\phi^*(r, E, \Omega) = 0 \quad (3-13)$$

式中，ϕ^* 为瞬态初始时刻的价值函数，满足

$$-\Omega \nabla \phi^*(r, \Omega, E) + \Sigma_t(E)\phi^*(r, \Omega, E) -$$

$$\int_0^\infty \int_{4\pi} \Sigma_s(\Omega\Omega', E \to E')\phi^*(r, \Omega', E')d\Omega'dE'$$

$$= \lambda_0 \frac{\nu\Sigma_f(E)}{4\pi}\int_0^\infty\int_{4\pi}\chi(E')\phi^*(r, \Omega', E')d\Omega'dE' \qquad (3-14)$$

式中，λ_0 即为初始 k_{eff} 的倒数。为方便，采用算符简记为

$$L_0^* \phi^* = \lambda_0 (\chi F)_0^* \phi^* \qquad (3-15)$$

类似，输运方程(3-1)和先驱核浓度方程(3-2)可简记为

$$\frac{1}{v}\frac{\partial \psi}{\partial t} + L\psi = (1-\beta)\chi_p F\psi + \frac{1}{4\pi}\sum\chi_i\lambda_i C_i + \frac{Q}{4\pi} \qquad (3-16)$$

$$\frac{\partial C_i}{\partial t} = -\lambda_i C_i + 4\pi\beta_i F\psi \qquad (3-17)$$

将 ϕ^* 乘以式(3-16)左右两端并求积分，基于式(3-13)的假设和式(3-15)的共轭性质，得到

$$\frac{dT}{dt} + \frac{< \phi^*, (\delta L - \delta\chi F)\phi - (1-\lambda_0)(\chi F)_0\phi > + < \phi^*, \beta(\chi F)_D\phi >}{< \phi^*, \frac{1}{v}\phi >}T$$

$$= \frac{1}{4\pi}\sum\lambda_i \frac{< \phi^*, \chi_i C_i >}{< \phi^*, \frac{1}{v}\phi >} + \frac{1}{4\pi}\frac{< \phi^*, Q >}{< \phi^*, \frac{1}{v}\phi >} \qquad (3-18)$$

三角括号 $<\ >$ 表示对括号内的量进行能量、空间、角度的积分。然后，将 $\chi_i\phi^*$ 乘以式(3-17)并积分得到

$$\frac{\partial}{\partial t}\frac{< \phi^*, \chi_i C_i >}{< \phi^*, \frac{1}{v}\phi >} = -\lambda_i\frac{< \phi^*, \chi_i C_i >}{< \phi^*, \frac{1}{v}\phi >} + 4\pi\frac{< \phi^*, \beta_i\chi_i F\psi >}{< \phi^*, \frac{1}{v}\phi >}T$$

$$(3-19)$$

令

$$\rho_{PK} = \frac{< \phi^*, (\delta\chi F - \delta L)\phi >}{< \phi^*, \chi F\phi >} + \frac{< \phi^*, (1-\lambda_0)(\chi F)_0\phi >}{< \phi^*, \chi F\phi >}$$

$$\approx \frac{< \phi^*, (\delta\chi F - \delta L)\phi >}{< \phi^*, \chi F\phi >} + \rho_0 \qquad (3-20)$$

$$\beta_{\mathrm{PK},i} = \frac{<\phi^*, \beta(\chi F)_{\mathrm{D}}\phi>}{<\phi^*, \chi F\phi>} \tag{3-21}$$

$$S_{\mathrm{PK}} = \frac{1}{4\pi}\frac{<\phi^*, Q>}{<\phi^*, \frac{1}{v}\phi>} = \frac{1}{4\pi}\frac{<\phi^*, Q>}{<\phi^*, \chi F\phi>}\frac{1}{\Lambda} \tag{3-22}$$

$$c_i = \frac{1}{4\pi}\frac{<\phi^*, \chi_i C_i>}{<\phi^*, \frac{1}{v}\phi>} \tag{3-23}$$

$$\Lambda = \frac{<\phi^*, \frac{1}{v}\phi>}{<\phi^*, \chi F\phi>} \tag{3-24}$$

代入式(3-18)与式(3-19)得到

$$\frac{\mathrm{d}T}{\mathrm{d}t} = \frac{\rho_{\mathrm{PK}} - \beta_{\mathrm{PK}}}{\Lambda_{\mathrm{PK}}}T + \sum\lambda_i c_i + S_{\mathrm{PK}} \tag{3-25}$$

$$c_i' = -\lambda_i c_i + \frac{\beta_{\mathrm{PK}}}{\Lambda_{\mathrm{PK}}}T \tag{3-26}$$

式中,下标 PK 表示点堆动力学模型。比较式(3-25)和式(3-5)、式(3-26)和式(3-6),可以看到方程形式一样,但具体的动力学参数不同。以反应性为例说明,从微扰理论出发能够给出反应性(变化量)近似满足

$$\rho = \frac{<\phi^*, (\delta\chi F - \delta L)\phi_0>}{<\phi^*, (\chi F)_0\phi_0>} \tag{3-27}$$

从式(3-20)可以看出,精确点堆模型和传统点堆模型的差别在于,精确点堆模型中的反应性考虑了瞬态过程中形状函数的变化,而传统点堆模型没有考虑。因此,当瞬态过程中功率分布变化较小时,可以认为传统点堆模型[即采用式(3-27)作为反应性]具有较高的精度,比如临界附近的反应性仪监测(逆动态方法)、硼刻棒方法(分段测量)等。但对于功率分布畸变的瞬态过程,比如落棒法测量棒价值、弹棒事故、主蒸汽管道破裂事故等,传统点堆模型使用了偏差较大的反应性等动力学参数,预计幅函数会存在较大的误差。

得到精确点堆模型后,可以获得形如式(3-9)的反应性方程。进一步地,可以说明周期法测量反应性具有较好的理论基础和较高的测量精度(周期法是在临界附近渐进状态下测量反应性)。

同样也可以获得形如式(3-12)的源倍增方法测反应性的理论模型,并且精确点堆模型考虑了空间效应,该空间效应修正方法与修正的源倍增方法模型一致。

3.5.2 α本征值

反应性方程建立了反应性和反应堆周期之间的关系。从本征值角度出发,反应性或者 k_{eff} 本征值常称为 λ 本征值,通过调整裂变源使得中子产生和消失平衡。反应堆周期则是一个时间相关物理量,对应 α 本征值,即将输运方程(3-1)中的时间变量与其他自变量分离,假设通量和先驱核满足如下级数展开:

$$\psi(r, \Omega, E, t) = \sum_l e^{\omega_l t} \phi_{\omega_l}(r, \Omega, E) \tag{3-28}$$

$$C_i(r, t) = \sum_l e^{\omega_l t} C_{i, \omega_l}(r) \tag{3-29}$$

式中,ω_l 对应 α 本征值,ω_1 的模最大。$\phi_{\omega_l}(r, \Omega, E)$ 对应的本征方程(α 本征方程)能够表示为

$$\Omega \nabla \phi_{\omega_l} + \left[\frac{\omega_l}{v} + \Sigma_t \right] \phi_{\omega_l}$$

$$= \int_0^\infty \int_{4\pi} \Sigma_s(\Omega\Omega', E' \to E) \phi_{\omega_l}(\Omega', E') d\Omega' dE' +$$

$$\frac{\chi_p(E)}{4\pi} \int_0^\infty \int_{4\pi} [1 - \beta(E')] \nu\Sigma_f(E') \phi_{\omega_l}(E') d\Omega' dE' +$$

$$\frac{1}{4\pi} \sum_{i=1}^6 \chi_i(E) \frac{\lambda_i}{\omega_l + \lambda_i} \int_0^\infty \int_{4\pi} \beta_j(E') \nu\Sigma_f(E') \phi_{\omega_l}(\Omega', E') d\Omega' dE' \tag{3-30}$$

当堆芯处于临界状态时,对应 $\omega_1 = 0$,$k_{eff} = 1$,此时两种本征方程形式一致。当堆芯处于超临界状态时,$\omega_1 > 0$;当堆芯处于次临界状态时,$\omega_1 < 0$。两种本征方程形式不一致,预计二者的基波分布不同,只有在极简单的情形,如平板几何单群扩散方程,两种本征方程才形式一致。

考虑到指数衰减规律,瞬态过程将趋向一个渐进过程,堆内中子通量相对分布基本保持不变,总量按指数规律变化,$\psi(r, \Omega, E, t) \approx e^{\omega_1 t} \phi_{\omega_1}(r, \Omega, E)$,$T = 1/\omega_1$ 正是反应堆周期。该周期也正是周期法测量的反应堆周期。因此可以认为反应性方程表达了这两种本征方程的关联。下面将从 α 本征方程

出发推导反应性方程。

在临界状态附近,可以近似认为两种基波分布近似相等,$\phi_{k_{\text{eff}}} \approx \phi_{\omega_1}$。这样将式(3-3)和式(3-30)相减得到

$$\frac{\omega}{v}\phi \approx \frac{\chi_{\text{p}}(E)}{4\pi}\int_0^\infty\int_{4\pi}\nu\Sigma_{\text{f}}(E')\phi(\Omega',\ E')\mathrm{d}\Omega'\mathrm{d}E'\Big(1-\frac{1}{k_{\text{eff}}}-\sum_{i=1}^6\frac{\omega\beta}{\omega+\lambda_i}\Big)$$

$$(3-31)$$

进一步将式(3-31)乘以某种权重函数 φ 后积分得到形如式(3-9)的反应性方程:

$$\rho = \omega\Lambda + \sum_{i=1}^6\frac{\omega\beta}{\omega+\lambda_i} \tag{3-32}$$

式中,Λ 形式上正是中子代时间,满足

$$\Lambda = \frac{<\varphi,\ \frac{1}{v}\phi>}{<\varphi,\ \chi F\phi>} \tag{3-33}$$

权重函数 φ 的选择较为任意,可选择基波分布、价值函数等。通过上述分析,从基本模型出发得到了渐进状态下的反应性方程,也说明采用稳态设计使用的 k_{eff} 本征分布能够比较准确地描述小反应性情形下的瞬态行为,而反应性测量的精度也说明了这一点。

需要指出,由于 α 本征方程引入了 $1/v$ 吸收截面,对能谱的影响较大[11],而 k_{eff} 本征值仅调节裂变源,对能谱影响较小。因此,在稳态设计中,很少使用 α 本征方程。

3.6　反应堆物理计算程序简介

反应堆物理计算程序通过求解堆芯内的中子(甚至光子)输运过程,同时考虑热工、燃料、结构等专业的反馈,获得反应堆的反应性、通量分布和功率分布,其核心是求解中子输运方程。三维稳态中子输运方程的中子角通量的自变量包含 6 个维度(空间 3 维、角度 2 维、能量 1 维),精确的数值模拟需要消耗巨大的内存和机时。三维中子输运方程的求解方法可以分为两类:基于概率论的蒙特卡罗(简称"蒙卡")方法和确定论方法。其中,蒙卡方法求解的是积分形式的输运方程。按照是否做均匀化处理,分为两步法和一步法,其中基

于组件均匀化的两步法计算框架是目前压水堆设计程序的主流计算体系,其计算效率较高,而一步法取消了两步法中的几何均匀化和多群归并过程,主要用于高保真的物理计算模拟,特别是在缺乏实验数据的情况下,一步法可作为重要理论参考,连续能量的蒙卡方法属于一步法的范畴。

3.6.1 蒙特卡罗方法

蒙卡方法不仅用于反应堆物理计算领域,更是在粒子输运计算领域中有大量、广泛的应用。蒙卡方法通过追踪大量的粒子输运过程得到统计平均结果,相比于确定论方法,其计算资源需求和计算量更大,但蒙卡方法更忠实于粒子输运的物理过程,因此蒙卡方法常作为设计验证工具。

在反应堆物理计算领域,蒙卡方法采用源迭代方法求解稳态中子输运方程,每一次源迭代的计算问题转换为一个固定源问题。首先抽样源(即裂变中子)的位置、能量和方向,然后进行飞行和碰撞过程的抽样模拟,直至粒子消失(吸收、泄漏),抽样过程中对需要的结果进行统计,按照用户的输入要求抽样足够多次数的源,完成一次源迭代的计算。常见的物理量统计方法有碰撞估计法、吸收估计法和径迹长度估计法等。本质上,蒙卡方法每次外迭代求解的是固定源问题的积分形式的输运方程。

理论上,只要投入的粒子数足够多,蒙卡方法就能够获得十分精确的统计结果。但实际过程中,统计方法不可避免地存在统计涨落,而且只通过增加粒子数规模很难满足实际规模问题的精确计算。这就必须采用一些减方差的技术手段,比如源偏倚、隐俘获、轮盘赌等技术。这些技术手段已经发展得比较成熟。

在反应堆物理计算领域,应用较多的国内外知名的蒙卡方法包括 MCNP(全称为 Monte Carlo N-particle transport code)、Serpent 程序、MC21、OpenMC、堆用蒙卡程序(reactor Monte Carlo code,RMC)、自主蒙特卡罗粒子输运程序(J Monte Carlo transport code,JMCT)、SuperMC 等[12-18]。受限于硬件条件,早期蒙卡方法主要用于临界净堆的反应性验证计算。近年来,随着计算资源大幅提升,蒙卡方法不断完善其并行技术提高计算规模,通过集成燃耗、热工等模块,蒙卡方法已逐渐具备实堆运行的计算分析能力。

3.6.2 确定论方法

蒙卡方法是天然的一步法。根据是否做均匀化,确定论方法可以分为一步法和两步法。由于工程设计中需要进行大量的方案优化计算和中子学参数计算,两步法仍然是目前主要的设计用工具。

1) 确定论一步法

为了实现高保真、高分辨率的物理计算,近年来确定论一步法输运计算是一个研究热点,知名代表为确定论中子输运(Michigan paralled characteristics based transport,MPACT)程序[19]。该程序是美国能源部资助的轻水堆先进仿真联盟(the consortium for advanced simulation of light water reactors,CASL)计划中研发的反应堆物理高保真计算程序,其采用二维/一维耦合的特征线输运方法,二维逐层采用的特征线方法能够精确描述压水堆堆芯的径向复杂几何,轴向采用扩散、简化球谐函数或者离散纵标,相比于直接全三维特征线,其能够显著降低计算代价和存储代价。同时,该程序共振能区等效截面的处理也是在逐层二维几何下考虑的。为了克服二维/一维耦合的特征线输运方法的计算不稳定性,全三维、准三维特征线输运模型也在不断集成到很多高保真输运计算程序中。类似 MPACT 的其他程序还包括 nTRACER、NECP-X 等[20-21]。

对比蒙卡方法,确定论一步法的计算效率更高,而且不存在统计涨落。但确定论一步法模型方面最大的不确定度来自共振能区截面的处理。而蒙卡方法模型精度高,由于统计涨落,对于小区域的物理量统计需要大量的计算资源。

2) 确定论两步法

前述一步法计算,完成一次典型堆芯的 k_{eff} 计算耗费在百核时以上,以 MPACT 程序 2015 年的计算数据为例,计算 Watts Bar 核电厂一个循环的硼降曲线需要 4 000 多核计算逾 20 h,这显然无法胜任工程设计计算。

工程设计目前普遍采用两步法计算框架,以广义等效均匀化[22]为基础,首先组件程序针对不同类型的组件以及各种离散的工况点在二维单组件全反射边界条件下进行精细输运计算,得到等效均匀化截面和功率形状因子;进而采用接口程序将组件计算结果加工成压水堆少群截面库供堆芯程序使用;堆芯程序求解少群扩散方程得到反应性、三维通量分布和功率分布,栅元精细功率分布采用功率重构技术得到。堆芯程序常耦合单通道热工模块实现物理热工耦合计算,并配备各种辅助工程模块,用于关键中子学参数的计算。进一步地,在堆芯程序可添加瞬态模块,用于求解三维中子时空动力学,实现反应性事故的最佳估算。以此方法为基础开发的程序系统有 CASMO5/SIMULATE5、APOLLO/SMART、KYLIN-Ⅱ/CORCA-3D 等[23-27]。

随着计算机硬件性能的逐步提升,采用蒙卡方法作组件程序、采用栅元均匀化代替组件均匀化是近年来两步法的研究改进热点。

参考文献

［1］ CACUCI D G. Handbook of nuclear engineering ［M］. Boston：Springer，2010.

［2］ 谢仲生,吴宏春,张少泓.核反应堆物理分析[M].西安：西安交通大学出版社,2004.

［3］ International Atomic Energy Agency（IAEA）. IAEA safety glossary：Terminology used in nuclear safety and radiation protection：2007 edition ［R］. Vienna：International Atomic Energy Agency，2007.

［4］ 全国核能标准化技术委员会. EJ/T 1114—2000 压水堆核电厂反应堆首次装料试验 ［S］.北京：国防科学技术工业委员会,2001.

［5］ 中国核工业总公司. GB 12789.1—1991 核反应堆仪表准则　第一部分：一般原则 ［S］.北京：中国标准出版社,1991.

［6］ LEWIS E E. Nuclear power reactor safety ［M］. New York：John Wiley & Sons，1977.

［7］ CHAO Y A, CHAPMAN D M, HILL D J, et al. Dynamic rod worth measurement ［J］. Nuclear Technology, 2000, 132(3)：403–412.

［8］ Argonne National Laboralory（ANL）. Computational benchmark problems committee of the mathematics and computation division of the American nuclear society. Argonne Code Center：Benchmark problem book ［R］. USA：Argonne National Laboratory，1977.

［9］ 施工. 反应堆物理讲义[M].北京：清华大学出版社,2008.

［10］ 汪量子.溶液堆的蒙特卡洛方法物理计算模型及特性研究［D］.北京：清华大学,2011.

［11］ STAMM'LER R J J, ABBATE M J. Methods of steady-state reactor physics in nuclear design[M]. London：Academic Press，1983.

［12］ X5 Monte Carlo Team. MCNP a general monte narlo n-particle transport code, version 5. Volume III：Developers Guide ［R］. Los Alamos, New Maxico：Los Alamos National Laboratory，2008.

［13］ LEPPANEN J. Serpent：A continuous-energy Monte Carlo reactor physics burnup calculation code, user's manual ［R］. Helsinki：VTT Technical Research Centre of Finland, 2012.

［14］ GRIESHEIMER D P, GILL D F, NEASE B R, et al. MC21 v.6.0：A continuous-energy Monte Carlo particle transport code with integrated reactor feedback capabilities[J]. Annals of Nuclear Energy, 2015, 82：29–40.

［15］ ROMANO P K, HORELIK N E, HERMAN B R, et al. OpenMC：a state-of-the-art Monte Carlo code for research and development[J]. Annals of Nuclear Energy, 2015, 82：90-97.

［16］ WANG K, LI Z G, SHE D, et al. RMC：a Monte Carlo code for reactor core analysis[J]. Annals of Nuclear Energy, 2015, 82：121-129.

[17] DENG L，LI G，ZHANG B Y，et al. JMCT Monte Carlo Code with capability of integrating nuclear system feedback[C]//2nd international conference on applied mathematics，Sanya，China，2018. Netherlands：Atlantis Press，2018.

[18] WU Y C，SONG J，ZHENG H Q，et al. CAD-based Monte Carlo program for integrated simulation of nuclear system SuperMC[J]. Annals of Nuclear Energy，2015，82：161-168.

[19] KOCHUNAS B. A hybrid parallel algorithm for the 3-D method of characteristics solution of the Boltzmann transport equation on high performance compute clusters [D]. Ann-Arbor，Michigan：University of Michigan，2013.

[20] JUNG Y S，SHIM C B，LIM C H，et al. Practical numerical reactor employing direct whole core neutron transport and subchannel thermal/hydraulic solvers[J]. Annals of Nuclear Energy，2013，62：357-374.

[21] CHEN J，LIU Z Y，ZHAO C，et al. A new high-fidelity neutronics code NECP-X [J]. Annals of Nuclear Energy，2018，116：417-428.

[22] SMITH K. Assembly homogenization techniques for light water reactor analysis[J]. Progress in Nuclear Energy，1986，17(3)：303-335.

[23] FERRER R M. CASMO5 methodology manual [R]. Newton，Mass：Studsvik Scandpower，2019.

[24] BAHADIR T. SIMULATE5 methodology manual [R]. Newton，Mass：Studsvik Scandpower，2019.

[25] AIGLE R，RIO G. SCIENCE：description of the physical model，EP/N/DM. 742 [R]. Paris：Framatome ANP，1997.

[26] 柴晓明，涂晓兰，郭凤晨. KYLIN-II 软件理论手册[R]. 成都：中国核动力研究设计院，2016.

[27] 安萍，马永强，郭凤晨. CORCA-3D 软件理论手册[R]. 成都：中国核动力研究设计院，2014.

第 4 章
热工安全与堆芯冷却

就反应堆堆芯热工设计的目的而言,海洋核动力平台和陆上核电站没有什么区别,就是提供足够的与堆芯发热分布相适应的传热能力,使得由反应堆冷却剂系统或安注系统(当应用时)带走的热量满足堆芯安全的要求。不同的是在满足准则要求时,海洋核动力平台要充分考虑海洋条件对堆芯流体流动和传热的影响,进而影响相关准则的限值,如堆芯流动稳定性限值、偏离泡核沸腾(DNB)限值和自然循环堆芯出口冷却剂温度限值等。

4.1 热工设计准则

在设计反应堆堆芯和冷却系统时,为了保证反应堆能够安全可靠地运行,预先规定了热工设计必须遵守的要求,称为反应堆的热工设计准则。热工设计准则的制订必须以堆芯安全原则为依据[1]。对于压水型动力堆,堆芯安全原则一般包括以下内容:

(1) 在正常运行和运行瞬态(Ⅰ类工况)或由中等频率事故引起的任何瞬态(Ⅱ类工况)时,预计不出现燃料破损(定义为裂变产物穿透屏障即燃料棒包壳)。

(2) 在稀有事故(Ⅲ类工况)时,仅有小份额的燃料棒破损,尽管反应堆不能立即恢复运行,但能使反应堆返回安全状态。

(3) 在发生极限事故(Ⅳ类工况)所引起的瞬态时,反应堆能返回安全状态,堆芯能保持次临界和可接受的传热几何形状。

(4) 在发生超设计基准事故时,预防严重事故的发生或减轻严重事故的后果,使反应堆能返回长期稳定的安全状态。

据此原则,制订热工设计准则如下。

(1) 偏离泡核沸腾比(DNBR,变量表示为 R_{DNB}):在正常运行、运行瞬态以及中等频率事故工况(即Ⅰ类工况和Ⅱ类工况)下,堆芯最热元件表面在95%的置信水平上,至少有95%的概率不发生偏离泡核沸腾(DNB)现象。应保证在考虑了各种不确定因素所需裕量后,工况Ⅰ和工况Ⅱ下堆芯极限燃料棒最小DNBR大于或等于所采用的DNB关系式对应的安全限值。

(2) 燃料中心温度:在Ⅰ类工况和Ⅱ类工况下,堆芯具有峰值线功率密度的燃料棒在95%的置信水平上,至少有95%的概率不发生燃料中心熔化。预防燃料熔化可消除熔化了的二氧化铀(UO_2)对棒包壳的不利影响,以保持燃料棒的几何形状。未辐照的二氧化铀的熔点为2 804 ℃。二氧化铀的实际熔点与多种因素有关,其中辐照影响最大,设计中一般使用的限值为2 590 ℃。计算堆芯燃料棒热点峰值燃料温度时,应考虑整个寿期内所有燃料棒峰值热流密度可能出现的位置。

(3) 堆芯流量:设计必须保证正常运行时堆芯燃料组件和需要冷却的其他构件能得到充分的冷却,保证在事故工况下有足够多的冷却剂能够排出堆芯余热。在反应堆热工设计中采用的冷却剂流量,应在冷却剂系统设计提供的最佳估算流量基础上考虑一定的设计裕量。例如,对一回路系统冷却剂流量,应选用热工设计流量进行热工设计。热工设计流量中凡未完全用于冷却堆芯燃料棒的部分,均应视为旁通流量,热工设计应对这部分流量提出限制。在反应堆水力学设计中,应采用最佳估算流量计算有关水力学流动阻力;采用机械设计流量计算有关水力学载荷。

(4) 堆芯水力学稳定性:在核动力平台运行期间,希望堆芯冷却剂的流动是始终稳定的。若出现水力学不稳定情况将导致临界热流密度降低和堆内构件的强烈振动,危及反应堆的安全。因此,在Ⅰ类工况和Ⅱ类工况下,必须保证堆芯不发生因冷却剂密度变化引起的水力学流动不稳定。反应堆冷却剂系统特性和堆内构件不应导致或助长水力学流动不稳定。

(5) 其他设计准则:堆芯热工设计除了应遵守上述准则之外,还应遵守其他与堆芯热工设计有关的所有设计基准,如反应堆冷却剂系统压力限制、失水事故下燃料棒包壳表面温度限制、锆-水反应总量限制、燃料比焓限制、包壳材料氧化量限制以及堆内构件和燃料组件的水力学载荷限制等。

4.2　热工安全设计主要内容

反应堆堆芯热工水力设计的任务是提供一组与堆芯功率分布相匹配的热

传输参数,使之满足设计准则并能充分地导出堆芯热量。热工水力安全设计中需考虑的因素包括以下几方面。

1) 确定偏离泡核沸腾比

偏离泡核沸腾是一种水力学和热力学的综合现象。当燃料棒以很高的热流密度加热流动中的冷却剂时,棒包壳表面的温度将超过冷却剂的饱和温度,形成泡核沸腾。当热流密度高于某一值时,局部流动状况恶化,棒表面被汽膜所覆盖,传热恶化而使棒表面温度急剧上升,产生所谓偏离泡核沸腾。发生DNB 时,由于很高的棒表面温度将导致氧化作用和锆水反应,使包壳破损,甚至造成包壳材料熔化。偏离泡核沸腾比定义如下:

$$R_{\mathrm{DNB}} = \frac{q''_{\mathrm{DNB, N}}}{q''_{\mathrm{LOC}}} \qquad (4-1)$$

式中:$q''_{\mathrm{DNB, N}} = q''_{\mathrm{CHF}}/F$,$q''_{\mathrm{DNB, N}}$ 为非均匀加热临界热流密度;q''_{CHF} 为由 DNB关系式预期的均匀加热临界热流密度,一般是在临界热流密度实验数据基础上计算的;F 为计算非均匀轴向热流密度分布的热流密度分布形状因子;q''_{LOC}为局部热流密度。

为了满足偏离泡核沸腾设计基准,R_{DNB} 限值由统计学方法确定,并会考虑一定裕量。

2) 堆芯通道之间的交混效应

在燃料棒间,无论是典型子通道(由 4 个相邻燃料棒组成)还是导向管子通道(由控制棒导向管与相邻燃料棒组成),都与相邻子通道连通。这样在相邻子通道之间就存在着能量、质量和动量的交换。子通道之间的交混效应使热通道焓升降低。子通道分析程序可以计算子通道间的能量、质量和动量交换,并考虑其对 DNB 的影响。

3) 确定热工设计工程因子

热通道因子:总的热流密度热通道因子和总的焓升热通道因子定义为堆芯中这些量的最大值与平均值之比。总的热通道因子由核热通道因子和工程热通道因子的乘积组成。

总的热流密度热通道因子考虑的是热流密度的局部最大点值,即确定热点状态。而总的焓升热通道因子则涉及沿通道的最大积分值,即确定热通道状态。

工程热通道因子一般用来考虑燃料棒和燃料组件的材料和几何尺寸制造偏差。下面定义两种类型的工程热通道因子:F_Q^E 和 $F_{\Delta H}^{E1}$。

热流密度工程热通道因子 F_Q^E：热流密度工程热通道因子 F_Q^E 根据统计法综合燃料棒芯块直径、密度、富集度及偏心度等的制造公差来确定。F_Q^E 用于计算最大热流密度，需满足两个 95% 的要求，即该值是在 95% 置信水平下，满足 95% 概率的期望容许限。

焓升工程热通道因子 $F_{\Delta H}^{E1}$：焓升工程热通道因子 $F_{\Delta H}^{E1}$ 用统计法综合燃料芯块密度和富集度的制造公差来确定。$F_{\Delta H}^{E1}$ 用于计算热通道的焓升。该因子在两个标准偏差下，需满足两个 95% 的要求。

4）燃料棒弯曲对临界热流密度的影响

对辐照过的燃料组件观察研究发现，DNB 受棒弯曲影响。燃料棒受辐照后发生弯曲变形，偏离通道名义位置，流道结构形式发生变化，从而导致 DNB 点的传热状况更为恶化。

在设计分析中应用的棒弯曲 R_{DNB} 亏损因子来源于以下两个主要研究结果：

一个经验模型是定义 R_{DNB} 亏损因子为栅格变形的函数，栅格变形量用棒间隙相对闭合率表征，即 $\dfrac{\Delta C}{C_0} = \dfrac{C_0 - C}{C_0}$，其中：$C_0$ 是名义棒间隙，C 是实际棒间隙。

另一个经验模型是针对 17×17 燃料组件，将其几何变形表征为燃耗的函数，这个模型是以通过检查辐照过的燃料棒所获得的数据为基础得到的。通过观察辐照过的 17×17 燃料组件，推导出了一个作为燃耗函数的棒弯曲模型。这个模型是一个包络规律模型，它给出了棒间隙相对闭合率 $\dfrac{\Delta C}{C_0}$ 与堆芯一个区域平均燃耗的函数关系。

4.3　常用的热工安全设计程序

子通道分析软件是反应堆热工水力设计与安全分析的重要工具。目前，世界上核电发达国家均拥有各自的子通道分析软件，比如美国的 COBRA[①] 系列、VIPRE[②] 系列，法国的 FLICA[③] 系列，加拿大的 ASSERT[④] 系列等，这些子

[①]　COBRA，为 coolant-boiling in rod arrays 的缩写，是美国常用的子通道分析软件。
[②]　VIPRE，为 versatile internals and component program for reactors 的缩写，是美国常用的子通道分析软件。
[③]　FLICA，为法系程序，由 FLID 和 CACTUS 程序名组合构成，是法国常用的子通道分析软件。
[④]　ASSERT，为 advanced solution of subchannel equation in reactor thermalhydraulics 的缩写，是加拿大常用的子通道分析软件。

通道分析软件已在我国前期引进的核电厂设计中得到了应用。随着我国核电技术的发展,国内启动了核电工程软件自主化研发项目,研发自主化核电设计软件,其中包括堆芯热工水力分析程序 CORTH(core thermal-hydraulic analysis program)。根据工程设计需求,CORTH 软件的功能主要包括如下几种。

(1) 能够以子通道的形式模拟堆芯,即径向上可以划分为多个分离或相连的子通道,轴向上可以非均匀分段划分。

(2) 忽略主流体的热传导和湍流扩散,横向流动的湍流动力黏度和扩散系数采用经验公式计算。

(3) 能够考虑不同类型燃料组件格架对流动阻力的影响。

(4) 对于单相和两相条件下的压降、传热和空泡份额计算,应包含多种经验关系式,适用范围覆盖压水堆稳态与事故工况。

(5) 可以通过设定范围,自动生成流体物性查询表。

(6) 计算边界条件包括入口流速、出口压力、入口焓或温度和功率分布等。

(7) 包含多个适用于工程设计或特定燃料组件的临界热流密度关系式。

CORTH 软件的控制方程包括质量守恒方程、轴向动量守恒方程、横向动量守恒方程、混合物能量守恒方程、液相能量守恒方程。

(1) 质量守恒方程:

$$\frac{\partial \rho_i}{\partial t} + \frac{1}{S_i}\frac{\partial}{\partial z}(G_i S_i) + \frac{1}{S_i}\sum_{k\neq i}(l_{ik}g_{ik}) = 0 \tag{4-2}$$

式中:ρ 为流体密度;t 为时间;G 为轴向流质量流速;S 为轴向流通面积;z 为轴向流动方向;l 为间隙宽度;g 为横向流质量流速;下标 i、k 表示子通道编号。

(2) 轴向动量守恒方程:

$$-\frac{\partial P_i}{\partial z} = \frac{\partial G_i}{\partial t} + \rho_i g\cos\theta + \frac{1}{S_i}\frac{\partial}{\partial z}(S_i v_i' G_i^2) +$$

$$\frac{1}{S_i}\sum_{k\neq i}l_{ik}v_{ik}'G_{ik}g_{ik} +$$

$$\left(\frac{f_i}{D_{hi}}\tilde{G}_i + \frac{k_i}{\delta_z}\mid G_i\mid\right)\frac{G_i}{2\rho_i} +$$

$$\frac{1}{S_i}\sum_{k\neq i}\frac{l_{ik}\mu_{\mathrm{t},ik}}{l_{ik}}(v_i'G_i - v_k'G_k) \tag{4-3}$$

式中:P 为当地大气压;θ 为流动方向与重力方向的夹角;v' 为比体积;D_{h} 为

水力学直径；f 为摩擦因数；$\widetilde{G}$ 为考虑横向流影响后的轴向质量流速修正值；k 为格架阻力系数；δ_z 为格架轴向高度；L 为质心距离；μ_t 为湍流动力黏度；下标 i、k 表示子通道编号。

（3）横向动量守恒方程：

$$-\frac{\partial P_{ik}}{\partial y_{ik}} = \frac{\partial g_{ik}}{\partial t} + \frac{f_{ik}}{2\rho_{ik}D_{hik}}\widetilde{G}_{ik}g_{ik} +$$

$$\frac{\partial}{\partial z}(v'_{ik}G_{ik}g_{ik}) + \frac{\partial}{\partial y_{ik}}(v'_{ik}g_{ik}^2) \qquad (4-4)$$

式中，y 为横向流动方向。

（4）混合物能量守恒方程：

$$\frac{\partial}{\partial t}(\rho_i H_i) + \frac{1}{S_i}\sum_{k\neq i}\left[\frac{l_{ik}}{L_{ik}}k_{t,\,ik}(H_i - H_k)\right] +$$

$$\frac{1}{S_i}\frac{\partial}{\partial z}(G_i H_i S_i) + \frac{1}{S_i}\sum_{k\neq i}(l_{ik}g_{ik}H_{ik}) =$$

$$\frac{1}{S_i}(P_{ch,\,i}\phi_i + q_i) \qquad (4-5)$$

式中：H 为气液混合物比焓；k_t 为湍流扩散系数；P_{ch} 为热周（即发热面与被加热流体接融的边界长度）；ϕ 为燃料棒表面的热流密度；q 为直接释放至流体中热量；下标 i、k 表示子通道编号。

（5）液相能量守恒方程：

$$\rho_{l,i}(1-\alpha_i)\frac{\partial h_{1,i}}{\partial t} + (1-x_i)G_i\frac{\partial h_{1,i}}{\partial z} +$$

$$(1-x_i)\left[\begin{array}{l}\dfrac{1}{S_i}\sum_{k\neq i}l_{ik}(h_{1,i}-h_{1,k})g_{ik}\\[2mm] + \dfrac{1}{S_i}\sum_{k\neq i}\dfrac{l_{ik}k_{t,\,ik}}{L_{ik}}(h_{1,i}-h_{1,k})\end{array}\right] =$$

$$K_v(h_{sat}-h_{1,i})(H_i-h_{1,i}) + \frac{1}{S_i}[P_{ch,\,i}\phi_i\varepsilon_i + q_i(1-\alpha_i)] \qquad (4-6)$$

式中：α 为空泡份额；h 为比焓；x 为质量含汽率；K_v 为冷凝系数；下标 1 表示液相，sat 表示饱和状态；下标 i、k 表示子通道编号。ε 为壁面加热量因子，定义为

$$\varepsilon_i = \frac{T_{sat,\,i}-T_{1,i}}{\phi_i/h_c - \Delta T_{sat}} \qquad (4-7)$$

式中：h_c 为单相传热系数；T 为温度；ΔT_{sat} 为壁面过热度。

质量含气量 x 与空泡份额 α 的关系如下：

$$x = \frac{1}{1 + \dfrac{1}{s} \dfrac{1-\alpha}{\alpha} \dfrac{\rho_1}{\rho_g}} \tag{4-8}$$

式中：s 为滑速比；下标 g 表示气相。

此外，考虑到与其他工程设计软件的配套应用，CORTH 软件还设计了专门的接口，比如与反应性事故分析软件 PRINA 的接口以及与反应堆水力学计算软件 PHYCA 的接口等。

为了方便用户使用，开发人员将繁琐、复杂的数据准备输入转变为图形界面输入，并针对 CORTH 程序的应用特点设计了图形化的输入界面。通过采用多窗体模式，用户可在不同窗体中输入相应的数据，还可以在界面中进行子

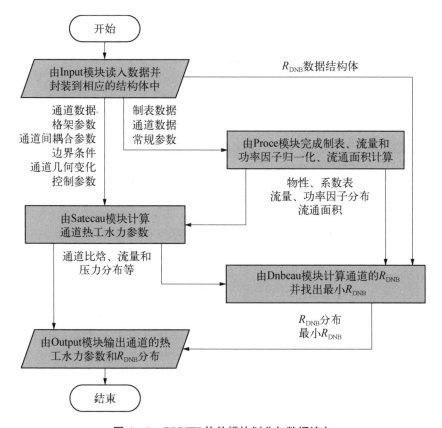

图 4-1　CORTH 软件模块划分与数据流向

通道划分和几何参数的自动计算,这将显著地降低输入出错率,有利于提高计算工作效率。同时,为了便于计算结果分析与处理,设计了图形化的输出界面,除了以窗体的方式列出主要计算结果外,还能以图形化的方式给出各子通道径向和轴向的参数分布。

为了确保软件的计算效率和兼顾通用性与可移植性,CORTH 软件的计算部分采用 C++语言进行编码,图形界面部分则采用 JAVA 语言。CORTH 软件代码总数近 7 万行。通过开展代码级的软件测试,以验证软件实现的功能是否满足需求说明书和设计说明书的要求,代码编写是否规范。CORTH 软件的测试分为 3 个阶段:第一阶段是单元测试,测试各单元代码对相应编码规范的遵循情况;第二阶段是集成测试,验证软件计算结果的正确性和人机界面的正确性;第三阶段是系统测试,对软件进行总体测试。最终的测试结果表明 CORTH 软件源代码编写规范、功能完整、界面友好,满足核电站热工水力设计要求。

利用核电厂实测数据、国际基准题和试验数据对 CORTH 软件进行了验证,结果表明 CORTH 软件的计算精度较高,与国际同类软件相当,能够满足核电站热工水力设计与安全分析的需求。

4.4 海洋条件下热工安全目标实现

海洋核动力长期处于大洋运行环境,需要考虑海洋运行条件对热工安全设计的影响,充分考虑海洋条件对核热耦合特性、系统设备运行特性的影响,同时,安全系统也需根据热工安全目标需求进行配置。

4.4.1 海洋核动力装置安全分析原则和事故分类

安全分析旨在对假想的扰动、设备误动作或失效做出响应,其分析的情况为具有代表性的可能发生的,或必须予以考虑的典型始发事件。

事故分析以针对前述 3 道屏障完整性所做的一系列保守假设为基础进行。分析的目的是验证仪控系统、电力系统以及专设安全设施等设计的正确性。

事故分析还需要遵循以下原则:

(1) 初始工况假设。对于事故分析,初始工况为名义定值同时考虑最大稳态不确定性。

（2）堆芯功率分布。反应堆系统的瞬态响应与初始功率分布有关。反应堆堆芯核设计通过调整控制棒布置，以减少不利的功率分布的影响。反应堆功率分布可由热通道焓升因子 $F_{\Delta H}$ 和总功率峰因子 F_Q 表征。除非特别说明，事故分析所用的反应堆功率分布与热工设计中的功率分布相同。

（3）反应堆系统瞬态响应取决于反应性反馈效应，尤其是慢化剂密度系数和多普勒系数。一些事故的分析，保守性要求使用大的反应性系数值；而另一些事故的分析，保守性要求采用小的反应性系数值。究竟是采用大的反应性系数值还是采用小的反应性系数值结果，这需要根据要具体事件具体分析。对于一个具体的瞬态，为了覆盖堆芯寿期的影响，对参数进行了保守的组合（包括考虑海洋条件对冷却剂密度系数的影响），尽管这些组合可能不代表真实的状态。

（4）控制棒组件插入特性。反应堆停堆后引入的负反应性是控制棒组加速度和棒位变化的棒价值的函数。就事故分析而言，控制棒插入缓冲区入口的控制棒行程所用的时间是一个关键参数，需要取保守值，即停堆以后总的棒价值减去多普勒系数和慢化剂密度系数等反馈效应引入的反应性，仍能保证反应堆有足够的停堆裕量。假设负反应性价值最大的一束控制棒组件未插入堆芯，由此得到最小停堆裕量，事故分析以此最小停堆裕量进行。

（5）保护和安全监测系统定值和时间延迟。反应堆停堆信号将触动在控制棒驱动机构供电线路上的断路器打开。控制棒驱动机构磁轭线圈丧失电源导致机构释放控制棒组件，随后控制棒组件依靠重力落入堆芯。与各个停堆功能相关的各种仪表的延迟时间包括触发信号的延迟时间、打开停堆断路器的延迟时间和机械部件释放控制棒的延迟时间。事故分析中一般采用假设的极限保护整定值。

（6）用于缓解事故后果的系统和部件。在确定缓解这些假想事件后果所必需的系统时，采用了"分级"的系统设计理念："安全重要系统"（包括保护系统）设计满足单一故障准则要求，即每个事故研究均假设保护通道或事故过程中启动的安全系统发生单一故障。考虑最不利的故障，即事故后果最为不利的故障。

（7）堆芯余热。次临界堆芯中的余热根据下列三项余热贡献计算。A 项，缓发中子引起的剩余裂变；B 项，^{238}U 中子俘获产物的衰变（主要是 ^{239}U 和 ^{239}Np 的 β 和 γ 放射性）；C 项，裂变产物（β 和 γ 放射性）和超铀元素（β、α 和中了放射性）的衰变能。事故分析采用的总剩余衰变热的最大值用下列办法确定：

① 对于失水事故，B 项和 C 项由专用程序计算，并考虑了 2σ 不确定性。

剩余裂变能计算采用六组缓发中子动力学模型并假设保守的停堆裕量。

② 对于其他事故,B项和C项由专用程序计算,并考虑了 1.645σ 不确定性。剩余裂变能计算采用六组缓发中子动力学模型并假设保守的停堆裕量。

4.4.2 海洋核动力装置安全系统配置

为了保证海洋核动力装置反应性控制、堆芯余热导出和放射性包容三大安全功能的实现,海洋核动力装置配备了一系列安全系统,用以保证运行及事故条件下装置热工安全目标的实现。

4.4.2.1 正常余热排出系统

1) 系统功能

正常余热排出(residual heat removal, RRA)系统的功能如下。

停堆冷却:当反应堆停堆后,带走堆芯和反应堆冷却剂的余热和显热。

维持冷停堆:能够确保反应堆冷却剂温度保持在冷停堆状态和使一回路硼浓度均匀,确保换料和维修操作。

辅助循环:在反应堆停堆和启动期间,当反应堆冷却剂泵(以下简称"主泵")全部停运或主泵不可用时,余排泵通过反应堆冷却剂系统(reactor coolant system, RCS)在一定程度上通过余排泵保证其内部冷却剂的循环。

主泵检修辅助余热排出:在主泵检修期间通过本系统排出堆芯衰变热。

低温超压保护:在反应堆启动、停闭、换料运行期间,利用正常余热排出系统(简称余排系统)的安全阀为反应堆冷却剂系统提供低温超压保护。

2) 系统组成

RRA系统由两个机械系列的设备组成,每个系列包括1台余热排出泵和1台RRA热交换器。两个系列共用1根连接到反应堆压力容器筒体的正常余热排出接管。

主泵检修期间,通过余热排除系统辅助管系排出堆芯余热。该管系由1根贯穿堆顶插入堆芯出口的接管、1台自吸泵连接到余排热交换器。

连接于反应堆压力容器筒体的上吸入母管,在引出后分成并联的两列,每列上装有2个常关电动隔离阀。上吸入母管穿出钢反应堆安全厂房之后,管道上设置一个常关的电动隔离阀。在吸入母管隔离阀的出口,母管分为2根独立的管线,每根管线各自连接到1台泵上。每根支管在余热排出泵进口设有1个常开的手动隔离阀。

每台余热排出泵的出口直接进入所对应的RRA热交换器。每台RRA热交换器的出口都连接到共用的排放母管,该母管配有一个常关的电动钢反应堆安全厂房隔离阀。为了保护泵,设置了 1 根带有孔板的小流量管线。当泵的流量低于最小限值,小流量管线上的阀就会自动开启。

共用泵出口管穿入反应堆钢制安全厂房后,管道上设置 1 个作为钢反应堆安全厂房隔离阀的止回阀。在止回阀出口处,出口母管分为 2 根支管,分别连接到压力容器的 2 根直接注入管线。每根支管设 1 个电动隔离阀和 1 个止回阀,电动隔离阀作为 RCP 系统的压力边界,止回阀可使 RRA 系统免受 RCP 系统的压力冲击。

在主泵检修期间,通过辅助余热排出子系统接入冷却剂系统以维持半管运行[①]。

4.4.2.2　浓硼注入系统

1) 系统功能

浓硼注入系统在预期运行事件并伴随没有紧急停堆的预期瞬态(anticipated transient without scram,ATWS)的情况下向一回路注入高浓度的硼酸溶液,快速将反应堆装置状态转为次临界状态。

将反应堆装置转为次临界状态并补偿一回路冷却剂的容积收缩,以保证安全停堆。

2) 系统组成

浓硼注入系统由 2 个相同的系列组成,每个系列都有 100% 的容量,且 2 个系列采取实体隔离。

每个系列包括 1 台注硼泵,1 只浓硼箱、1 个安全阀及相应的连接管道、阀门和监测仪表。为在预期运行事件并伴随没有紧急停堆的预期瞬态(ATWS)的情况下快速将反应堆装置状态转为次临界状态,并补偿一回路冷却剂的容积收缩。

根据相应的事故信号,自动开启 1 台注硼泵,硼酸溶液依靠注硼泵的抽吸作用,从浓硼箱吸出,经阀门通过 DVI 注入反应堆堆芯。

4.4.2.3　非能动余热排出系统

1) 系统功能

在全厂断电事故工况下,非能动余热排出系统自动投入运行,通过自然循环导出堆芯余热及反应堆冷却剂系统各设备的显热,使反应堆处于安全停堆

---

① 半管运行,表示检修期间冷却剂系统装量低于正常运行时,系统主管道内未充满冷却剂,系统处于半满状态运行。

状态,并防止一回路冷却剂通过稳压器安全阀向外排放[2]。

非能动余热排出系统能在 36 h 内将反应堆冷却剂系统的温度降到 180 ℃,确保正常余热排出系统可以投入工作,该系统在非能动反应堆安全厂房冷却系统(反应堆安全厂房内置换料水箱、反应堆安全厂房环形水箱)的协助下,可实现长期反应堆余热排出功能。

2) 系统组成

非能动余热排出系统设置在直流蒸汽发生器二次侧,共有 2 个系列,每个系列的设计容量均为 100%。每个系列由 1 台非能动余热排出热交换器、1 只补水箱、阀门和管道等组成。

非能动余热排出系统 2 个系列进出口分别接在直流蒸汽发生器主蒸汽管道和主给水管道上,入口管的电动隔离阀常开,出口管上并联安装的气动隔离阀常闭,为失效开启模式。非能动余热排出热交换器直接浸泡在反应堆安全厂房内置换料水箱中。非能动余热排出系统投入运行后,直流蒸汽发生器产生的蒸汽流经非能动余热排出热交换器,将热量传递给内置换料水箱后回到蒸汽发生器。在发生假设内置换料水箱中产生的蒸汽经反应堆安全厂房环形水箱冷凝后,通过回收装置,冷凝水将返回内置换料水箱。

4.4.2.4 非能动堆芯冷却系统

1) 系统功能

发生冷却剂丧失事故(loss of coolant accident,LOCA)时,非能动堆芯冷却系统(PXS)为反应堆冷却剂系统提供安全注射流量以确保足够的堆芯冷却。

在瞬态或事故工况下,对于发生非 LOCA,当正常补给系统不可用或补水不足时,堆芯补水箱依靠密度差和位差对反应堆冷却剂系统(RCS)提供应急补水和硼化。在主蒸汽管线破裂事故下,堆芯补水箱中的硼水能够为堆芯提供足够的停堆裕度。

发生严重事故时,来自内置换料水箱的水将压力容器下部外表面淹没并导出热量,从而防止损坏的堆芯烧穿压力容器底部,保证压力容器的完整性。

2) 系统组成

非能动堆芯冷却系统主要由 2 个堆芯补水箱(core makeup tank,CMT)、2 个安注箱(accumulator,ACC)、1 个内置换料水箱(in-containment refueling water storage tank,IRWST)、pH 控制篮筐和相应的管道、阀门、仪表等组成。

(1) 安全注入。堆芯补水箱(CMT)的入口压力平衡管与 RCS 的冷段连接,平衡管装有 1 个常开的电动阀使 CMT 内的压力与 RCS 压力一致。CMT 出口注射管均安装了 2 个并联的常关气动隔离阀和 1 个止回阀,出口管经压力容器直接注入管线(DVI)与反应堆压力容器下降段环腔相接。CMT 的注射分 2 个过程进行:若 RCS 冷段处于满水状态,则以水循环方式注射,由 CMT 压力平衡管线上的高温冷却剂和 CMT 内的冷水之间的密度差和位差提供驱动力;若 RCS 水装量减少,冷段出现汽腔,则以蒸汽补偿方式注射,此时由冷段蒸汽和 CMT 中水的密度差和位差提供驱动力。

ACC 内充有浓硼水,箱体上部由压缩氮气加压,以实现快速注射。出口管上装有 1 个常开的电动阀和 2 个串联的止回阀,出口管与反应堆压力容器的 DVI 相接。

内置换料水箱位于反应堆压力容器上部,每个系列的注射管配有 1 个常开的电动阀,然后分 2 路,一路装有 1 个止回阀和 1 个爆破阀,另一路装有 1 个止回阀和 1 个气动阀。气动阀和爆破阀根据自动卸压系统末级阀门的动作信号自动打开。只有 RCS 完全卸压后才能实现冷却水箱的重力注射。

(2) 安全壳内 pH 控制。反应堆安全厂房内 pH 控制子系统包括几个 pH 控制篮筐,其布置高度低于事故后最低淹没水位,当淹没水位达到篮筐高度时,即形成非能动的化学物添加。

在发生严重事故时,堆芯损坏,RCS 中的放射性物质释放到安全厂房内。pH 控制子系统用于向反应堆安全厂房再循环水中自动添加化学物质,将反应堆安全厂房再循环水的 pH 值控制在 7.0~9.5。

4.4.2.5　自动卸压系统

1) 系统功能

在一回路发生失水事故等假想事故工况时,自动卸压系统(automatic depressurize system, ADS)能使反应堆冷却剂系统(RCS)快速降压,以便非能动堆芯冷却系统(PXS)将水顺利注入堆芯从而提供应急冷却,防止高压熔堆。

此外,第一级降压阀也可用于排出稳压器蒸汽空间中的非冷凝气体。

2) 系统组成

自动卸压系统采用四级卸压的方式,并由两个完全相同的系列构成。系统主要由卸压阀、隔离阀和相关的管道等组成。四级降压阀门的前三级分两组分别并联在稳压器顶部安全阀接管上。第一、二、三级卸压管线出口通过 1 根共同的降压管线,经过喷洒器进入内置换料水箱。第四级降压阀门分两组连接在接近压力容器侧的波动管上,直接向反应堆安全厂房内大气排放。

前三级卸压阀为直流电机驱动的球阀,由来自蓄电池组的安全相关1E级直流电源供电。第四级卸压阀为气动阀。隔离阀为电动闸阀。

参考文献

［1］ 苏光辉,秋穗正,田文喜,等. 核动力系统热工水力计算方法[M]. 北京：清华大学出版社,2013.

［2］ 林诚格,郁祖盛,欧阳予. 非能动安全先进压水堆核电技术[M]. 北京：中国原子能出版社,2010.

第 5 章
辐射防护与屏蔽设计

为保障海洋核动力平台工作人员、其他放射性工作人员和公众的健康和安全以及保护环境,必须对海洋核动力平台产生的电离辐射进行辐射防护及屏蔽设计,以防止发生非随机性效应,并将随机性效应的发生概率降低到可以接受的水平。本章将从辐射防护设计的基本原则和要求、辐射分区设计、屏蔽设计和辐射监测设计等方面分别进行论述。

5.1 辐射防护设计基本原则和要求

本节首先介绍辐射防护设计的基本原则,然后结合海洋核动力平台的设计特点,提出具体的设计要求。

1) 基本原则

海洋核动力平台的设计必须遵守以下三项基本原则[1]:

(1) 实践的正当化。在进行相关代价与利益分析之后,确认一切与辐射有关的实践活动具有正当理由,尽量避免一切不必要的照射。

(2) 辐射防护最优化。辐射防护设计应全面考虑经济以及社会因素,在进行与辐射照射有关的任何实践活动时,应使所受到的辐射照射保持在合理、可行、尽量低的水平。

(3) 个人剂量限制。个人所受照射的剂量当量不应超过相关规定的限值。

2) 设计要求

海洋核动力平台应按辐射防护最优化原则进行设计,确保工作人员和公众在正常工况和事故工况下,所受的照射保持在合理、可行、尽量低的水平。

必须建立防止放射性物质释放的多道安全屏障,并保证其完整性,以确保事故发生时能将影响控制在相应的设计水平以下。

安全壳必须设置一次屏蔽或二次屏蔽,且不应给平台和其他设备带来腐蚀等不良影响。在满足辐射防护标准的前提下,平台辐射屏蔽体的设置应力求体积小、质量轻,便于安装。

在满足辐射安全要求的前提下,应当充分考虑到一次屏蔽外各位置、各射线类型及其能量对二次屏蔽造成的影响的显著差异,充分利用计算机大规模自动优化搜索和深穿透计算技术,统筹考虑一次屏蔽、二次屏蔽,以实现一次屏蔽、二次屏蔽的整体化设计,降低反应堆的屏蔽质量和空间尺寸。

隔间布局应按辐射水平和允许工作人员停留时间,划分不同的辐射限制区域,并设置相应的明显的标志和灵敏可靠的辐射监测系统。

在控制区进出口,应设置放射性消洗间,供相关人员更衣、消洗使用。

控制区通风系统设计应确保高污染区相对低污染区存在一定的负压,以防止气载放射性的外逸。

设备、仪表和各种专用工具的设计应满足性能可靠,便于拆卸、更换和去污检修的要求。

5.2 辐射分区设计

结合海洋核动力平台的源项分布、屏蔽设计等因素,总结出海洋核动力平台辐射防护分区设计的技术策略如下。

1)总体性原则

应符合国家现行标准体系,把辐射工作场所划分为监督区和控制区;辐射分区的划分应有利于对各类人员的受照剂量进行控制和管理,使工作人员的受照剂量在各种状态下达到合理、可行、尽量低的水平;辐射分区不应过于复杂,应具有较好的可操作性;辐射分区的划分应有利于防止放射性物质的污染和扩散。

2)分区的划分依据

应把需要和可能需要专门防护手段或安全措施的区域定为控制区。

确定控制区的边界时,应考虑预计的正常照射水平、潜在照射的可能性和大小,以及所需要的防护手段与安全措施的性质和范围。

应根据需要对控制区划分出不同的子区,并从剂量管理的有效性和人员管理的可操作性等方面对子区的划分数量进行论证。

应将未被定为控制区,并且在其中通常不需要专门的防护手段或安全措施,但需要经常对职业照射条件进行监督和评价的区域定为监督区。

应根据人员的预期年受照剂量确定监督区的范围。

应考虑对可能存在非密封源的操作场所进行分级。

在划定辐射分区时,需要考虑正常运行、停堆工况、换料工况和事故工况的需求,并从正当性、必要性和可行性角度对不同功率运行情况下的分区划分进行论证。

辐射分区原则上应按该区预计的辐射水平和污染水平,结合人员进入的频率和停留时间的长短,以及船用核动力的运行时间需求,合理地确定相应的控制剂量限值水平。

辐射分区应与一、二次屏蔽设计相结合,在对屏蔽布置进行统筹优化的同时,根据实际需求灵活控制各区域内的辐射剂量水平,推导出合理的辐射分区剂量限值。

3) 分区的剂量标准

参考现行国家标准,海洋核动力平台辐射防护区域可分为控制区、监督区和非辐射工作场所。

在装置正常运行期间,工作人员在控制区中工作,该区域中受照剂量预计不超过年有效剂量当量限值的 3/10。将受照剂量可能超过年有效剂量当量限值的 1/10 的区域设为监督区。

非辐射工作场所的定义为工作人员在其中连续工作或生活 1 年所受的剂量预计不超过年有效剂量当量限值的 1/10 的区域。将严格控制区和控制区以外的其他区域划分为非控制区。

4) 控制区出入管控

控制区边界设置不可逾越的实体屏障,在控制区内的不同子区处标出相应的辐射水平指示,并在其出入口处设立醒目的标志。

在控制区入口处设置更衣室,其布置和通风装置应能防止污染从控制区向非控制区的扩散。应设置明显的屏障将清洁区与可能污染区隔开。主更衣室应有足够大的容量,以满足停堆期间维修工作的要求。根据需要在控制区入口处提供防护用品和监测设备。

在控制区出口设置监测体表和工作服污染情况的设备、人体去污设施、监测携出物品污染的设备,以及被污染衣具的收集桶。

通风气流的走向应由不易污染的房间流向易污染的房间。

5）安全壳出入管控

反应堆启堆运行后原则上不再容许人员进入安全壳。在低功率运行时因工作需要必须进入反应安全壳的人员，需经批准进入。经批准进入安全壳的人员，必须佩戴个人剂量计，并由辐射安全员根据可能接受的剂量限制其工作时间。

人员进入反应堆安全壳必须穿着防护服。

5.3 屏蔽设计

辐射屏蔽在海洋核动力平台反应堆的设计中是至关重要的，它的合理设计不仅能够保证反应堆的正常运行，而且也能够确保工作人员的辐射剂量安全。

1）一次屏蔽设计要点

在进行一次屏蔽设计时，应充分考虑堆芯寿期各阶段所产生的各种辐射源，包括堆芯辐射源的强度和分布、一回路冷却剂由于活化等原因导致的放射性源项以及产生于屏蔽结构中的次级辐射源等造成的影响。

一次屏蔽应当把从反应堆射出的中子流减弱到可接受的水平，避免造成二回路冷却剂、安全壳内管道和设备等结构材料以及二次屏蔽结构材料的严重活化；停堆时能对堆芯内的剩余辐射进行有效的屏蔽，确保工作人员能够在停堆阶段有限制地进入安全壳。

一次屏蔽应能尽量降低一回路冷却剂放射性对二次屏蔽造成的辐射入射强度。

一次屏蔽结构的布置应便于反应堆的换料、设备的检修和在役检查。因屏蔽材料长期使用产生的蠕变所造成的缝隙应限制在允许范围内。应尽可能缩小相邻屏蔽层的缝隙，相邻的拼缝位置应错开。一次屏蔽应避免垂直贯穿屏蔽厚度的孔缝，尽量采用斜穿或 S 形或阶梯形的接缝结构。应采取有效措施防止屏蔽体材料中以及屏蔽体空腔中的气体受辐照后产生的有害气体进入反应安全壳室。在反应堆寿期内无法接近或不能更换和维修的部件，应采取有效的防腐措施，以防止腐蚀造成的破坏。凡与水接触的屏蔽体，应采取有效措施以减少介质腐蚀，或电化学腐蚀。对需要水密或气密的结构应进行密封性检查。

一次屏蔽设计应计算给出一次屏蔽层内的中子注量率分布、γ 射线注量率分布、中子和 γ 射线释热率分布；应计算给出电离室位置处的热中子和 γ 射线注量率以及电离室管道释热率;应计算给出反应堆压力容器保温层环形孔缝的辐射漏束等;应计算给出反应堆运行阶段和停堆一段时间后的反应安全壳剂量场。

2) 二次屏蔽设计要点

二次屏蔽应保证平台工作人员和放射工作人员所受的辐射剂量低于国标规定的限值。

二次屏蔽应按等剂量原则设计。

二次屏蔽设计应考虑安全壳中各主要设备的阴影屏蔽作用。

3) 局部屏蔽设计要点

对贯穿一次屏蔽体或二次屏蔽体并可能造成较强辐射泄漏的管道、孔缝,存在中子和 γ 射线漏束的屏蔽薄弱部位,以及停堆后外表面仍有较强放射性的设备、区域,都应设置局部屏蔽。

对贯穿性管道尽可能采取 S 形管道布置形式,以减少直穿辐射泄漏。

对于停堆后仍有较强放射性的设备应设置局部屏蔽。

5.4　辐射监测设计

将海洋核动力平台的辐射监测系统(与反应堆及一回路系统相关)按照功能划分为隔间辐射监测系统和工艺辐射监测系统。隔间辐射监测系统包含辐射场监测系统和空气放射性监测系统。工艺辐射监测系统包含燃料元件破损监测系统、蒸汽发生器传热管泄漏监测系统、设备冷却水污染监测系统、排污水监测系统、余热排出冷却器泄漏检测系统和一回路管道泄漏监测系统。

应确保隔间辐射监测系统能在正常运行工况下,连续监测隔间中子、γ 辐射强度、隔间空气中放射性气体、气溶胶和 ^{131}I 等的浓度及变化,显示并储存测量结果,当上述数值超过标准规定限值时,监测系统发出报警信号,确保工作人员免受超量的辐射照射。在事故工况下,能对事故期间和事故后隔间中的 ^{131}I、高强度 γ 辐射和高浓度的气载放射性物质进行连续监测,并动态存储监测数据,向工作人员提供事故发展情况的信息。

工艺辐射监测系统应能够连续监测各放射性屏障下游介质的辐射水平及变化,为分析判断反应堆燃料元件包壳是否破损、蒸汽发生器承压边界是否泄漏、一回路管道是否泄漏等提供依据,当测量结果超过限值时发出报警信号,为反应堆的安全运行提供保障。

5.4.1　隔间辐射监测系统设计要求

隔间辐射监测系统设计应满足以下几方面的要求。

（1）探测装置：装置结构应简单可靠；对探测对象以外的放射性物质感应不灵敏；易去污；易拆装。探测仪器的灵敏度受环境本底的制约，不同监测通道应具有不同的合理可达到的灵敏度；有效测量范围不低于四个数量级。

（2）辐射监测点的布置：一般布置在符合下列条件之一的地方：在工作人员进入之前就需要知道辐射剂量率大小的地方；γ辐射或中子剂量率相对比较高，或辐射剂量率有可能迅速增高而没有其他监测装置的地方；辐射剂量率有可能增加到必须要求工作人员撤离的地方；有可能偶然出现高辐射剂量率，使工作人员不能进入的地方；考虑空气流通情况时有代表性的取样点；工作人员可能停留时间较长的位置；有潜在空气放射性的区域；有潜在的放射性泄漏途径的附近；取样口的高度一般位于人的头部高度。

（3）空气取样回路：空气放射性物质采集装置应满足下列要求：使放射性物质在过滤空气进口处壁上的沉积减至最小；取样放射性^{131}I前，应预先除去空气中存在的放射性气溶胶；采用高效率的过滤或吸附装置；过滤或吸附部件应易更换。

（4）报警：报警类型应包括调查报警、干预报警和监测设备故障报警。中子、γ辐射和隔间空气中放射性体积活度调查报警和干预报警值的设定可参考隔间辐射分区及屏蔽设计计算结果。在报警条件下，报警单元应给出声、光报警信号，该报警信号宜设在辐射监控台上，报警功能应可检验。

5.4.2　工艺辐射监测系统设计要求

工艺辐射监测系统设计应满足以下几方面的要求。

（1）探测装置：探测器类型及特点应与设备所规定的要求和被测放射性工艺流的辐射特性相适应。测量值可以是总β放射性浓度或总γ放射性浓度，也可以是某些特定核素的放射性浓度；探测装置在设计上应能承受根据反应堆系统或设备的设计原则所给出的周围环境条件，尤其是探测器所在处的温度、温度变化率、振动、湿度、压力及辐射水平；探测装置还应便于标定、维修和去污。与工艺流接触的表面材料必须使其表面累积的放射性减到最少。

（2）测量：各个子系统采用的测量方法应能实现相关的功能，并将干扰核素的影响降低至可接受的程度。设备的有效测量范围、灵敏度、最低可探测浓度和准确度应适合于被测工艺流在正常运行和预计运行事件时的放射性浓度变化范围。

（3）取样回路：取样介质的辐射特性要具备代表性；取样回路输入、输出接口位置要考虑相邻其他系统的特性；排除干扰核素的影响；避免污染扩散；正常取样流量应满足探测灵敏度的要求，应规定流量可变范围并说明其对测量的影响；应规定工作温度和压力的上限，该上限与探测装置工作要求一致。

（4）报警：报警类型应包括调查报警、干预报警和监测设备故障报警；在报警条件下，报警单元应给出声、光报警信号，该报警信号宜设在辐射监控台上，报警功能应可检验。

（5）冗余设计：系统设计过程中应考虑重要系统、子系统的可靠性和维修性要求，对于可靠性要求较高和布置位置维修可达性差的子系统应设置冗余测量通道或冗余通信方式；冗余测量通道应考虑两种或两种以上独立的监测方法，在提高可靠性的前提下做到不同方法测量值间可对比校验的目的；冗余通信方式应考虑采用两种或两种以上的通信协议或通信方式。

参考文献

［1］　于俊崇. 船用核动力［M］. 上海：上海交通大学出版社，2016.

第 6 章
海洋核动力结构力学设计

结构力学与理论力学、材料力学、流体力学、弹塑性力学等都是力学研究中非常重要的学科。结构力学设计主要以结构作为主要研究对象,根据力学原理研究结构在外力和其他因素作用下的变形、强度、刚度、稳定性和动力反应,从而评价结构的受力性能,并以此为基础为布置、支撑设计等设计优化工作的开展提供指导性建议。反应堆结构力学是应用于反应堆系统力学设计的学科,与此相应的构筑物、部件、设备及系统的力学设计是反应堆设计中非常重要的环节。开展反应堆结构力学设计工作,不仅需要考虑不同运行工况,还需要考虑多种类型的载荷组合。此外,由于反应堆系统涉及的设备和部件非常多,还需要进行设备分级,不同级别的设备在力学设计中需要遵循不同的设计准则。这些要求造成了反应堆系统全面的力学设计工作的复杂性。

在海洋核动力装置设计中,反应堆结构力学在总体方案设计、结构设计优化(包括结构选材、结构选型、尺寸确定等)、紧凑空间布置、机动性保障、安全性及可靠性提高等方面扮演着重要的角色[1-2]。相比于陆上核电站,海洋核反应堆系统承受的载荷种类更加复杂,例如:在设计中需要考虑风浪导致的倾斜(倾斜可能使设备原有的作用力平衡遭破坏、轴承受力条件改变、轴承润滑条件恶化、设备内部自由液面的位置变化和液体外溢等)、摇摆(船体的摇摆运动会产生动态惯性力,该动态惯性力可能导致设备原有的作用力平衡遭破坏、设备产生耦合振动、轴承受力条件改变、紧固件松动和结构受损坏等)产生的冲击,对结构、部件、系统及设备等需要开展抗冲击、抗倾斜、抗摇摆以及多种载荷作用条件下的分析。载荷种类的复杂性导致载荷组合种类的多样性,因此海洋核动力装置结构力学设计工作的开展与陆上核电站有着明显的差异。此外,海洋核动力平台的核反应堆系统由于空间有限且对装置设备的体积和重量也有特殊要求,因而对力学设计提出了更高的要求。

本章将以船用核动力系统为例介绍海洋核动力结构力学设计。船用反应堆结构力学研究的对象主要包括[3]核动力装置中相关系统及设备、管道、支承件和相关附属结构等。研究内容主要包括系统级的载荷分配及动力学分析、部件力学分析、管道应力分析等几个层次。研究目标为确定船用反应堆系统在受力情况下的力学行为,评价反应堆系统在受力情况下的力学行为的可接受性,保证反应堆系统在各种载荷条件下的力学行为满足相关规范的要求。经过几十年的工程实践及相关技术的发展,船用反应堆结构力学已广泛应用于对船用核动力装置中重要系统、设备、管道、支撑、附属结构力学设计安全性与可靠性的论证过程中,并形成了一套完善的理论体系。

在核动力装置的设计过程中,开展力学分析的最终目标如下:① 保持反应堆冷却剂压力边界的完整性;② 保证安全停堆、反应堆余热有效导出并维持安全停堆状态等安全功能实现的能力;③ 具有防止潜在的船外核辐射事故或减轻其后果的能力。[4-7]

本章将针对船用核动力装置,对其力学分析的标准与规范、理论、方法等进行介绍。

6.1　船用核动力装置结构力学设计特殊考虑

与陆上核电站不同,船用核动力装置会受到倾斜、摇摆等额外因素的影响,因此其在结构力学设计中需要有一定的特殊考虑,其中包括抗倾斜、抗摇摆设计手段。

6.1.1　抗倾斜设计

船用核动力装置的倾斜(包括横倾和纵倾)会引起静态力,其大小和结构与设备所处的位置无关。该静态力可能使设备原有的作用力平衡遭到破坏、轴承受力条件改变、轴承润滑条件恶化、设备内部自由液面的位置变化和液体外溢等。因此船用核动力装置设计时需要有抗倾斜方面的考虑[8-9]。

船用核动力装置抗倾斜设计是指组成反应堆冷却剂压力边界的反应堆压力容器、蒸汽发生器、反应堆冷却剂泵(主泵)和稳压器等主设备,其支撑结构设计均根据不同设备的结构特点和安装要求,采用不同的支撑形式,并具有足够的强度和刚度抵御船体倾斜引起的附加载荷,使主设备在最大倾角下能保持执行其功能的能力。此外,对于补水泵、安全注射泵、余热排出泵、净化泵、海水泵、设备冷却水泵、柴油发电机组和主、辅汽轮机组等设备,也会在设计上通过刚体结构焊接、装设铅垂方向无约束的防倾斜限位器等,使每台设备的支撑结构具有足够的强度和刚度承受船体倾斜附加载荷和其他所有动、静载荷,同时所支承的设备在最大倾角下保持执行其功能的能力。

　　例如:反应堆压力容器与焊接在耐压船体上的支承裙采用焊接连接,支承裙通过辐射状的槽钢,与焊接在耐压船体上的一次屏蔽水箱焊接为一刚性整体结构;蒸汽发生器和稳压器的下部支撑均与焊接在耐压船体的基座固定连接,并在它们的上部架设与耐压船体焊接在一起的抗倾斜支撑横梁。横梁与设备两侧的短梁焊接组成环绕设备的刚性框架。通过框架梁与设备筒体之间的蝶簧式或键槽式支撑结构,既允许设备筒体沿上下方向自由热位移,又可将船体倾斜引起的静态力平稳地传递给刚性框架梁。

　　主泵机组的下部支座和上部抗倾斜支架,能有效地抵御船体倾斜引起的附加载荷。控制棒驱动机构、主泵、主闸阀和止回阀等转动设备的轴承,均直接以高压反应堆冷却剂作为轴承润滑剂,以确保这些转动设备的轴承润滑条件不会因船体的倾斜运动而恶化。稳压器在容积、内部结构与安全阀接管位置的设计中,应当充分考虑船体倾斜状态下可能产生的影响,以避免发生低水位时电加热元件裸露或高水位时淹没安全阀接管的事件。

　　在硬件设计上对倾斜条件进行考虑的同时,还需要对这种特殊载荷条件下的船体进行应力分析,分析中将横倾、纵倾与质量、温度、压力、爆炸冲击和船体摇摆动态力等载荷进行组合,分析一次薄膜应力、一次薄膜加弯曲应力和一次加二次应力等是否满足应力限值的要求。

6.1.2　抗摇摆设计

　　船用核动力装置的摇摆(包括横摇和纵摇)运动会产生动态惯性力,该动态惯性力可能导致设备原有的作用力平衡遭破坏、设备产生耦合振动、轴承受力条件改变、紧固件松动和结构受损坏等[8-9]。

　　船用核动力装置抗摇摆设计是指从设备结构设计到支撑件设计,从反应堆安全厂房布置设计到设备安装要求,都采取有效的抗摇摆设计措施,以防止设备及其支撑件与船体摇摆运动发生耦合振动,保证安全相关设备在船体摇摆状态下保持执行其功能的能力。

　　例如:对于反应堆压力容器、蒸汽发生器、主泵和稳压器等主设备的支撑结构设计,根据不同设备的结构特点和安装要求采用不同的支撑形式,使之具有足够的强度和刚度抵御船体摇摆运动引起的附加载荷,并且主泵机组还应能有效地防止由于船体摇摆所引起的轴承受力条件恶化。

对于设备部件之间、设备与支撑件之间以及支撑件与基座之间的螺栓,为了防止由于船体摇摆运动引起的螺栓松动,均应采用有效的防松措施。

反应堆压力容器的主螺栓在施加足够大的预紧力的同时,还在上、下球面垫圈的紧固螺母上装设可靠的防松螺帽;主泵机组法兰的连接螺栓装设可靠的弹性防松装置,并加装止动螺帽;蒸汽发生器、主泵和稳压器等设备与支撑件之间或支撑件与基座之间所使用的螺栓、螺母和销钉等紧固件,均设置可靠的锁紧装置;安全注射泵、余热排出泵、净化泵、海水泵、设备冷却水泵、余热排出冷却器、设备冷却水热交换器、硼酸添加箱等安全相关设备,均设置于船体吃水线以下,并尽量靠近船体中线面布置,尽量降低每台设备的重心高度,将船体摇摆运动对它们的功能的影响减至最小。

在硬件设计上对摇摆条件进行考虑的同时,还需要对反应堆及其冷却剂系统进行由船体摇摆运动引起的动态力分析。由船体摇摆运动引起的动态力,可通过计算载荷系数的方法来确定,动态力分析中应该关注组成反应堆冷却剂压力边界的设备、管道及其支撑件,在船体摇摆动态力、倾斜静态力、重力、温度、压力和爆炸冲击等各种载荷的共同作用下,其一次薄膜应力、一次薄膜加弯曲应力和一次加二次应力是否满足应力限值的要求。

6.2 船用核动力结构力学分析的理论与方法

目前通用的结构力学分析的理论与方法对于船用核动力装置基本是适用的,由于分析对象的特殊性,船用核动力装置力学分析的特殊性在于其特殊的工况运行条件以及特殊的载荷组合形式。

6.2.1 应力分析理论与方法

应力分析是结构力学分析中最基础、最重要的环节。应力分析的目的是论证系统和设备部件在不同工况下(包括设计工况、正常运行及扰动工况、事故工况、极限工况、水压试验工况等)承受有关载荷或载荷组合时,是否会发生某种形式的失效[10]。

应力和位移主要包括以下几类[11-12]。

（1）正应力：正应力是垂直基准平面的应力分量。基准平面在不连续区域外为通过垂直于壁厚中间面的支承线段；在不连续区域内为通过连接两壁表面的最短支承线段。正应力在支承线段的各点上求取。

（2）剪应力：剪应力是相对于正应力中定义的坐标平面上的应力矢量在该平面上的投影。

（3）薄膜应力：薄膜应力是指沿基准平面支承线段上的正应力的平均值。

（4）弯曲应力：弯曲应力是指支承线段任一点上正应力与薄膜应力之差。

（5）机械应力：机械应力是指由内压、重力等机械载荷产生的应力，其不随塑性变形而减小。

（6）热应力：热应力是指由壁厚内温度不均匀分布或者存在不同的热膨胀系数而引起的自平衡应力。

（7）总应力：总应力是指部件在考虑全部载荷的作用下给定点上的应力。

（8）自由端的位移：在两个被连接的结构之间，假设分开它们且允许其运动，产生的相对位移即自由端位移。

（9）膨胀应力：管道系统的自由端位移被约束而产生的应力称为膨胀应力。

在应力分析中，首先要明确应力分析工况，其次确定运行工况类型，根据工况类型确定系统设备所承受的载荷或载荷组合，然后进行应力分析，并结合相应的应力准则评价设计的安全性和可靠性。应力分析用于证明系统结构设计合理性的同时也可以作为优化设计的基础，即当应力分析结果不满足准则要求时，可以通过对结构进行优化和改进，并重新进行应力分析，直至获得满足规范要求的结构设计方案。

6.2.1.1　应力分析对象

对于船用核动力装置，需要针对多种结构、部件、设备及系统开展应力分析，包括各类管道（主管道和高能辅助管道等）、堆内构件、压力容器、稳压器、蒸汽发生器、主泵、阻尼器、减振器以及各类支承部件等的应力分析[13-14]。从安全的角度出发，这些结构、部件、设备及系统又分为安全一级、安全二级、安全三级核动力装置和安全一级、安全二级、安全三级部件。例如：反应堆压力容器、控制棒驱动机构耐压壳部件、蒸汽发生器支承件、反应堆冷却剂泵等属于安全一级部件，控制棒驱动机构其他部件、蒸汽发生器二次侧结构、低压安全注射泵等属于安全二级部件，燃料组件及相关组件、余热排出冷却器二次测、设备冷却水泵等属于安全三级部件。

对于管道,应力分析主要包括管道应力分析、热棘轮分析、特殊位置位移计算、支承载荷计算、阀门排放载荷计算、接管嘴载荷计算、阀门加速度计算、能动部件可运行性评价、管道功能能力评价等。对于设备结构和部件,应力分析主要包括结构应力分析、热棘轮分析、密封分析、失稳分析、断裂力学分析、变形分析等。针对不同的分析对象,要关注弯头位置和几何参数、焊缝的位置和类型,根据分析对象的特点建立合理的模型。例如:压力容器、堆内构件及蒸汽发生器采用直管单元和集中质量单元模拟,反应堆支承及一次屏蔽结构则采用梁单元和集中质量单元模拟。

6.2.1.2 评定准则

对核动力装置进行应力分析,不同工况需要遵循相应的评定准则。核动力装置在不同的工况条件下,需要考虑的载荷以及载荷组合是不同的,与此同时,相对应的评定准则也有所差别。

1) 工况分类

核动力装置在运行时有可能处于以下 5 类不同的工况。

(1) 第 1 类工况:第 1 类工况又称基准工况或设计工况,在这种状态下,装置即使处于第 2 类工况所承受的最严重的作用时,状态也不会发生变化。

(2) 第 2 类工况:第 2 类工况包括稳态运行工况以及与启动、停运有关的瞬态,此外还包括由正常运行事件引起的瞬态。

(3) 第 3 类工况:第 3 类工况是指设备在稀有事故情况下所处的紧急状况,这类工况很可能是由反应堆及其控制系统中的一个或数个独立功能失效导致的。

(4) 第 4 类工况:第 4 类工况是指一种极不可能出现的状况。

(5) 试验工况:试验工况是在规定的水压试验期间设备所处的状况。

2) 载荷因素

载荷因素包括但不限于:内压和外压;设备和内含物的质量以及在所分析的工况下由液体产生的静载荷或动载荷;作用在区域边界上的载荷,包括由于质量、热膨胀所产生的力、压力以及动载荷等;安全停堆冲击载荷;支承件的反作用力;由温度变化引起的稳态或瞬态载荷;摇摆和倾斜产生的载荷[14-16]。

对于核动力装置,安全停堆冲击载荷需要考虑不同的冲击方向,包括 X 方向、Y 方向、Z 负(一)方向、Z 正(十)方向;由倾斜产生的载荷需要考虑左倾、右倾、前倾、后倾,对于不同的设备,需要考虑不同的倾斜角度;由摇摆产生的载荷需要考虑横摇、纵摇,对于不同的设备,需要考虑不同的幅角以及摇摆周期。

3) 不同工况下的载荷因素

(1) 第 1 类工况：基准工况应考虑设计压力、设计温度。其中设计压力应不低于第 2 类工况中可能出现的最大内外压差；设计温度应不低于第 2 类工况中该区域每一点可能存在的最高温度。此外，还应考虑其他设计载荷，例如机械载荷和热膨胀载荷、倾斜与摇摆产生的载荷等。

(2) 第 2、3、4 类工况：在这 3 类工况中，需要考虑的载荷因素包括作用在部件上的力，由于传热、流体温度变化引起的热作用，由于重力、流体运动及附近部件连接产生的载荷，安全停堆冲击载荷，倾斜与摇摆载荷。

(3) 试验工况：在该工况下需要考虑试验压力及自重。

4) 准则的级别

(1) O 级准则：O 级准则是为了防止设备的下列损伤：过度变形；塑性失稳；弹性失稳和弹塑性失稳。第 1 类基准工况必须遵守 O 级准则。

(2) A 级和 B 级准则：正常运行和一般事故工况采用 A 级和 B 级准则。此类工况必须防止低周疲劳破坏，以及渐进性变形破坏。当一次与二次应力变化幅度最不利情况超限时，必须采用弹塑性分析，以及进行疲劳分析。

(3) C 级准则：C 级准则是针对 O 级准则中的损伤模式，但其安全裕量较小。第 3 类工况的准则级别至少应与 C 级准则一样严格。

(4) D 级准则：D 级准则是为了防止部件弹性或弹塑性失稳，不排除过度变形的危险。

表 6-1 给出了不同工况下考虑的载荷组合以及评定准则。表 6-2 给出了表 6-1 中所列出的评定准则涉及的评定方程与限值之间的关系。

表 6-1　不同工况下考虑的载荷组合以及评定准则

工况	载荷	评定准则
设计工况	设计压力＋设计温度＋自重＋OBS	O 级准则
正常运行和一般事故工况	最大压力＋最高温度＋倾斜＋热膨胀＋摇摆＋OBS	A 和 B 级准则
严重事故工况	最大压力＋最高温度＋倾斜＋摇摆＋OBS	C 级准则

（续表）

工况	载荷	评定准则
极限事故工况	最大压力＋最高温度＋倾斜＋摇摆＋SSS	D级准则
水压试验工况	试验压力＋自重＋其他准则	水压试验

注：表中"OBS"表示运行基准冲击载荷，"SSS"表示安全停堆冲击载荷。

表 6‐2　管道应力评定准则[①]

准则级别	评定方程	限　　值
O级	公式1：$B_1 \dfrac{P_0 D_0}{2t} + B_2 \dfrac{D_0}{2I} M_i$	$1.5 S_m$
A和B级[②]	公式2：$C_1 \dfrac{P_0 D_0}{2t} + C_2 \dfrac{D_0}{2I} M_i + C_3 E_{ab} \mid a_a T_a - a_b T_b \mid$	$3 S_m$
	公式3：$C_2 \dfrac{D_0}{2I} M_i$	$3 S_m$
	公式4：$C_1 \dfrac{P_0 D_0}{2t} + C_2 \dfrac{D_0}{2I} M_i + C'_3 E_{ab} \mid a_a T_a - a_b T_b \mid$	$3 S_m$
C级	公式1：$B_1 \dfrac{P_0 D_0}{2t} + B_2 \dfrac{D_0}{2I} M_i$	$\min(2.25 S_m, 1.8 S_y)$
D级	公式1：$B_1 \dfrac{P_0 D_0}{2t} + B_2 \dfrac{D_0}{2I} M_i$	$\min(3 S_m, 2 S_y)$
水压试验[③]	一次薄膜应力：P_m	$0.9 S_y$
	一次薄膜加弯曲应力：$P_m + P_b$	$1.35 S_y$

注：① S_m 代表设计应力强度；S_y 代表相应温度下的材料屈服强度；P_m 代表一次总体薄膜应力强度；P_b 代表一次弯曲应力强度；D_0 代表管道外径；t 代表管道名义壁厚；I 代表惯性矩；P_0 代表压力变化范围；B_1、B_2、C_1、C_2、C_3 均代表管道的一次应力指数；M_i 代表系统从一个载荷组转变到另一个载荷组时产生的力矩范围；E_{ab} 代表室温下总体结构或材料不连续两侧的平均弹性模量；T_a 代表总体结构或材料不连续 a 侧上的平均温度范围；T_b 代表总体结构或材料不连续 b 侧上的平均温度范围；a_a 代表总体结构或材料不连续 a 侧的热膨胀系数；a_b 代表总体结构或材料不连续 b 侧的热膨胀系数。

② 当不满足公式 2 时，必须满足公式 3 和公式 4；当满足公式 2 时，不评定公式 3 和公式 4。

③ 当 $P_m \leqslant 0.67 S_y$ 时，必须满足 $(P_m + P_b) \leqslant 1.35 S_y$；当 $0.67 S_y < P_m \leqslant 0.90 S_y$ 时，必须满足 $(P_m + P_b) \leqslant (2.15 S_y - 1.2 P_m)$。

在进行不同工况条件下的应力分析之后,需要将计算应力与应力限值进行比较,获得应力比值,最终评价应力是否满足规范要求。

6.2.1.3　应力分析方法

对于海洋核动力装置,比较通用的力学分析方法是有限元数值模拟方法。力学分析有限元方法是将连续弹性体划分成有限单元体,然后采用位移法、混合法等对应力进行求解。

1) 分析程序介绍

为了保证设备、系统及支承结构的功能和结构的完整性,需进行结构的动力分析和静力分析,其使用的计算机程序主要是 ANSYS 程序[16]和 THEPAC 程序。

ANSYS 程序是美国 ANSYS 公司研制开发的世界最著名的大型通用有限元分析程序,其功能强大,广泛应用于包括核工程在内的各个工程领域。该程序是国家核安全局认可的计算机程序,通过 200 个工程例题的成功分析验证,表明了程序能够合理应用于应力分析。

ANSYS 程序主要功能如下:结构静力分析、结构动力分析(包括瞬态动力分析、模态分析、谐波响应分析、响应谱分析、随机振动分析)、结构屈曲分析(包括线性屈曲分析、非线性屈曲分析)、结构非线性分析(包括材料非线性、几何非线性、单元非线性)、高度非线性分析、热分析(包括稳态热分析、瞬态热分析)、热-结构耦合分析、流体流动分析(包括计算流体动力学分析、管内流体分析、声学分析)。

THEPAC 程序是瞬态热弹塑性接触有限元分析程序。该程序是由中国核动力研究设计院和重庆大学共同研制开发的,主要用于一般弹性有限元分析、弹塑性小变形有限元分析、弹塑性接触分析、稳态及瞬态温度场分析、接触传热边界条件下的温度场分析及各类问题的耦合分析,但该程序的应用有限制,只适用于二维及轴对称结构。目前,该程序已通过部级鉴定,并应用于核电工程设计,得到国家核安全局的认可。

2) 应力分析过程

在选定分析程序的基础上,应力分析过程的第一个关键步骤为有限元模型的建立。如对于稳压器,要将其拆分为多个分析区域,包括稳压器喷雾管接管嘴、稳压器上封头及其筒体连接区、稳压器喷雾组件、稳压器安全阀接管嘴、稳压器波动管接管嘴、稳压器释放阀接管嘴。对于每一个分离的区域,均应建立合理的有限元模型。在进行三维建模时,可以选取 ANSYS 程序生成有限元模型,对于具有对称条件的结构也可以适当进行模型简化,例如:将三维结构转化为二维轴对称有限元模型。三维有限元模型和二维有限元模型在模型形式上有很大差异,如图 6-1 所示。在进行有限元模型建立时需要注意:对容易引起应力集中的结构的不连续区域要进行详细模拟,避免应力失真。对施加载荷的区域,为了消除边界效应对所要评价区域的影响,在满足静力等效条件下,要按照圣维南原理对其进行延长处理。

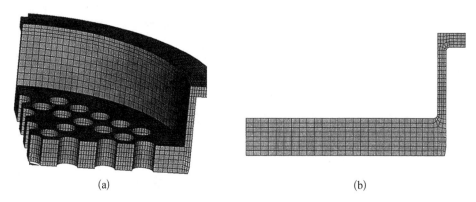

(a)   (b)

图 6-1   三维有限元模型和二维有限元模型比较
(a) 三维有限元模型示意图;(b) 二维有限元模型示意图

当建立了有限元模型的基础后,需要进行边界条件设定和载荷施加。边界条件包括压力边界条件、位移边界条件等,载荷包括设计压力、自重、倾斜、摇摆等。边界条件需能准确模拟所分析区域与其连接边界的关系,载荷施加应能准确反映分析区域所受载荷的真实情况。例如:对于堆内构件,需要考虑的载荷包括燃料组件及其相关组件的质量,包括堆内构件的自重,支承、压紧、约束等反作用力;反应堆冷却剂流体流动所形成的压差载荷,倾斜、摇摆、深水炸弹爆炸等外来冲击载荷,控制棒落棒时的冲击载荷,热效应、温度梯度和热膨胀差所引起的载荷,反应堆冷却剂流动所诱发的振动载荷,换料或在役检查中承受的操作载荷。

在进行边界条件设定和载荷施加的基础上,开始进行正式的计算分析。在进行计算时需要选取合适的分析方法,得到分析区域在各种工况载荷作用下的应力、应变和位移等物理量。对于所关注对象,例如柱体结构,对其进行应力计算时,最关键的输入包括最大轴力 F_y、最大弯矩 M_z 等,关键输出值的计算公式如下:

一次薄膜应力为

$$P_m = \frac{F_y}{\pi(D^2 - d^2)/4}$$ (6-1)

弯曲应力为

$$P_b = \frac{M_z D}{2I}$$ (6-2)

式中，D 表示外径，d 表示内径，I 表示管道截面的惯性矩。

在应力计算时需要特别注意的是，对于不同的分析工况，其最大轴力和最大弯矩是不同的，因此计算获得的 P_m、P_b 值会有很大差异。

6.2.2　疲劳分析理论与方法

在船用核动力装置设计分析中，除了按工况和部件进行应力分析外，因为其部件在寿期内会经受各种高温、高压变化以及海洋条件影响的瞬态工况，所以通常还需要对结构进行疲劳分析。疲劳是指材料在循环应力或循环应变的作用下，某点或某些点逐渐产生局部的永久结构变化，从而在一定的循环次数以后形成裂纹甚至发生断裂的过程。

6.2.2.1　疲劳分析对象

与应力分析一样，疲劳分析的对象也包括管道、设备结构和部件等。对于分析对象，除强调结构和几何尺寸外，需特别关注材料组成及 RCC - M 级别。在疲劳分析中，材料的弹性模量、热膨胀系数、热传导系数、热扩散率、比热容、屈服强度、抗拉强度、许用应力强度、密度、泊松比等参量会影响分析结果。

6.2.2.2　疲劳评定准则

与应力分析不同，疲劳分析主要针对以下工况开展：① 冷启动；② 热启动；③ 冷停堆；④ 热停堆；⑤ 水压试验；⑥ 在正常范围内温度和压力的波动；⑦ 在高低压报警范围内温度和压力的波动；⑧ 强迫循环与自然循环相互转换；⑨ 稳压器安全阀或释放阀打开；⑩ 其他瞬态事件。

对于工况①～④，需要考虑功率、压力、温度变化以及瞬态次数；对于水压试验，包括装船前设备水压试验、船上一回路系统的水压试验、船上二回路系统(蒸汽发生器二次侧)水压试验；对于压力波动，需要考虑压力波动范围及压力波动次数；对于温度波动，需要考虑温度波动范围及温度波动次数；对于强迫循环与自然循环相互转换,需要考虑转换次数;对于稳压器安全阀或释放阀打开,需要考虑开启次数。

在疲劳分析中,一般选取具有代表性的关键截面作为评定截面,并把这些截面上内、外表面点作为疲劳分析评定的关键点。

在进行疲劳计算结果评定时,其评定准则也与部件安全级以及工况特点相关。例如,对于安全一级部件设计工况,应保证

$$\begin{cases} P_m \leqslant S_m \\ P_L \geqslant 1.5 S_m \\ P_L + P_b \leqslant 1.5 S_m \end{cases} \qquad (6-3)$$

式中,P_L 为一次弯曲应力强度。

对于瞬态工况,一般需满足:

$$累积疲劳损伤系数 u \leqslant 1$$
$$交变应力幅度 \tilde{v} \leqslant 3 S_m$$

对于水压试验工况需要满足

$$\begin{cases} P_m < 0.9 S_y \\ P_L + P_b < 1.35 S_y \end{cases} \qquad (6-5)$$

6.2.2.3 疲劳分析方法应力分析方法

在进行疲劳分析之前,应先明确分析所考虑的载荷以及瞬态次数。载荷一般包括正常运行与一般事故工况瞬态温度、瞬态压力、水压试验压力以及外载等。对于每一种工况,均应确定瞬态次数,例如:对于正常运行工况,需要确定冷启动、冷停堆、热启动、热停堆、自然循环转强迫循环、强迫循环转自然循环、蒸汽发生器分并组转换等工况的次数;对于一般事故工况,需确定给水流量增加、蒸汽排放系统误动作、安注系统误动作、全船断电等事故出现的次数。

对于疲劳分析,常用的方法主要有有限寿期设计法、无限寿期设计法、局部应力应变设计法、损伤容限设计法和疲劳可靠性设计法。

在核动力装置设计中,通常采用名义应力疲劳设计法,名义应力疲劳设计法是以名义应力为基本设计参数,以 $S-N$ 曲线为主要设计依据的疲劳设计法。计算公式可分为无限寿期设计法和有限寿期设计法。对于无限寿期设计法,要求部件在无限长的使用期限内不会发生疲劳破坏,即名义应力小于材料的持久极限。对于有限寿期设计法,要求部件在一定的使用期限内不会发生

疲劳破坏,需要根据使用期限内所有可能的载荷循环下的名义应力和循环次数,以名义应力和 S-N 曲线计算疲劳使用系数,最后依据总的疲劳使用系数是否小于 1 来判断结构设计是否满足疲劳使用要求。

S-N 曲线是反映材料疲劳强度特性的,它由单轴应变的循环数据得到:强制的应变幅值(半幅)乘以弹性模量得到应力值,采用最小二乘法处理应力值的对数后得到光滑的实验曲线。该实验曲线只能代表标准光滑试样的疲劳性能。由于实际部件的尺寸、形状和表面情况与标准试样有很大差别,为了考虑形状、尺寸效应、表面加工的影响、平均应力的影响、载荷情况的影响等因素,对试验得到的 S-N 曲线需要进行如下处理后利用:应力值乘以系数 0.5;循环次数除以系数 20。

进行上述处理后,还需要进行包络曲线的绘制,才能用于疲劳评定。需要注意的是这些系数是用来考虑环境、尺寸或结果离散度等各种影响的,并不是安全裕度。规范中的 S-N 曲线一般已进行了相应的处理,可以直接应用与设计。

需要指出的是,在疲劳分析中应考虑疲劳强度减弱系数,疲劳强度减弱系数是考虑局部结构不连续效应对疲劳强度影响的应力增强系数,规范中通常会给出某些特殊情况下的疲劳强度减弱系数,缺乏实验数据时可采用应力集中系数。

疲劳分析中最关键的目标参数为疲劳累积损伤系数,其计算方法如下:

结构承受规定的使用运行循环次数而不产生疲劳失效的能力,应按规定方法与步骤来确定,并使允许的应力循环次数在实验曲线每一点上对规定的使用载荷都是足够的。对于每一个 S,S 交变 $1,S$ 交变 $2,\cdots\cdots,S$ 交变 n 值,如果这种类型的循环单独起作用,则可使用适用的设计疲劳曲线以确定允许的最大重复次数,称其为 $N_1,N_2,\cdots,N_n$。对每种类型的应力循环,用 $U_1 = S_1/N_1, U_2 = S_2/N_2, \cdots, U_n = S_n/N_n$ 来计算循环的损伤系数 $U_1,U_2,\cdots,U_n$。分析应保证累积损伤系数 U 不超过 1.0。

参考文献

[1]　彭敏俊. 船舶核动力装置[M]. 北京:中国原子能出版社,2009.
[2]　王兆祥,刘国健,储嘉康. 船舶核动力装置原理与设计[M]. 哈尔滨:国防工业出版社,1980.
[3]　张大发. 船用核反应堆运行管理[M]. 哈尔滨:哈尔滨工程大学出版社,2009.
[4]　孙中宁. 核动力设备[M]. 哈尔滨:哈尔滨工程大学出版社,2003.

［5］ 吴成军.工程振动与控制［M］.西安：西安交通大学出版社,2008.

［6］ 于俊崇,等.船用核动力［M］.上海：上海交通大学出版社,2016.

［7］ 朱锡,张振华,梅志远,等.舰船结构毁伤力学［M］.北京：国防工业出版社,2013.

［8］ 汪玉.舰艇及设备冲击响应分析技术［M］.北京：海潮出版社,2006.

［9］ 谷芳毓,孙磊.面向新世纪的反应堆结构力学［J］.核动力工程,2001,22(2)：5.

［10］ 陆明万.弹性理论基础［M］.北京：清华大学出版社,2001.

［11］ 熊祝华.塑性力学基础知识［M］.北京：高等教育出版社,1986.

［12］ SCAVUZZO R J, PUSEY H C. 舰船冲击分析与设计［M］.周康,赵立本,李玉节,等,译.哈尔滨：哈尔滨工程大学出版社,2006.

［13］ 克拉夫,彭津.结构动力学［M］.第 2 版.王光远,译.北京：高等教育出版社,2006.

［14］ 刘树林.冲击与振动手册［M］.第 5 版.北京：中国石化出版社,2008.

［15］ 王永岩.动态子结构方法理论及应用［M］.北京：科学出版社,1999.

［16］ SAEED M. 有限元分析：ANSYS 理论与应用［M］.第 3 版.王崧,译.北京：电子工业出版社,2009.

第 7 章

固有安全设计

反应堆的固有安全性是指反应堆利用其自身的自然安全性和非能动的安全性来控制反应性或移出堆芯热量,使反应堆趋于正常运行和安全停闭。因此,影响固有安全的两大设计重点就是如何安全有效地控制反应堆的反应性及可靠高效地导出堆芯余热。与常规反应堆固有安全设计原则类似,海洋核动力系统的固有安全设计也从反应性自稳自调与余热的非能动自然导出两方面入手。一方面,通过堆芯反应性反馈的合理设计,在保证反应堆功率控制有效的同时,提升反应性的自稳自调能力;另一方面,通过设置非能动的余热排出系统,确保事故中当正常余热排出系统不能投入运行时,可持续、安全地导出堆芯余热,延长操作人员干预时间(或无需干预)。此外,海洋核动力装置特殊的应用环境与面临的复杂海洋条件等,这给传统的固有安全设计带来一系列新的挑战,包括摇摆、翻转倾覆等对实施反应性紧急控制的控制棒下插的影响、装置吃水深度变化带来的自然力变化、海洋条件带来的非能动余热排出能力变化等,需要对此开展针对性设计。

为此,本章将从核自反馈、非能动余热排出以及非能动氢气复合等方面入手,通过海洋环境对固有安全设计的影响、反应性控制与余热导出的固有安全运行原理、现有固有安全设计的基本原则、国内外应用实例等,介绍海洋核动力装置的固有安全设计技术。

7.1 固有安全的定义及发展历程

固有安全系统是核反应堆系统安全设计的重要内容,根据驱动形式、流体类型等的不同,固有安全系统可分为多种类型,相关技术也随着核反应堆安全性能要求的提升而不断优化升级。

7.1.1 固有安全的定义与分类

IAEA 给出的固有安全系统定义：一个完全由非能动的部件和结构组成的系统，或者一个以一种很有限的方式使用能动部件来触发非能动运行的系统。固有安全系统的使用，比如使用安注箱、冷凝和汽化热交换器、重力驱动的安全注入系统等大大降低了安装、维护和运行成本。而能动的安全系统需要多个泵以及独立和冗余的电力供应。因此，固有安全系统被广泛地应用在了大量的新型反应堆设计上（包括第三代核电）。并且，第四代核能系统国际论坛（GIF）正在积极地推动将固有安全系统应用到第四代核反应堆概念设计上。此外，采用固有安全系统的原因是固有安全系统的高可靠性能够提高整个电厂的安全性。

根据固有安全系统的控制信号、电源或外力驱动、运动部件、工作流体等设计特点，核动力装置设计中涉及的固有安全系统可以分为如下几类。

第一类：① 没有信号输入；② 没有外电源或者外力；③ 没有运动的机械部件；④ 没有运动的工作流体。

这一类安全特性的应用实例包括防止放射性物质外泄的物理屏障（核燃料包壳和压力边界）、抵抗外部事件和地震的坚固的建筑物、仅仅依靠热辐射或（和）热传导来将停堆后的余热从核燃料传递到外部环境的堆芯冷却系统，与安全相关的非能动系统的静止部件（管道、稳压器、安注箱、波动箱），以及结构部件（支撑部件和屏蔽部件）。

第二类：① 没有信号输入；② 没有外电源或者外力；③ 没有运动的机械部件；④ 有运动的工作流体。

这一类安全特性的应用实例包括基于压力边界和外部水池静压平衡波动引起的浓硼注入原理设计的反应堆停堆/应急冷却系统、基于空气或者水的自然循环来带走堆芯余热的反应堆非能动余热排出冷却系统、基于安全壳壁外空气自然对流带走热量的安全壳冷却系统。

第三类：① 没有信号输入；② 没有外电源或者外力；③ 有运动的机械部件，无论是否有运动的工作流体。

这一类安全特性的应用实例包括包含安注箱和带逆止阀的注入管线的应急注入系统、压力边界上通过释放阀释放流体来进行超压保护或（和）应急冷却的设备、机械触发器，比如逆止阀和弹簧加载的释放阀。

第四类：① 需要智能信号输入来触发非能动过程；② 启动非能动过程的

能量来自电池或者位差;③ 能动部件只限于控制、仪表和阀门来启动非能动系统;④ 手动触发被排除。

这一类安全特性的应用实例包括依靠电池供电或者气动阀门来启动和依靠重力运行的应急堆芯冷却和注入系统,以及依靠重力或者静压驱动的控制棒的应急停堆系统。

7.1.2　固有安全技术的发展历程

自 20 世纪 50 年代初苏联第一个核电厂投入运行以来,能源发展史开始了一个崭新的核纪元。在 70 多年的历史里,核电经历了试验、示范、商业化,以及低潮和复苏的过程。回顾核电发展历史,从技术指标来看,国际上一般将核电站分为如下四代:

(1) 第一代核电站处于核能发电的验证阶段,主要指 20 世纪 50 年代至 60 年代开发的原型堆和试验堆。

(2) 第二代核电站处于核电大发展时期的标准化、系列化发展阶段,主要指 20 世纪 70 年代至现在运行的大部分商业核电站基本堆型,它们大部分已实现标准化、系列化和批量建设。

(3) 第三代核电站处于更安全、更经济的改进型先进反应堆核电机组的发展阶段,主要指符合美国电力公司要求文件(utility requirement document, URD)或欧洲电力公司要求文件(European utility requirement, EUR)的先进反应堆核电站。

(4) 第四代核电站目前处于概念设计阶段,主要指既经济,又具有固有安全性的核电站。

根据世界核协会(WNA)公布数据,截至 2021 年底,全球共有 436 台在运核电机组,总装机容量为 3.96 亿千瓦;与 2020 年底的数据相比,运机组数量和总装机容量均有小幅下降。以轻水堆为代表的第二代核电厂进入其鼎盛兴旺时代,其发展速度可谓举世瞩目。但是,到了 20 世纪 70 年代末,随着世界经济的衰退及两次核事故的发生,核电也进入了低潮阶段。1979 年美国三哩岛事故和 1986 年的苏联切尔诺贝利核事故都是由运行人员的错误操作引起的。这两次核事故给公众留下了严重的心理阴影,使人们谈核色变,给本就处于困难阶段的世界核电事业以沉重的打击。更为重要的是这两次核事故也给工程安全概念的设计敲响了警钟,它表明复杂的工程安全设施过分依赖外部设备和动力源的可靠性以及运行人员及时准确的判断具有较大的不确定性;

特别对运行人员来说,要在紧急情况下对一个如此复杂的系统做出及时准确的判断是非常困难的,也是不可靠的。

为了重新赢得投资者和公众对核电事业的信任,并提高核电站的经济竞争能力,新建的核电站必须具备比现有的第二代核电站更高的安全性和可靠性。因此,建造一种从根本上排除堆芯熔化事故发生,即具备固有安全性的反应堆便成为对先进反应堆的必然要求。固有安全性概念是在美国三哩岛核事故发生后提出来的,近年来被广泛采用。所谓的固有安全性是指,当反应堆出现异常情况时,不依赖人为的操作或外部系统、设备的强制干预,而仅依赖反应堆本身的自然和非能动安全性,使反应堆趋于正常运行或安全停闭的安全性。其中:自然安全性是指,只依靠反应堆内在的反应性系数、多普勒效应等自然科学法则的作用,事故发生后反应堆能自动终止裂变反应,确保堆芯不熔化的一种安全性;非能动安全性是指,在事故工况下,不依赖外界条件而只依靠自然规律,例如惯性原理(如泵的惰转)、重力法则(如位差)、热传递法则(如自然对流)等来实现其安全功能的一种安全性。具备这些能力的反应堆称为具有固有安全性反应堆。固有安全的设计理念与思想相对于工程安全概念是一次质的改进。工程安全设计的安全保证主要依赖于外部设备、动力和人员的干预;而固有安全主要依赖于事物的内在机制和自然物理规律,是一种内在的安全性。与工程安全设计方法相比,固有安全设计具有如下的优点。

(1)固有安全的设计降低或消除了在事故条件下对反应堆操作员及外部动力设备的依赖,而操作员的误操作正是导致三哩岛事故和切尔诺贝利事故的主要原因之一。因此,按固有安全原则设计的反应堆比传统核电站具有更高的安全性和可靠性。

(2)固有安全的设计将核电站的安全性和经济性这一对矛盾基本统一起来,因为按此原则不必设计大量的冗余安全设施,简化了系统设备,降低了投资。

(3)传统的工程安全设施具有复杂的控制逻辑和设备,难以被公众所理解和接受,运行人员操作难度较大,而固有安全的设计简单明了,易于被公众所理解,因而也有利于重新赢得公众对核能安全的信任。

固有安全技术的提出和发展,使得核电站的安全性由外在转向内在,核电系统和设备由复杂转向简单,核电站的安全性和经济性也从相互矛盾趋于和谐统一,满足了人们在两次大的核事故以后对未来核电站提出的更高安全性和经济性要求。

7.2　海洋核动力固有安全设计的特点

与陆上商用核电站相比,海洋核动力因尺寸小型紧凑、远离陆地、操作人员少、面临复杂的海洋条件等,其固有安全设计具有诸多特殊之处。

(1) 远离陆地,对系统可靠性要求更高。海洋核动力装置远离陆地,操作人员少,设备维护与保障能力相对商用核电站要弱得多,为保障装置运行的安全性与海洋装备的持续作业能力,设计中对固有安全的考虑就更为重要,应尽可能多地采用非能动的安全系统来保证装置运行的安全可靠性,且尽可能简化系统并使其功能有效,满足简单有效的设计目标。

(2) 尺寸小型紧凑,不能考虑过多系统冗余。海洋核动力与商用核电站占地数万平方米相比,尺寸要小型紧凑得多,这对反应堆系统的简化程度要求更高,因此在设计原则与设计理念上,海洋核动力固有安全设计更讲究够用、实用,而不追求多重的冗余设置。同时,海洋充足的热阱条件,使得其相比于陆地核电站,非能动排热更为便利,这也使得海洋核动力的固有安全排热简化设计成为可能。

对此,海洋固有安全设计需要结合反应性控制与余热导出等的安全容量需求,确定固有安全设计的限值要求,在能力设置上减小冗余。同时,尽可能地减少动部件与外力的介入,力求设计简单,并充分利用海洋无限热阱的特点,在非能动排热系统设计上,实现系统与控制的简化。

(3) 面对复杂海洋条件,固有安全设计面临挑战。海洋核动力依托海洋装备平台而设置,面对复杂的风浪等海洋环境,平台会经受包括摇摆、倾斜甚至倾覆翻倒的种种复杂工况,这就给海洋核动力设计带来新的设计挑战,包括对复杂海洋条件的耐受能力、发生极端海洋条件等外部事件时的系统安全应对能力等。

面对上述问题:一方面,需要在设计中考虑可能的海洋条件,通过设计避免海洋条件导致的固有安全系统整体性失效风险;另一方面,需开展多类型试验验证,对复杂海洋条件下的系统运行原理与特性进行充分认知和分析,掌握完善、可靠的安全设计能力。

7.3　海洋核动力的固有安全系统

根据海洋核动力固有安全设计的特点及要求,海洋核动力的固有安全系统包括非能动的堆芯反应性控制、非能动的堆芯热量排出、非能动的氢气复合控制三大类。主要涉及的固有安全系统包括以下两种：

（1）非能动安全注射系统（包括安注箱、补水箱）。

（2）非能动余热排出系统（包括一回路的、二回路的以及壳壁冷却式等）。

堆芯的反应堆控制主要通过堆芯反应性系数、燃料多普勒效应以及可燃毒物的控制等实现正常运行时的自稳自调，通过功率控制系统中的安全棒组进行事故下的紧急控制。因此堆芯反应性控制的固有安全设计核心，主要体现在各类反应性系数的优化设计上，以及毒物的非能动调控中。由于毒物的非能动调控与安全注射与补水相关，故安排统一在非能动安注系统设计中介绍。

堆芯的余热排出主要通过实施堆芯应急冷却的非能动安全注射系统与实施事故后堆芯余热导出的非能动余热排出系统来实现。根据所采用的注入形式与注入驱动力的不同，非能动安全注射系统可以分为预加压力的安注箱、重力位差驱动的堆芯补水箱两大类。根据所采用的排热方式、排热回路等的不同，非能动余热排出系统可以分为二回路蒸汽冷却的非能动余热排出系统、一回路单相工质换热的非能动余热排出系统以及通过辐射与导热等直接漏热的非能动余热排出系统等。

堆芯的氢气复合控制主要通过事故预惰化、自然对流混合和催化复合器等实现固有安全控制，其主要原理将在本书 10.2 节和 10.3 节中进行详细介绍。

7.3.1　反应性自稳控制的中子学参数

当由控制棒失控插棒、反应堆冷却剂意外冷却等原因导致反应堆意外引入反应性，将使反应堆活性区中子通量密度增加，导致反应堆燃料、冷却剂温度上升时，反应堆因自身运行原理与特性，自带延缓或阻滞反应性失控的工作特性，这种特性就是反应堆中子物理运行的固有安全性。该固有安全特性主要源自反应堆本身所具有的反馈效应（冷却剂空泡效应、燃料多普勒效应）、氙和钐的积累、随燃耗加深的核燃料消耗等因素。

关于负反馈效应，主要指的是反应堆由于相关组成部分温度升高，而导致反应堆有效增殖系数降低的效应，该效应对于反应堆自稳控制意义重大。对于反应堆冷却剂，其内部空泡的产生会导致活性区慢化剂分子密度降低，慢化效应减弱，造成有效增殖系数降低，从而引入较大的负空泡反馈效应，该效应对于反应堆的安全运行有利，通过该效应可有效避免反应堆失控升温时，因慢化剂蒸干带来更恶劣的传热恶化后果。多普勒效应是指中子慢化中因燃料共振吸收受运行温度影响的效应,该效应与燃料运行温度变化显著相关,该效应对于控制燃料温度上升,防止堆芯不可控制的熔毁具有极大的意义。

在裂变产物中积累起来的氙和钐,很容易吸收热中子,使堆内的热中子减少,反应性也下降,因此随着反应堆燃耗的加深,堆芯中氙和钐会逐步影响反应堆的反应性,使得功率运行水平受到影响。此外,核燃料的消耗也会导致反应堆剩余反应性降低,导致相同控制棒棒位下,反应堆有效增殖系数降低,影响反应堆运行功率水平。

7.3.2　非能动安全注射系统

非能动安全注射系统主要用于应对反应堆发生因破口或阀门误开启等导致的冷却剂丧失事故,该系统通过压力驱动或重力驱动,将冷却剂注入反应堆堆芯,防止堆芯因冷却剂丧失而导致裸露,避免发生堆芯熔毁与大量放射性释放。非能动安全注射系统包括预加压力的堆芯淹没安注箱、重力位差驱动的堆芯补水箱、重力补水箱三种类型。

7.3.2.1　预加压力的堆芯淹没安注箱

这一系统已经广泛应用在目前的核电厂设计中,作为应急堆芯冷却系统的一部分。一般其大水箱中含硼水占系统总容积的 75%,剩下的容积则充满了加压的氮气或者稀有气体。如图 7-1 所示,水箱一般通过一系列逆止阀与反应堆冷却剂系统相连接。正常运行时,反应堆冷却剂系统压力远高于安注箱压力,因此这些逆止阀处于关闭状态。当发生冷却剂丧失事故(LOCA)后,堆芯压力下降到安注箱内气体压力之下,逆止阀开启,含硼水被注入反应堆压力容器。

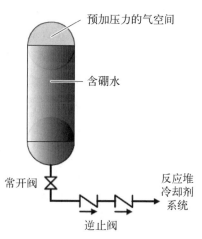

图 7-1　预加压力的堆芯淹没安注箱

7.3.2.2　重力位差驱动的堆芯补水箱

堆芯补水箱(CMT)为反应堆提供有效的堆芯冷却和浓硼注入。如图 7-2 所示,很多先进核反应堆设计都考虑了添加高位差水箱与压力容器或者主回路相连。水箱中充满了含硼水。正常运行时,注入管线的隔离阀处于关闭

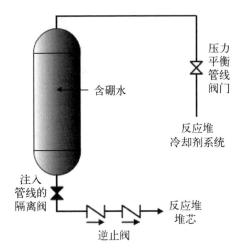

**图 7 - 2 重力位差驱动的
堆芯补水箱**

7.3.2.3 重力补水箱

在反应堆冷却剂系统因冷却剂持续丧失而处于低压的情况下,充满含硼水的重力补水箱可依靠重力来淹没堆芯,此即重力补水箱的工作原理。重力补水箱中的水体积根据设计需要来确定,必要时,水箱内的水体积足够淹没整个反应堆容器。如图 7 - 3 所示,这一系统的运行需要隔离阀的开启,并且克服开启逆止阀所需的压力差。由于纯粹采用重力方式驱动,重

状态,而压力平衡管线的阀门则处于开启状态,使补水箱系统与反应堆冷却剂系统相连接。在发生事故情况下,底部的隔离阀开启形成自然循环回路,使冷的含硼水注入堆芯。为了减少与反应堆压力容器相连的管道数目,堆芯补水箱的注入管线一般都接入应急堆芯直接注入管线(DVI)。在大量的事故瞬态中,CMT 注入都会早于安注箱的注入,并持续到安注箱注入时刻。在这些情况下,安注箱的注入会显著影响 CMT 的注入流量。因此,有的设计考虑将 CMT 的注入管线与反应堆的冷管或热管相连。

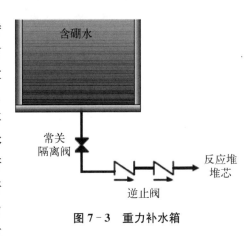

图 7 - 3 重力补水箱

力补水箱的补水效果受到堆芯裸露时产生的蒸汽的影响,当蒸汽量较大时,补水箱补水效果较差,为此需要合理设置补水管线的位置,实现良好补水效果。

7.3.3 非能动余热排出系统

非能动余热排出系统主要用于应对反应堆因各类事故导致停堆后,堆芯衰变余热的导出。非能动余热排出系统的设置类型与方式多样,根据该系统布置所属的回路不同,可以分为采用蒸汽冷却的二回路非能动余热排出和采用冷却剂工质直接冷却的一次侧非能动余热排出;根据所采用的换热形式不

同,有适用于压水堆等相对低温的换热器内冷却剂对流传热形式和适用于高温反应堆的通过辐射传热、导热、气体自然对流等带走余热的传热形式。

7.3.3.1　采用蒸汽冷却的二回路非能动余热排出系统

采用蒸汽冷却的二回路非能动余热排出系统是实现堆芯余热导出的一种有效手段,如图 7-4 所示。很多先进压水堆余热排出系统是通过蒸汽发生器来建立非能动循环,实现堆芯余热导出的[见图 7-4(a)]。此类非能动余热排出系统通常将进出口设置在蒸汽发生器的主蒸汽出口管道上和蒸汽发生器的给水环腔中,当系统启动时,反应堆堆芯加热蒸汽发生器,产生蒸汽,蒸汽从主蒸汽管道中进入非能动余热排出交换器,经非能动余热排出交换器与海水侧冷水进行换热后,冷凝为液态工质,经出口管进入蒸汽发生器,实现带热循环。

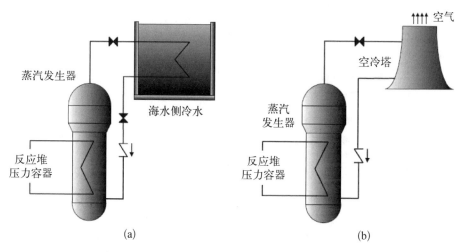

图 7-4　采用蒸汽冷却的二回路非能动余热排出系统

(a) 水冷;(b) 空冷

采用蒸汽冷却的二回路非能动余热排出系统具有一系列优点,包括蒸汽和液态工质的密度差大,系统自然循环能力强,可有效实现带放射性的一回路流体与最终热阱的分隔等。但由于其换热过程必须依赖于从一回路向二回路的换热,因此当处于全平台断电等事故下,一回路系统冷却剂循环流量丧失的情况,由于非能动余排系统总带热能力相对较弱(约 3%),导致一回路系统的进出口冷热温差小,循环流量小,从而出现多环路并联运行时部分失效甚至倒流的情况发生,影响系统运行稳定性。同时,由于采用蒸汽换热,换热器内会经历蒸汽到液态工质的两相冷凝过程,其流动过程存在一定的波动与不稳定,上述不稳定均会对整个系统的稳定运行带来冲击。

对于海洋核动力而言,由于采用海水作为最终热阱,拥有广袤的海水扩散稀释条件,使得其对可能的部分放射性泄漏不敏感,采用一回路非能动余热排出系统,相比于采用蒸汽冷却的二回路非能动余热排出系统更为稳定和可靠。

7.3.3.2 非能动余热排出热交换器(单相流体)

非能动余热排出热交换器(passive residual heat removal,PRHR)已经被应用到一些先进压水堆的设计中,如图 7-5 所示,其主要功能是通过单相流体自然循环来带走堆芯余热。PRHR 一般都处于高压力水平且处于在役状态。自然循环通过打开热交换器下部的隔离阀来启动。这一系统针对单相流体传热进行优化(而后面提到的冷凝器则是针对沸腾和冷凝传热进行优化)。它可以应对全厂断电事故,并且不再需要使用"充排"(feed and bleed)操作来冷却反应堆。

7.3.3.3 非能动的堆芯冷却隔离冷凝器(蒸汽)

非能动堆芯冷却隔离冷凝器(见图 7-6)被设计在汽轮机或者主冷凝器隔离后,用来对沸水堆进行冷却,对于传统的海洋核动力来说,该堆型并不常用,因此该非能动余热排出形式也不常用。如图 7-6 所示,功率运行下,反应堆系统与隔离冷凝器(isolation condenser,IC)被隔离阀隔开。当需要非能动的堆芯冷却隔离冷凝器投入时,隔离阀开启。热量通过热交换器传递给冷却水池。冷凝水最后回流至堆芯。

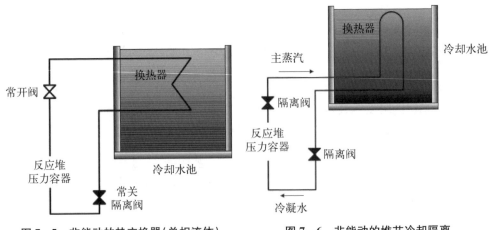

图 7-5　非能动的热交换器(单相流体)　　图 7-6　非能动的堆芯冷却隔离冷凝器(蒸汽)

7.4　海洋核动力的固有安全设计

根据海洋核动力固有安全设计的几种主要形式,其设计考虑各有不同。本节将围绕堆芯反应性系数、非能动余热排出、非能动安全注射介绍固有安全设计的相关考虑。

7.4.1　堆芯反应性系数设计

一座反应堆受到某种扰动后,将偏离其原来的平衡状态,而趋向于新的平衡状态。保证反应堆具有自稳定性,是核反应堆安全设计原则之一。在发展过程中,曾由于设计不当,发生过反应堆功率共振的不稳定性问题。例如,美国的实验性快中子增殖反应堆 EBR-Ⅰ,由于机械设计上的不完善,产生了由燃料棒弯曲引起瞬时正反应性反馈以及由上部结构板弯曲和膨胀引起的滞后负反应性反馈,从而引起反应堆功率共振,导致反应堆堆芯烧毁。在美国的实验性沸水反应堆 EBWR 上,也曾出现过类似的功率共振现象。

海洋核动力与核电厂类似,为了保证反应堆具有自稳定性,功率系数必须是负的,即要求燃料反应性温度系数是负的,且要求自热态零功率至满功率,慢化剂反应性温度系数不出现正值。对于具有负的反应性反馈特性的反应堆,当反应性有一正扰动时,堆的功率上升,通过负的反应性温度反馈,给反应性正扰动以反向补偿,反之亦然。

反应性反馈主要包括两种类型——由燃料温度变化引起的多普勒反馈效应与由冷却剂/慢化剂密度等引起的慢化剂反馈效应,由于前几章对于反应性反馈的机理已有相关介绍,本章仅从设计特征上进行概述。热量从燃料到冷却剂(也是慢化剂)有一热传递过程,所以这种反应性的反馈效应对功率的影响与补偿效应对扰动来说有一时间滞后。为了确保反应性系数是负值,在核反应堆相关设计中采取了一些针对性的设计措施:一是通过调整堆芯活性区设计的慢化剂与铀的比值,来调整和控制反应堆的反应性系数;二是通过控制冷却剂中的可溶毒物的量来对反应性进行主动控制,该过程可依靠堆芯应急冷却系统等实现自动功能实现;三是通过反应堆堆芯结构的巧妙设计,将反应堆温度上升与结构变化进行紧密关联,实现升温结构膨胀下中子反射与慢化效应的减弱,实现反应性负反馈控制的效果。除了在核设计方面做了上述考虑外,在反应堆的机械和结构上也做了相应的考虑。因此,目前的压水堆核电厂具有良好的自稳定性能。

另外,在大型核反应堆的核设计中,还须考虑氙致功率振荡,系统应具备在该振荡下的稳定性。由于裂变产物碘、氙和功率扰动的相互作用,使功率峰在反应堆堆芯内有规律地移动,形成功率振荡。如果振荡是发散的,且没有及时地加以控制,则会危及反应堆堆芯安全。氙致功率振荡包括在径向、轴向和方位角方向上的振荡。在核设计中,选取恰当的反应堆堆芯高度-直径比以及使反应堆具有良好的负反应性反馈效应,都会对功率振荡起阻尼作用。一般来说,径向功率振荡不易发生,方位角方向的振荡只有在控制棒做违禁移动的激励下才能发生,发生可能性较大的是轴向功率振荡。由于氙致功率振荡的过程是很缓慢的,故利用反应堆内、外探测器监测以及控制棒移动,能有效地加以控制和抑制。

7.4.2 非能动余热排出系统设计

非能动余热排出系统用于在海洋核动力平台发生设计基准乃至超设计基准事故[全厂电源(含应急电源)丧失事故等]工况下,依靠反应堆冷却剂系统及非能动余热排出系统自然循环,排出反应堆余热,保证反应堆安全[1]。

根据非能动余热排出系统的功能定位,其采用的一般设计基准如下:

(1)该系统的热量导出热阱能够满足各种运行条件下长期余热导出要求。

(2)系统的运行具备非能动特征,在相关设计基准与超设计基准事故下,无需操作员干预,即可将反应堆冷却剂系统、安全壳/舱室容器压力控制/降低在可接受的范围内(通常不超过120%设计压力),保证反应堆冷却剂系统、安全壳/舱室容器安全屏障的完整性。

(3)非能动余热排出系统的运行不会带来新的放射性物质外泄风险。

对于非能动余热排出系统设计,主要通过开发专用设计分析工具,获得包括管路系统、换热器等的设计参数后,基于反应堆系统瞬态特性分析程序,结合全厂断电(含应急电源)丧失事故,开展冷却剂断流、反应堆停堆、二回路系统停运情况下反应堆冷却剂平均温度、冷却剂系统运行压力、二回路系统温度、二回路系统压力随时间的变化规律的分析研究,验证非能动余热排出系统设计能力。

与用于陆地大型商用核电站的非能动余热排出系统相比,海洋核动力平台可直接利用海水作为最终热阱,其非能动余热排出系统的设计无需考虑热阱储热能力的限制,但需要考虑海上复杂的海洋条件对于非能动余热稳定导出的影响,包括摇摆、倾斜甚至翻转等。为此,相比于传统核电厂,非能动余热排出系统设计除需开展正常容量论证分析外,还需结合海洋核动力平台面临的海洋条件等现实工况条件,开展倾斜、摇摆等工况下非能动余热排出系统运行能力与特性计算分析,验证和优化非能动余热排出系统设计。

7.4.3　非能动安全注射系统设计

安全注射系统(简称安注系统)是一回路的重要专设安全系统之一,其基本功能为当反应堆正常运行时,高压安全注射系统兼作补水系统;当需要补水时,通过启动高压安注驳运泵和高压安全注射泵及相关管道、阀门向反应堆冷却剂系统补充去离子水。安全注射系统的安全功能是指当发生失水事故时,安全注射系统迅速向反应堆堆芯注射冷却水,再淹没堆芯和冷却堆芯,防止堆芯熔化;在直接注射水源快用尽时,将失水事故聚集在堆舱底部的液体,经地坑过滤系统过滤后重新注入堆芯进行再循环冷却,保证实现长期排出堆芯余热功能。

根据非能动安全注射系统的功能定位,其采用的一般功能要求如下:

(1) 安注系统设计及泵容量能够确保失水事故下的堆芯安全。

(2) 系统的设计具有足够的可靠性、多重性和多样性,以满足海洋核动力平台的概率安全目标。

(3) 堆芯补水箱和隔离舱存有足够体积的水,能够满足直接注射的需求,经非能动安全壳冷却系统冷却后积聚在地坑的积水及温度能够满足再循环冷却的要求。

对于非能动安注系统设计,主要通过开发专用设计工具,获得包括管路系统、安注箱、安注泵以及相关阀门等的设计参数后,基于反应堆系统瞬态特性分析程序,结合冷却剂丧失事故(LOCA),开展反应堆冷却剂丧失后,反应堆冷却剂平均温度、冷却剂系统运行压力、反应堆堆芯水位等随时间的变化规律的分析研究,验证非能动安注系统对堆芯的应急冷却能力。

与用于陆地大型商用核电站的非能动安全注射系统相比,海洋核动力平台各舱室尺寸小很多,其对非能动安注系统的设计考虑相对更为简化,应对的事故类型与事故破口规模相对较小。但需要额外考虑海上复杂的海洋条件对于非能动安注系统中以安注箱为代表的非能动注入设备稳定运行的影响,包括摇摆、倾斜甚至翻转等。为此,相比于传统核电厂,非能动安注系统设计除了需开展的正常容量论证分析外,还需结合海洋核动力平台面临的海洋条件等现实工况条件,开展倾斜、摇摆等工况下非能动安注系统运行能力与特性计算分析,验证和优化非能动安注系统设计。

7.5 国内外海洋核动力的固有安全设计现状

本节以法国 Flexblue、美国 OFNP、日本 MRX/PSRD 和 DRX 及 SCR 海洋核动力平台、俄罗斯 KLT - 40S 海洋核动力平台,以及我国具备完全自主知识产权的玲珑一号(ACP100)小堆为实例,介绍国内外海洋核动力的固有安全设计现状。

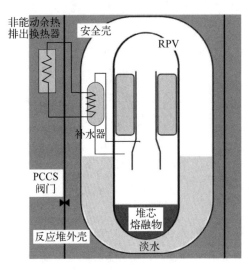

图 7 - 7　OFNP 二次侧非能动余热排出系统简图(RPV, 即 reactor pressure vessel 缩写,表示反应堆压力容器)

7.5.1　OFNP(美国)

近海浮动式核电厂(offshore floating nuclear plant, OFNP)是由 MIT 研究团队提出的一种基于 SPAR 型浮动平台核电厂[2]。为实现高安全的设计目标,OFNP 考虑有非能动余热排出系统(见图 7 - 7)、应急堆芯冷却系统与非能动安全壳冷却系统(见图 7 - 8),对反应堆余热导出、反应堆堆芯应急冷却与补水等进行固有安全设计考虑。

该反应堆和安全壳位于海水线以下,它同时可进行海水淡化,淡化后的水存储在凝结水储存箱 (condensate storage tank, CST)内,不作为应急冷却水源。OFNP 设置有反应堆直接辅助冷却系统(direct reactor auxiliary cooling system, DRACS),当事故发生后通过蒸汽发生器的带热不可用时,可采用非能动方式无限期带走反应堆余热。该系统首先通过位于堆芯补水箱(CMT)内的换热器将堆芯余热导入中间封闭回路,之后进入海水换热器导入最终热阱。

对于 LOCAs,应急堆芯冷却系统(emergency core coding system, ECCS)和基于大海的非能动安全壳冷却系统(passive containment cooling system, PCCS)保证燃料的淹没和安全壳的低压。对于堆芯熔化的严重事故,采用了熔融物堆内滞留(in-vessel retention, IVR)方法,同时 PCCS 确保了无限热阱的非能动排热。

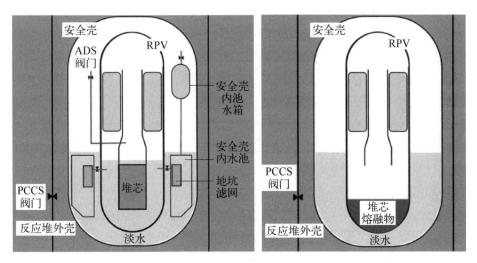

图 7 - 8　OFNP 应急堆芯冷却与非能动安全壳冷却系统简图

7.5.2　Flexblue(法国)

Flexblue(PWR underwater)是由 DCNS(direction des constructions navales services)开发的 50～250 MW 压水堆水下核电厂,置于离岸几千米的 100 m 深的水下稳定水层,通过海岸控制室进行远程控制,它的每个电厂都包括一个当地控制室,以供包括启动、维护等关键运行过程中操作员的当地控制。当电厂置于水中时,可通过水下运输工具到达,电将通过水下电缆传输至海岸和电网。Flexblue 完全在工厂及船坞加工,通过特殊船只运送到指定地点。换料、维护或主要的拆装设备也需要运送到当地维护船坞进行。Flexblue 将基于现有的潜艇技术开发,采用 17×17 的标准民用燃料,无推进功率,只进行连续功率输出,并采用大量的非能动安全系统来确保其在水下的运行安全。Flexblue 部分总体参数如表 7 - 1 所示。

表 7 - 1　Flexblue 部分总体参数

参数	数值
热功率/MW	530
堆芯组件盒数	77
燃料组件[①]	17×17

（续表）

参数	数值
富集度/%	<5
平均功率密度/(kW/L)	70
热棒功率峰因子	2.26
冷却剂系统压力/MPa	15.5
堆芯温升/℃	30
蒸汽发生器	2台自然循环式
蒸汽发生器(steam generatons, SGs)压力/MPa②	6.2

注：① 2.15 m 高；② 饱和式，对应温度 277.7 ℃。

不同于浮动式核电厂，水下深海核电厂不受地震、海啸或洪水的影响，受外界攻击的影响也很小，同时拥有无限和永久的热阱。如图 7-9、图 7-10 所示，该反应堆中采用了非能动安全冷却，堆舱抑压、应急堆芯冷却以及严重事故下的堆舱淹没等非能动安全系统。

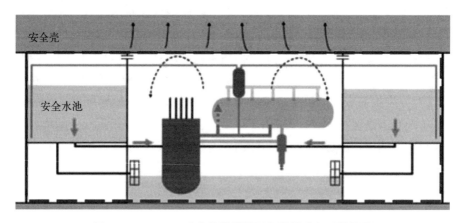

图 7-9　Flexblue 反应堆堆舱抑压与堆舱注入系统简图

应急堆芯冷却：Flexblue 设置有非能动余热排出系统，堆芯补水箱，应急隔离冷凝器。不考虑蒸汽发生器(steam generaton，SG)带热，在发生 SBO①

---

① SBO，station blackout 的缩写，表示核电厂全厂断电。

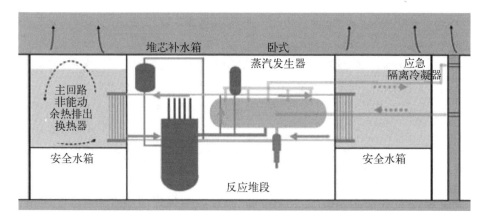

图 7 - 10　Flexblue 反应堆一、二次侧非能动余热排出与非能动应急堆芯冷却系统简图

事故后 60 h 最大海水温度为 35 ℃，一次侧温升小于 15 ℃。安全壳外无流体能动循环。对于 LOCA，设置有 RCS 卸压和舱室淹没系统。

事故工况下，在 AC 电源可用的情况下，采用能动系统来执行正常/停堆堆芯冷却或控制冷却剂装量的功能。除此之外，当应急整定值到达时非能动系统将自动被触发。

对于 Flexblue 非能动安全设计，所有安全功能的实现不需要操作员的任何干预和外电源的输入。Flexblue 自身携带的可充电应急电源即可满足触发和监控所需少量电力 2 周的需求。

具体来说，Flexblue 的安全系统设置如下。

（1）停堆系统采用两套多样化的设施：控制棒和应急硼注入系统，后者只在未能紧急停堆的预期瞬态中触发。

（2）余热导出由 4 个冷却回路来完成，每个回路可以带走 50% 的余热。

2 个一回路系列，每列由 1 个连接热段的入口管、1 只浸入安全水箱的换热器 PRHX、1 个连接冷段的出口管组成。中间热阱为 2 只安全水箱，它们通过金属船体外的海水冷却。

2 个二回路系列，每个系列包括 1 个连接主蒸汽管的入口管、直接浸入海水的应急冷凝器和 1 个连接给水管的出口管组成。

正常情况下，非能动余热排出系统通过气动阀隔离，当电力系统丧失后，阀门将失效开启。

对于失水事故的应对，Flexblue 通过 2 个系列的安注系统来实现，每个系列由 1 根直接注入管线和所连接的 3 个安注水源组成：1 只由主回路加压的堆芯补水箱(CMT)、1只经典的5 MPa氮气加压安注箱和1只大容积安全水箱,其中后者当主回路压力降至安全壳压力后,通过重力注入。除此之外,设置有连接稳压器和热段的2列自动卸压系统(ADS),用来对一回路可控卸压,利于安注注入。

一旦上述系统被触发,长期的平衡状态下安全水箱将排空,反应堆舱部分将被淹没,此后,自然循环将按如下流程建立:反应堆内的冷却剂蒸发释放至堆舱,蒸汽在壁面冷凝并在地坑收集,之后通过地坑滤网和DVI由重力作用注入反应堆。

两只安全水箱不仅仅充当非能动余热排出系统中间热阱和安注水源,其第三个角色是充当抑压水箱(当破口导致安全壳快速升压后)。尽管设计中的安全设施可避免堆芯损坏,Flexblue的安全壳仍以应对不可预期的严重事故设计了安全壳来包容堆芯熔化的严重事故,Flexblue采用的缓解措施包括通过压力容器外冷却实现熔融物堆内滞留,若在灾难性事故中放射性已释放进入了海水,也无需实施保护公众的短期应急防范措施,这与陆上反应堆是不同的。

7.5.3 MRX/PSRD(日本)

日本原子能研究所(JAERI)研制了包括一体化船用压水堆(MRX)在内的几种小型核反应堆。MRX采用容器内置式控制棒驱动机构、水淹式安全壳、内置氮气稳压、非能动余热排出系统;该堆的专设系统包括应急衰变热系统、反应堆安全壳设施、应急安全壳水冷却装置和反应堆堆舱空气净化装置。基于MRX,JAERI又开发了PSRD(passive safe small reactor for distributed energy supply system)。MRX一回路采用两台泵,而PSRD为全自然循环,两者的专设系统类似。

PSRD反应堆的主要特点包括通过一体化布置,大大降低了LOCA概率(主系统仅有的管路为安全阀管线);采用小型高压淹没型安全壳缓解了LOCA的后果;采用堆内控制棒驱动机构消除了控制棒失控抽出事故;自然循环堆内冷却消除了由泵导致的事故,同时简化了系统;非能动冷却系统增加了事故后余热排出的可靠性;能实现5年不换料。

MRX/PSRD安全壳容器内几乎满水,保证了应急余热排出系统(EHRS)和安全壳冷却系统(CWCS)处于淹没状态,同时该水也起到了屏蔽的作用。RPV周围包裹水封容器(water-tight shell,WTS),作为RPV和WTS之间不锈钢的覆盖物,作用相当于绝热层。

应急衰变热去除系统(有 $3\times100\%$ 容量的系列)由应急衰变热冷却器、氢储存箱、隔离阀及管道构成。接到相应动作信号后,隔离阀开启,将余热导入设置在安全壳内的冷却器,通过与安全壳中水的热交换进行冷却。应急衰变热冷却器安装在比一回路冷却剂泵高的水平位置,利用自然循环,实现反应堆容器内的一回路冷却剂与安全壳水的热交换,完成一回路冷却剂的冷却。

正常运行时,为了防止反应堆容器内设备的腐蚀,在一回路冷却剂中溶入氢,在一回路冷却剂减压沸腾的情况下,会有氢气产生。应急余热排出系统中氢气的滞留将阻碍自然循环,降低系统的排热能力。为了防止这种情况,在应急余热排出系统顶部安装有氢储存箱。

应急安全壳水冷却系统(四个系列)由设置在安全壳内的热交换器蒸发部及设置在上甲板的热交换器冷凝部等构成。应急安全壳水冷却系统主要是为了抑制来自反应堆容器放热引起的安全壳水温上升,将事故排放到安全壳水中的热量排放至最终热阱。

7.5.4　DRX 和 SCR(日本)

日本 JAERI 开发的 750 kW 深海科学调查船用反应堆 X(deep sea reactor X, DRX)采用一体化布置。水下探测器用小型潜水反应堆(submersible compact reactor, SCR, 1.25 MW)采用自稳压和全自然循环,减小了系统尺寸,减轻了系统质量。反应堆出口冷却剂设计为低含气量的两相状态,水下探测器用小型潜水反应堆(SCR)的设计思路与 MRX 基本相同。但一回路为全自然循环;采用水淹式安全壳、自然循环余热导出之类的非能动安全系统,不需要运行人员的干预。

为了适应深海潜艇的要求,便于反应堆运行,并且确保艇的小型化,DRX 和 SCR 采用了非能动安全系统。DRX 未设稳压器,采用稳压方式,耐压壳内的水为二次水,用给水泵为安装在压力容器内的直流螺线管式蒸汽发生器供水。

7.5.5　KLT‐40S(俄罗斯)

俄罗斯舰船核动力设计使用经验丰富,民用方面主要用于破冰船。2006 年在俄罗斯未来反应堆技术研讨会上,确立了着重发展两款小型堆 KLT‐40 和 VBER。俄罗斯目前拥有的破冰船里有 3 艘船使用了 KLT‐40(第三代破冰船反应堆)。KLT‐40S 是在 KLT‐40 基础上稍做改进,专门为浮动式发电站设计的反应堆。俄罗斯的 KTL‑40S 是一种用于破冰船上的成熟反应堆，也可用于偏远地区的电力供应。

KLT‑40S 浮动式核电厂可以在船厂预制，再运输至用户端进行组装、测试和调试，无需建造运输连接、电力输送线或陆上核电站需要的地基结构。KLT‑40S 对于选择浮动核电站的位置有很高的自由度，因为其可以固定在任何沿海区域。浮动核单元(FPU)要求深度为 12~15 m，以保证至少 30 000 m² 的海水对其进行保护。

浮动式船型构造小型堆可以实现热电联供能力，无需中央电力供应系统即可为偏远地区的独立客户提供稳定的热电。另外，这种浮动单元可以用于海水淡化，也可成为采油平台的独立供电系统。

KLT‑40S 设计采用成熟的安全解决方法，除成熟的主系统设备设计以外，还大量地采用了多重能动与非能动安全系统设计，能够实现紧急停堆、余热导出、应急堆芯冷却、放射性屏蔽等安全作用。多重安全系统的设计与使用，不但使 KLT‑40S 的设计安全性提高了，也增强了其应对设计基准事故的能力，对于严重事故也有了更好的防护和缓解措施。KLT‑40S 反应堆安全系统简图如图 7‑11 所示。

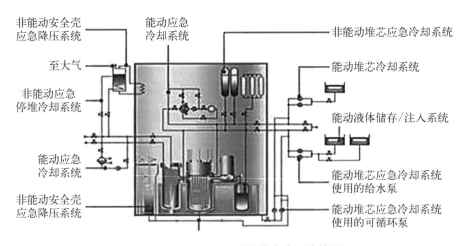

图 7‑11　KLT‑40S 反应堆安全系统简图

KLT‑40S 的能动安全系统有如下几种：① 电动模式的补偿控制棒插入停堆系统；② 使用蒸发器向冷凝器导出热量的应急堆芯冷却系统；③ 使用净化和冷却系统导出热量的应急堆芯冷却系统；④ 使用 ECCS 主泵和再循环泵的应急补水系统；⑤ 处理从保护区域中释放出的物质的过滤系统。

KLT - 40S 的非能动安全系统如下：① 由于弹簧作用或重力作用使得控制棒紧急插入堆芯的紧急停堆系统；② 仅通过蒸发器散热的非能动应急堆芯冷却系统；③ 来自 ECCS 液压蓄水箱的应急补水系统；④ 非能动的压力容器外部冷却系统；⑤ 应急安全壳冷却系统。

在反应堆停堆系统方面，安全棒在弹簧力的作用下插入堆芯，其他棒则通过重力作用落入。另外，设置有能动应急反应堆停堆系统，采用可溶中子吸收剂注入系统。

针对余热排出，KLT - 40S 设置有非能动安全的应急余热排出系统（emergency heat removal system，EHRS），将余热排向应急水箱和空气。

针对安全壳冷却，KLT - 40S 设置有非能动应急安全壳减压系统，确保安全壳不超压，同时依赖 EHRS 带走堆芯余热。

针对应急停堆，KLT - 40S 不仅设置有能动的应急停堆系统，且针对控制棒停堆系统还设置有压力触发断路器电路，当冷却剂高压或安全壳压力过高时，高压信号触发停堆断路器断开，从而触发 CRDMs 断电。

7.5.6　ACP100(中国海南昌江)

ACP100 作为我国掌握三代核电技术的重点科研专项，由中国核动力研究设计院联合核电工程公司于 2011 年 8 月完成核动力平台顶层方案设计。根据集团公司部署，以海南昌江核电厂址为 ACP100 龙兴示范工程实施地点，并在 ACP100 初步设计基础上进行优化改进。

ACP100 采用的非能动系统包括非能动堆芯冷却系统、非能动安全壳热量导出系统、非能动余热排出系统以及非能动的氢气复合系统等。

1) 非能动堆芯冷却系统

ACP100 工程采用非能动堆芯冷却系统，可在应急情况下对堆芯实施安注，缓解事故后果，从而保护公众的健康和安全。在设计上非能动应急堆芯冷却系统的运行无需泵、风机和交流电源等能动设备，只依靠位差、密度差以及压缩气体膨胀等非能动设备和工艺。

非能动堆芯冷却系统由 2 只堆芯补水箱(CMT)、2 只中压安注箱(ACC)、RDP 系统、IRWST 等组成。非能动堆芯冷却系统有如下 4 种非能动注入水源：

① 2 只堆芯补水箱提供较长时间较大的注入流。

② 2 只安注水箱在数分钟内提供非常大的注入流。

③ 1 只内置换料水箱提供很长时间较小的注入流。

④ 3 个水源完成注入后,受淹的安全壳成为长期的水源,以自然循环方式为堆芯提供长期再循环冷却。

上述 4 种水源均采用非能动的注入方式,每种水源均设置 2 个多重的注入系列。对于非 LOCA,当正常补给系统不可用或补水不足时,堆芯补水箱依靠密度差和位差对 RCS 提供应急补水和硼化。2 只堆芯补水箱都位于安全壳内高于压力容器的位置,在主蒸汽管线破裂事故下,堆芯补水箱的硼水能够为反应堆提供一定的停堆裕度。对于 LOCA,堆芯补水箱、安注水箱和内置换料水箱的含硼水为反应堆冷却剂系统提供安全注入,以确保堆芯淹没和冷却,并在事故后期建立反应堆冷却剂的非能动循环。

ACP100 每个系列的安全壳再循环注入管分为 2 路,一路装有 1 个止回阀和 1 个电动阀,另一路装有 1 个电动阀和 1 个气动阀。当内置换料水箱水位降至低水位时,电动阀和气动阀将自动打开,安全壳地坑内的水经再循环滤网循环进入反应堆。

在发生严重事故时,PXS 可以将压力容器下部外表面淹没并导出热量,防止损坏的堆芯烧穿压力容器底部。

2) 非能动余热排出系统

非能动余热排出系统(PRS)作为 ACP100 的专设安全设施之一,在非 LOCA 下,当蒸汽发生器的排热能力丧失后,可导出堆芯余热。在有或者没有反应堆冷却剂泵运行情况下,该系统可在 36 h 内将反应堆冷却剂系统的温度降至正常余热排出系统可以投入工作的温度。之后通过正常余热排出系统的接入,继续排出余热直至冷停堆状态。

ACP100 非能动余热排出系统包括 1 台非能动余热排出冷却器、1 个常开入口电动阀和 2 个常关出口气动阀的布置使其充满反应堆冷却剂,并维持热交换器处于反应堆冷却剂系统全压。热交换器内水温和安全壳内置换料水箱水温一致,从而在电站运行期间建立和维持热驱动压头。

非能动余热排出冷却器下封头中心线布置位置高于反应堆冷却剂泵,从而在反应堆冷却剂泵不可用时能促使自然循环流通过热交换器。在反应堆冷却剂泵运行时,它们提供和自然循环流动方向一致的热交换器强制循环流。如果泵在运行后脱扣,那么自然循环将继续为热交换器流动提供驱动压头。

当安全壳内置换料水箱的水温到达饱和温度后,水箱中的水开始向安全壳蒸发。蒸汽又被非能动安全壳冷却系统冷却冷凝,并返回安全壳内置换料水箱。冷凝液的回收能无限期维持非能动余热排出系统的热阱。

参考文献

［1］　代守宝.IPWRs 非能动余热排出系统热工水力特性分析［D］.哈尔滨：哈尔滨工程大学,2009.

［2］　赵松,宋岳.中国核学会 2017 年学术年会论文集(第五卷)：第 9 册(核情报分卷,核技术经济与管理现代化分卷,核电子学与核探测技术分卷)［C］.北京：中国原子能出版社,2017.

第 8 章

耐事故能力设计

在核动力装置的设计、建造和运行中,安全问题是一个贯穿始终、尤为重要的问题。因此,为了保证核反应堆的运行和安全,在研究和设计中要对各种运行瞬态及假想事故进行分析和评价,提出必要的预防、缓解和补救措施,在自身支持系统有限、外部辅助资源少的情况下,依靠本身的热工设计裕度抵御事故,提高海洋核动力装置的耐事故能力。其中,设置合理的反应堆系统热工参数和保护定值,以及耐事故燃料设计是保证核动力装置机动性和安全性的重要措施,也是实现核动力装置战技指标的关键因素之一,对提高核动力装置的生命力具有极其重要的作用。

8.1 热工安全设计

受海洋条件影响,海洋条件下核动力系统热工水力特性会发生较大变化。一些发达国家在 20 世纪 60 至 70 年代就开始研究海洋条件对核动力装置的影响,但出于保密的原因,公开发表的相关文献很少。近年来,由于海洋核动力发展的迫切需求,我国及其他一些亚洲国家先后开展了海洋条件方面的研究[1-2]。目前,关于早期海洋条件下的研究主要以实船测量为主,日本原子能研究中心于 1991—1992 年在陆奥号上探究了 4 种海域内风浪对船体的影响效果,并对反应堆的热工水力特性进行了实船测量[3-4],且后续相继开展了一系列的研究。实验方面,运动平台的技术性能不断提高,运动参数的研究范围越来越宽广,通过可视化技术获得了不同运动条件下的流型转换模型,提出了流动和换热关系式,研究了流动不稳定性和沸腾临界热流密度(critical heat flux, CHF)在海洋条件下的影响规律。计算方面,针对各种运动条件已得到附加力计算模型,运用计算流体力学(computational fluid dynamics, CFD)方法研究了气泡动力特性,应用非线性时域法研究了流动不稳定性,采用添加了附加力的机理模型计算了 CHF,开发了适用于海洋条件的分析程序,这些研究进一步提升了对海洋条件下核动力系统热工水力特性的认识,更有利于进行热工安全设计。

热工裕量、反应堆系统热工参数的选择、系统运行参数以及运行条件等决定了在事故条件下,少量或无安全系统投入时,反应堆系统依靠自身系统热容量、水装量等热工特性抵抗事故进一步恶化并最终突破相关限制准则〔超压、偏离泡核沸腾比(departure from nucleate boiling ratio,DNBR)、包壳峰值温度等〕所消耗的时间。

表征反应堆热工水力特性的主要参数包括堆芯热功率、堆芯燃料组件数、系统压力、反应堆冷却剂流量(热工设计流量、最佳估计流量、机械设计流量)、堆芯旁通流量、压力容器入口温度、压力容器出口温度、反应堆平均温度、平均线功率密度、正常运行时的峰值线功率密度、堆芯平均流速、堆芯传热面积、堆芯流通面积、Ⅰ类工况最小 DNBR、堆芯压降等。功率需求确定后,通过与核设计、堆芯结构设计、主系统设计进行迭代计算,才能获得最佳热工参数。

其中,需要重点关注的热工参数为反应堆流量、反应堆平均温度。在此基础上,结合已确定的总体参数,其他反应堆热工参数都可以确定。

8.1.1 总体热工参数选择

选择总体热工参数,一般有 2 种方法:一种方法是根据参考堆来确定;另一种方法是利用"参数最佳化"软件,根据确定的反应堆功率,结合核设计、堆芯设计、一回路系统设计、热工水力设计等,通过迭代计算得到的。这 2 种方法,对于陆上核电站设计而言是成熟技术,但对于海洋核动力平台,仅用上述方法是不够的,还必须考虑海洋条件的影响和耐事故能力以便留有适当裕量。

海洋条件对热工参数的影响,主要体现在对偏离泡核沸腾(DNB)和流动稳定性限值的影响,国内外试验研究表明,海洋条件将使 DNB 下降 10%～15%;流动稳定性影响主要体现在堆芯出口含汽率,研究表明,对压水型反应堆可不予考虑流动稳定性。

为了从设计上提高系统耐事故能力,一般在核辅系统和安全设施设计中增加裕量,以及在保护定值设计中适当留有裕量。

总体热工参数选择确定后,可以为后续的关键热工水力参数设计提供基础。反应堆热工水力设计的任务是提供一组与堆芯功率分布一致的热传输参数,使之满足设计准则并能充分地导出堆芯热量。反应堆热工水力设计需满足偏离泡核沸腾、燃料温度、堆芯流量、堆芯水力学稳定性等设计准则。在正常运行状态下,根据经验,最小 DNBR 裕量要保证该反应堆在Ⅰ类工况和Ⅱ类工况下,都不会发生水力学流动不稳定。系统整体方案确定后,选取堆芯燃料元件的栅格参数,从堆芯物理和热工水力等重要参数进行分析,通过评估是否满足物理设计准则和热工设计准则,选择出合适的参数组合。同时,需要通过物理计算进行反应性控制的优化计算,选取合适的控制方式和控制元件的几何参数,获得满足要求的反应性控制参数。将合适的燃料元件参数和控制方案组合,获得初步的堆芯布置方案,通过物理-热工耦合分析,进一步评价该堆芯方案是否符合设计准则,如功率分布、温度分布和堆芯流量等是否满足相应的限值要求。通过迭代优化,最终获得满足设计要求的堆芯热工水力参数。获得合理的堆芯布置及热工水力参数后,还需要进行瞬态安全分析,包括不同海洋条件(倾斜、起伏和摇摆)及其耦合情况,若各关键参数均满足安全准则,则完成热工水力参数的初步设计。

8.1.2　反应堆冷却剂流量的选择

反应堆功率确定后,反应堆冷却剂流量与反应堆进出口温升直接相关,并与反应堆平均温度一起影响反应堆冷却剂出口温度。通常各反应堆堆芯进出口温升在 30~50 ℃,压力容器出口温度最高控制在 330 ℃以下(EPR 最高为 329.8 ℃),在考虑运行压力都是 15.5 MPa 的情况下,为了控制堆芯出口温度过冷度裕量,需要综合考虑冷却剂流量和平均温度。反应堆进出口温升还可以用反应堆功率流量比来表示,较小的功率流量比代表着较低的反应堆进出口温升和较大的安全裕量。

燃料组件数目确定后,从反应堆热工水力设计的角度考虑,更大的反应堆冷却剂流量意味着更低的反应堆出口温度(假设平均温度不变)以及更好的堆芯换热效果,并有利于提高堆芯安全裕量。此外,反应堆冷却剂流量的增大会导致反应堆压降以及燃料组件水力学作用力的增大,影响主泵以及燃料组件的设计,可能导致系统经济性下降。

除此之外,海洋条件会对稳态和瞬态工况下反应堆的冷却剂流量造成一定的影响。Ishida 等[4]基于实验数据,利用 RETRAN-02/GRAV 程序研究了海浪力对陆奥号反应堆系统强迫循环热工水力特性的影响。同时,Ishida 等[5]利用 RETRAN-02/GRAV 程序分析了船体运动对深海科学调查船用反应堆(DRX)自然循环特性的影响,包括倾斜和周期性起伏运动。研究表明:周期性起伏运动引起堆芯流量和堆芯功率的同相振荡,当振荡周期接近沉浮周期时会发生共振现象,振幅达到峰值。谭长禄等[6]以 RELAP5 程序为基础,通过建立海洋条件的数学模型,利用惯性力模型、爱因斯坦等效原理和等效重力方法,开发了适用于海洋运动条件的反应堆热工水力分析程序 RELAP5/MC。对电加热两环路单相自然循环系统进行了海洋条件下的热工水力分析,验证了 RELAP5/MC 程序的可行性。海洋条件的计算结果表明:在横摇条件下,加热器流量以 1/2 的横摇周期随时间振荡,2 个环路流量随时间以横摇周期进行振荡,相位差为 180°;在起伏条件下,2 个环路所有特性相同,流量随时间以起伏周期进行振荡。为了研究摇摆运动下摇摆轴位置对系统自然循环流动特性的影响,谭长禄等[7]针对一个两环路电加热单相自然循环系统,利用 RELAP5/MC 程序对不同摇摆轴位置的摇摆运动下系统自然循环流动特性进行了计算分析,其计算结果表明摇摆轴位置对摇摆运动下系统自然循环流动特性有重要影响;堆芯和环路流量振荡幅度随横摇轴 z 坐标的变化存在极小值;横摇轴 y 坐标对 2 个环路横摇流量的影响恰好相反,随横摇轴 y 坐标的增加,堆芯流量振荡幅度增大。

高璞珍等[8]对船舶纵摇和横摇对自然循环能力的影响进行了比较,研究结果表明自然循环工况下,摇摆运动会使冷却剂流量和反应堆功率呈周期性波动,纵摇对于分散布置反应堆一回路流量波动的影响大于横摇。鄢邴火等[9]、Lu 等[10]分别对摇摆运动条件下的自然循环特性进行了数值分析,结果表明自然循环流量的波动能否使功率调节系统发生动作只取决于最大摇摆角加速度,同时摇摆运动引起过大的堆芯自然循环流量波动可造成功率自调节控制棒的频繁动作,无法平稳实现强迫循环向自然循环的转换。封贝贝等[11]对升潜运动下的自然循环系统进行了分析,升潜运动引入的附加作用力和重力耦合作用构成一个交变力场,在有密度差的情况下形成自然循环驱动力,从而引起自然循环流量波动,并引起通道内的温度分布变化,造成密度分布发生变化,反过来又会影响自然循环的驱动力,改变循环流量,形成反馈作用的机制。姜胜耀等[12]根据以上反馈作用机制,以全功率自然循环反应堆模拟实验回路为物理原型,通过理论分析得到:升潜振幅越大、周期越长,流量的波动幅度越大。大周期的升潜运动会使流量的波动呈现出非线性的变化,可能会引起堆芯出口沸腾。

综上所述,由于海上核动力平台的特殊性,冷却剂流量会随不同海洋条件产生不同的振荡,并且海洋条件可能导致流动不稳定性发生,在进行流量选择时需要综合考虑这一系列问题。

8.1.3　反应堆平均温度选择

在确定的反应堆总流量基础上,分析确定反应堆平均温度。反应堆平均温度直接影响反应堆出口温度。反应堆出口温度越低,安全裕量越大,但反应堆平均温度越低,对蒸汽发生器等设备容量要求越高,影响电站的经济性。

为了保证堆芯的热工安全裕量,需选择适当的堆芯平均温度。同样,海洋条件会对反应堆流动换热造成影响,从而影响堆芯平均温度。

Wu 等[13]研究了起伏运动下,流体流经某一带肋圆管的湍流传热特性,应用 k-ε 湍流模型及 SIMPLE-C 算法求解速度压力耦合。模拟结果表明:起伏条件下管内努塞特数(N_u)相对于静态条件下可增大 $45\%\sim182\%$;并且在起伏运动条件下,浮升力强化传热效果被弱化。Wang 等[14]研究了波动条件对于传热系数的影响,在层流波动条件下,传热系数随着波动频率和振幅的增加而增加,而在热发展区域,在小振幅波动时,传热系数会呈现减小的趋势。黄振等[15]对摇摆条件下竖直加热管内流体传热特性进行了机理研究,分析认为摇摆情况下管内流动不同于普通的非定常流动,在径向不同位置,流速随时间的变化速率是不同的,会导致流体在径向发生交混,同时有部分流体冲击壁面,强化了换热能力,摇摆强化自然循环的换热能力,摇摆越剧烈,换热能力越强。

高璞珍等[16]对倾斜条件下核动力装置热工水力特性进行了分析研究。采用换热中心的假设,对核动力装置一回路系统进行建模编程计算,并用热工准则评价了安全性。结果表明:在强迫循环下,各种倾斜对冷却剂流量及反应堆输出功率几乎都没有影响,但倾斜对自然循环能力有较大的影响,且各种倾斜的影响不同;对于分散布置的核动力装置,若船横倾,则冷却剂向 2 个蒸汽发生器内的流动情况不同,若船纵倾,则 2 个蒸汽发生器的情况相同,但前倾和后倾的影响并不相同,主要取决于反应堆与蒸汽发生器的相对位置、倾角大小及倾斜方向。为了研究起伏条件对强制循环和自然循环的影响,高璞珍等[17]对起伏条件下强制循环和自然循环分别进行计算分析。计算结果表明:强迫循环下,起伏对一回路冷却剂的流量和反应堆输出功率的影响较小;在自然循环下,简谐运动规律起伏使冷却剂流量与反应堆输出功率等热工参数按简谐运动规律变化,具有与起伏相同的变化周期;在自然循环下,冷却剂流量波动主要受起伏幅度影响,随起伏幅度增大而增大,起伏周期的影响并不显著,其中高频振动(短周期)对自然循环无影响。

综上所述,海洋条件对反应堆自然循环和强迫循环的流动传热特性均会产生一定的影响,从而影响整个堆芯的平均温度。在进行平均温度选择时同样需要综合考虑这一系列问题。

8.2 保护参数论证

反应堆保护系统方案是海洋核动力平台重要的研究和设计内容之一,是一体化反应堆运行和保护研究的重要组成部分,其保护定值的确定需要在核动力装置机动性裕量与安全裕量这一对矛盾中求得最终的统一。

保护定值的研究主要涉及以下几方面内容:① 保护参数的设置;② 保护参数整定值的确定和验证工况的选取;③ 保护定值有效性的验证。

反应堆保护定值研究的目的如下:在前一阶段的反应堆保护定值研究基础上,根据运行工况组合(包括 2 组蒸汽发生器正常运转),对原本确定的反应堆保护定值进行补充完善,形成一套满足核动力装置机动性和安全性要求的反应堆保护定值并论证其有效性,以保证核动力装置能够灵活、安全地运行。

8.2.1 保护参数设置

反应堆保护参数,应选取可监测的且能够直接或间接反映反应堆状态的物理量,如功率、功率分布、反应堆周期、冷却剂温度、冷却剂流量、主泵状态、冷却剂压力、水位、二回路给水流量、给水温度等。保护系统的停堆信号(即保护参数)主要分为核测量信号和过程测量信号两大类,其中核测量信号指的是与堆芯中子通量相关的信号,它直接显示反应堆堆芯内部所处的状态和反应性的变化,对反应堆安全稳定运行,以及对各种事故的保护起着至关重要的作用。

压水堆核测量一般分为如下 3 个量程。

(1)源量程中子通量高保护信号:可以禁止反应堆的非正常启动,在低功率时防止误操作、硼水误稀释及控制棒非规定位移等反应性引入事件,可以为反应堆启动和停闭过程提供保护。

(2)中间量程和功率量程低定值的保护信号互为冗余:与源量程保护信

号功能相同,以防止反应堆在各种状态下的硼水误稀释、控制棒非规定位移等反应性意外变化的初因事件。

(3) 功率量程高定值保护:可以防止因功率过高引起燃料包壳破裂和堆芯熔化等较严重事故;功率量程核功率正负变化率高保护,可以防止弹棒和落棒事故发生。

压水堆主要采取的是在不同量程内分别设置功率高保护的方案。这种方式简单直接,直接用核测量功率进行定值比较,其不需要对数据进行过多的处理,可靠性高,响应时间快。同时,压水堆由于存在弹棒和落棒事故,故在功率量程设置了核功率变化率高保护。压水堆将反应堆倍增周期进行显示并报警,不触发保护动作。

上述商业压水堆的核测量参数设置要结合海洋核动力装置的设计特点,一般选取核功率、主泵转速、反应堆出口冷却剂温度、稳压器压力、反应堆周期、中子注量率负变化率、蒸汽发生器给水流量这些参数来监测反应堆是否处于安全运行的状态。相应地,设置了超功率、四泵低转速、一泵低转速、两泵低转速、反应堆出口冷却剂温度高、稳压器压力高、稳压器压力低、中子注量率负变化率(绝对值)高、给水流量低、短周期这些保护参数。

超功率保护参数针对反应堆功率异常升高进行保护;四泵低转速、一泵低转速、两泵低转速保护参数针对反应堆冷却剂流量异常降低进行保护;反应堆出口冷却剂温度高保护参数针对反应堆冷却剂温度异常升高进行保护;稳压器压力高保护参数、稳压器压力低保护参数针对反应堆冷却剂系统压力异常进行保护;中子注量率负变化率(绝对值)高保护参数针对反应堆功率异常降低进行保护;给水流量低保护参数针对反应堆蒸汽发生器给水故障进行保护;短周期保护参数针对反应堆反应性异常进行保护。

8.2.2 保护参数整定值论证

在确定保护参数整定值时,应遵循如下原则:在确定保护参数整定值时,既要考虑到反应堆的安全,又要给各种参数波动、运行瞬态留有足够的操作裕量,以保证装置的机动性,避免不必要的保护动作;在报警定值与保护定值之间应该留有适当的空间,保证先报警、后保护。

结合海洋核动力装置的运行特点,并根据其运行工况划分核动力装置基本工况组合方式,如表 8-1 所示。实际设计时根据这些工况组合,确定相应的保护定值。

表 8-1 基本工况组合方式

序号	OTSG[①]状态	主泵状态
1	4 组	4 泵高速
2	4 组	3 泵高速
3	4 组	2 泵高速
4	3 组	4 泵高速
5	3 组	3 泵高速
6	3 组	2 泵高速
7	2 组	4 泵高速
8	2 组	3 泵高速
9	2 组	2 泵高速
10	4 组	4 泵低速
11	4 组	3 泵低速
12	3 组	4 泵低速
13	3 组	3 泵低速
14	2 组	4 泵低速
15	2 组	3 泵低速

注：OTSG 即 once-through steam generator 的缩写，表示直流蒸汽发生器。

对于确定的整定值，需要选取有代表性的始发事件进行正常运行瞬态分析和事故分析，对整定值的有效性进行验证和调整，要求满足相关设计准则要求，并最终确定保护参数整定值。

名义整定值是在初步确定整定值的基础上，考虑仪表误差、定值器动作准确度，并为瞬态操作留裕量后确定的。对于核功率还需要考虑径向功率分布的变化对探测的影响。其中，仪表误差包括刻度误差、设备误差、由电子线路和通道漂移引起的测量通道误差和整定值的重复性误差。当仪表指示为名义整定值时，由于仪表误差和动作准确度等误差，使保护参数的实际值可能位于一个区间内，区间的上、下限是保护参数可能达到的最大值和最小值。在确定保护参数名义整定值时,必须考虑当其为区间的上、下限时能否保证反应堆的安全,以及正常瞬态和工况转换时参数波动与区间上、下限之间的裕量。

保护定值的确定方法如下:

$$最小整定值＝名义整定值－总误差(即 |\sigma|) \tag{8-1}$$

$$最大整定值＝名义整定值＋总误差(即 |\sigma|) \tag{8-2}$$

式中,

$$\sigma=\pm\sqrt{仪表误差^2＋动作准确度^2＋其他误差^2} \tag{8-3}$$

表 8-2 中列出了各保护参数的误差值。根据上述的确定原则,对海洋核动力装置各种运行工况确定了相应的保护定值。

表 8-2　保护参数的误差值

保护参数名称	工况	仪表误差	动作准确度	其他误差	总误差
超功率	强迫循环、自然循环转强迫循环	$\pm1.6\%FP^{①}$	$\pm1\%FP$	$\pm5\%FP$	$\pm5.4\%FP$
	自然循环、强迫循环转自然循环	$\pm1.6\%FP$	$\pm1\%FP$	$\pm3\%FP$	$\pm3.6\%FP$
4 泵低转速	4 泵高速 4 泵低速	$\pm0.17\%RR^{②}$	$\pm1\%RR$	—	$\pm1.02\%RR$
1 泵低转速	4、3、2 泵高速, 4、3 泵低速	$\pm0.17\%RR$	$\pm1\%RR$	—	$\pm1.02\%RR$
2 泵低转速	4、3 泵高速 4、3 泵低速	$\pm0.17\%RR$	$\pm1\%RR$	—	$\pm1.02\%RR$
反应堆出口冷却剂温度高	强迫循环 自然循环	$\pm3\ ℃$	$\pm3\ ℃$	—	$\pm4.3\ ℃$
稳压器压力高	强迫循环 自然循环	$\pm0.09\ MPa$	$\pm0.115\ MPa$	—	$\pm0.15\ MPa$
稳压器压力低	强迫循环 自然循环	$\pm0.09\ MPa$	$\pm0.115\ MPa$	—	$\pm0.15\ MPa$

（续表）

保护参数名称	工况	仪表误差	动作准确度	其他误差	总误差
中子注量率负变化率（绝对值）高	强迫循环自然循环	±3%FP/s	±1%FP/s	——	±3.16%FP/s
给水流量低	强迫循环自然循环	±1.7%RF③	±1%RF	——	±2.0%RF
反应堆周期	强迫循环自然循环	0.25 s	——	——	0.25 s

注：① FP 为额定功率；② RR 为主泵高速额定转速；③ RF 为额定给水流量。

8.2.3　保护参数方案设计优化

由于海洋核动力装置的运行工况组合较多，如果对每一个工况都设置保护定值，则设置的保护定值太多，在实际操作中可能会引起麻烦。为简化保护定值设计，并结合不同运动状态所对应的反应堆功率水平，对一些工况进行了合并。采取这种方式进行保护定值设计，可能不是最佳的，但是基于保守假定的分析结果表明能够保证反应堆的安全。具体合并情况说明如下。

1）超功率保护

功率保护能通过紧急停堆对燃料组件进行保护，防止出现局部过高的线功率密度，从而防止出现过高的热流密度引起芯块熔化。针对超功率保护，对部分工况进行合并，具体如下：

对 4 泵高速（3 组、2 组蒸汽发生器正常运转）、3 泵高速（4 组、3 组蒸汽发生器正常运转）进行合并，其结果：报警 76%FP，反插 79%FP，停止反插 65%FP。

对自然循环转强迫循环、4 泵低速（4 组、3 组、2 组蒸汽发生器正常运转）进行合并，其结果：报警 50%FP，反插 54%FP，停止反插 44%FP。

对 2 泵高速（4 组、3 组蒸汽发生器正常运转）进行合并，其结果：报警 55%FP，反插 60%FP，停止反插 50%FP。

对 3 泵低速（4 组、3 组蒸汽发生器正常运转）进行合并，其结果：报警 45%FP，反插 49%FP，停止反插 40%FP。

对 2 组蒸汽发生器正常运转（3 泵高速、2 泵高速和 3 泵低速）进行合并，使其成为 1 个整体，其结果：报警 35%FP（额定功率），反插 39%FP，停止反插

27%FP。

对自然循环和强迫循环转自然循环进行合并,使其成为 1 个整体,其结果:报警 30%FP,反插 33%FP,停止反插 22%FP。

2) 主泵低转速保护

主泵低转速保护能针对反应堆冷却剂流量异常降低进行保护。针对主泵低转速保护,对部分工况进行合并,具体如下。

4 泵低转速:初始泵速为高速的信号,报警 79%RR(额定转速),停堆 75%RR;初始泵速为低速的信号,报警 21%RR,停堆 18%RR。

1 泵低转速:① 4 泵高速(4 组、3 组蒸汽发生器正常运转)1 泵低速合并成 1 个,报警 79%RR 且功率>79%FP,反插 75%RR 且功率>79%FP,停止反插 65%FP;② 3 泵高速(4 组、3 组蒸汽发生器正常运转)1 泵低速合并成 1 个,报警 79%RR 且功率>60%FP,反插 75%RR 且功率>60%FP,停止反插 50%FP;③ 2 泵高速 1 泵低速报警 79%RR,停堆 75%RR;④ 4 泵低速(4 组、3 组蒸汽发生器正常运转)1 泵低速合并成 1 个,报警 21%RR 且功率>49%FP,反插 18%RR 且功率>49%FP,停止反插 40%FP;⑤ 3 泵低速 1 泵低速报警 21%RR 且功率>27%FP,反插 18%RR 且功率>27%FP,停止反插 15%FP。3 泵低速运行时,如果 1 台泵发生故障,则转为 2 泵高速运行;⑥ 2 组蒸汽发生器正常运转合并较难,3 泵高速 1 泵低速和 4 泵高速 1 泵低速,报警 79%RR 且功率>39%FP,反插 75%RR 且功率>39%FP,停止反插 27%FP;4 泵低速 1 泵低转速,报警 21%RR 且功率>39%FP,反插 18%RR 且功率>39%FP,停止反插 27%FP。

2 泵低转速:① 4 泵高速(4 组、3 组蒸汽发生器正常运转)2 泵低速合并成一个,报警 79%RR 且功率>60%FP,反插 75%RR 且功率>60%FP,停止反插 50%FP;② 3 泵高速 2 泵低速、2 泵高速 2 泵低速合并成 1 个,报警 79%RR,停堆 75%RR;③ 4 泵低速 2 泵低速报警 21%RR 且功率>27%FP,反插 18%RR 且功率>27%FP,停止反插 15%FP;④ 3 泵低速 2 泵低速报警 21%RR,停堆 18%RR;⑤ 4 泵高速(2 组蒸汽发生器正常运转)2 泵低速,报警 79%RR 且功率>39%FP,反插 75%RR 且功率>39%FP,停止反插 27%FP。

3) 保护参数

保护定值设计在确保反应堆安全的同时还必须保证核动力装置的机动性,必须保证在止常瞬态过程中,运行参数的波动不会触发反应堆保护动作。

通过上一节确定的保护参数整定值必须确保在各种正常运行瞬态工况下

不触发反应堆保护动作,同时在事故工况下又能有效地保证反应堆的安全。为此,必须用具有代表性的正常瞬态工况和事故工况来分析验证这些整定值的有效性。

通过对具有代表性的正常瞬态工况进行的详细计算分析表明保护定值的设置为正常瞬态过程留有足够的瞬态操作裕量,运行参数的波动都不会触发反应堆保护动作。

关于保护定值在事故工况下的验证情况,在事故分析中详细分析了以下几类事故:由二回路系统引起的排热增加;由二回路系统引起的排热减少;反应堆冷却剂流量降低;反应性和功率分布异常;反应堆冷却剂装量增加;反应堆冷却剂装量减少;全船电源丧失等。

保护定值的设置需要能够在各种事故工况下发挥保护功能,各事故均满足相应的准则要求。

8.3 耐事故燃料的措施与研究进展

在 2011 年的福岛核事故中,燃料元件锆合金包壳与水蒸气发生反应,释放大量的氢气和热量,引发了"氢爆",这是导致大量高放射性物质外泄的直接原因。此次事故暴露了现役燃料元件(主要由锆合金包壳管和 UO_2 燃料芯块组成)在冷却剂丧失事故(lost of coolant accident,LOCA)中抵抗极端工况的能力存在不足,由此掀起了研发耐事故燃料(accident-tolerant-fuel,ATF)的热潮。

ATF 的研究目标是通过在新型的燃料材料和包壳材料研发基础上,开展燃料元件设计,使燃料元件在 LOCA 中无需人为干预的时间得到延长,同时维持或者提高燃料元件在正常工况下的性能。

目前,国际上 ATF 的总体研究进展如下:① 完成了燃料材料和包壳材料筛选、燃料元件方案设计;② 完成了材料辐照和短棒辐照;③ 正在开展先导燃料棒辐照,并积极策划先导燃料组件的辐照。ATF 的材料方案较多,难以在短期内将各种方案在大型商用核电站中实现工程应用。本节将概述 ATF 的研究进展,分析各种材料的优势和需要解决的问题,可为燃料元件的设计改进提供参考,以提升海洋核动力反应堆的耐事故能力。

8.3.1 耐事故燃料

传统的陶瓷 UO_2 燃料具有以下优点:① 熔点高,在服役温度范围内不发生相变;② 热膨胀系数较小;③ 辐照下尺寸稳定性好;④ 具有良好的包容裂变产物的能力;⑤ 易于制造。

提升燃料耐事故性能的措施包括:① 对 UO_2 燃料掺杂改性或者采用硅化铀、氮化铀、碳化铀等高铀密度燃料,提高燃料的热导率,以降低事故中燃料的初始储能、缓解燃料元件芯块与包壳机械的相互作用(pellet-cladding mechanical interaction,PCMI)的剧烈程度;② 采用大晶粒 UO_2 燃料、微栅 UO_2 燃料或者全陶瓷弥散微封装燃料,提高燃料包容裂变产物的能力。

上述方案中,掺杂改性和大晶粒 UO_2 燃料有望近期实现应用,高铀密度燃料和全陶瓷弥散微封装燃料是中远期目标方案。

1) 掺杂改性高热导率 UO_2 燃料[18]

掺杂的材料类型包括金属、BeO、SiC 和金刚石等。金属掺杂 UO_2 燃料通常被称为 CERMET 燃料(CER 代表陶瓷 UO_2,MET 代表金属掺杂材料)。第一个商用堆用的金属掺杂燃料是 20 世纪 60 年代早期的一种不锈钢掺杂 UO_2 燃料,这种燃料是美国商用堆 Vallecitos BWR 使用的第一种燃料。耐事故燃料研究中,提出的金属掺杂材料包括钼、铬和钨等。

20 世纪 60 年代初,美国能源部研发了掺杂 BeO 的 UO_2 燃料,但由于某些未知原因最终放弃使用。在耐事故燃料研究中,掺杂 BeO 改性的 UO_2 燃料重新成为关注对象。该种燃料还具有以下优点:① BeO 与 UO_2 相容性较好,且在温度低于 2 160 ℃时,不溶于 UO_2,而是形成共晶;② 在 1 200 ℃时,BeO 与锆合金包壳相容性较好,与水不反应,与硝酸反应也较弱(因此,与现有的乏燃料后处理技术适应性较好);③ BeO 具有低中子吸收截面、良好的中子慢化能力和快中子增殖能力。

美国佛罗里达大学与法国法马通公司合作研发了掺杂 SiC 和金刚石的 UO_2 燃料。在 100 ℃、500 ℃和 900 ℃时,掺入 UO_2 燃料体积 10% 的 SiC 燃料,热导率比未掺杂燃料分别提高了 54.9%、57.4% 和 62.1%。随着 SiC 掺入量的增加,掺杂燃料热导率升高。当 SiC 掺入量达 UO_2 燃料体积 15% 时,100 ℃以下掺杂燃料热导率可达到 10 W/(m・K) 以上。对于金刚石掺入量达 UO_2 燃料体积 5% 的掺杂燃料,其热导率随着金刚石粒径增大呈现先升高后降低的规律。相比于未掺杂燃料,掺入金刚石的燃料在 100 ℃、500 ℃和 900 ℃时的热导率可分别提高 41.6%、38.3% 和 34.2%。

对掺入相同体积分数的 BeO、SiC 和金刚石的掺杂燃料热导率进行对比可以发现,掺入金刚石的燃料热导率最高,掺入 SiC 的燃料热导率较低,这与金刚石理论热导率较高的规律是一致的。

2) 大晶粒 UO_2 燃料

传统 UO_2 燃料的晶粒尺寸在 10 μm 左右,大晶粒 UO_2 燃料主要通过掺入 Cr_2O_3、Al_2O_3、TiO_x、MgO、Nb_2O_5,将晶粒尺寸增加到 50 μm 左右。这些掺杂氧化物中,以 Cr_2O_3 和 Al_2O_3 研发取得的商用进展最为显著。

表 8-3 列出了在 1 700 ℃烧结温度附近铬在 UO_2 中的溶解度[19-20]。绝大多数溶解的铬都固溶在 UO_2 基体中,晶格常数随铬含量的增加而减小。当铬掺入量不超过 UO_2 燃料体积的 $1\ 000 \times 10^{-6}$ 时,掺杂燃料的熔点、比热容、热膨胀系数和热扩散系数与未掺杂燃料相当。

表 8-3 铬在 UO_2 中的溶解度

温度/℃	1 600	1 660	1 700	1 760	1 770
溶解度/$\times 10^{-6}$	(650±20)	(860±30)	700	(1 020±40)	(990±50)

法国法马通公司开展了大量的 Cr_2O_3 掺杂燃料研究,其制造的掺杂燃料含有质量分数为 0.16% 的 Cr_2O_3,密度为(96~97)% TD,晶粒尺寸达到 50~70 μm。铬更易被氧化,可使 UO_2 延迟甚至停止氧化,提高燃料耐腐蚀和抗氧化能力。在 400 ℃氧化气氛中,未掺杂燃料表面有大量 U_3O_8 粉末,Cr_2O_3 掺杂燃料表面完好,掺杂燃料腐蚀增重较未掺杂燃料降低了 30%~50%。在 350 ℃、6 MPa 的蒸汽环境中,未掺杂燃料表面出现掉渣,而 Cr_2O_3 掺杂燃料表面没有变化。在温度为 1 773 K,应变速率为 0.09 h^{-1} 的条件下,含 Cr_2O_3 质量分数为 0.1% 的 UO_2 燃料的屈服强度从未掺杂状态的 85 MPa 降低到 70 MPa;而含质量分数为 0.06% 的 Cr_2O_3 的 UO_2 燃料在 1 773 K 的氢气气氛下处理 12 h 或者 24 h,其屈服强度与未掺杂燃料基本相当。随 Cr_2O_3 质量分数的增加,掺杂燃料蠕变速率增加,但质量分数对蠕变速率的影响减弱;当 Cr_2O_3 质量分数达到 0.2% 后,掺杂燃料蠕变速率达到稳定。与未掺杂燃料相比,Cr_2O_3 掺杂燃料抵抗应力的能力减弱,理论上会降低燃料元件芯块与包壳机械的相互作用(PCMI)中的包壳应力。

美国西屋公司开发的掺杂燃料(advanced doped pellettechnology, ADOPT)除了掺杂 Cr_2O_3 之外,还添加了 Al_2O_3。与 UO_2 燃料相比,掺杂燃料烧结的密实度更高,烧结时间更短,烧结的密度可以提高 0.5%,并且燃料晶粒尺寸比原来大 5 倍。为了达到预期性能,铬需要保持较低的质量分数以减小对中子的寄生吸收。而铝具有很低的热中子截面,Al_2O_3 的存在增加了 Cr_2O_3 促使晶粒尺寸长大的能力,因此两种掺杂氧化物可以协同作用。

在制备方面,掺杂燃料制备流程与未掺杂燃料大致相同,即在混合粉末后压制成型,在高温下完成燃料烧结。掺杂燃料可以采用与 UO_2 燃料相同的生产线,采用的质量控制程序也相同,故在经济性上有很大的优势。

法国法马通公司将掺杂 Cr_2O_3 的 UO_2 燃料与铬涂层包壳组合成燃料元件,该燃料元件与其开发的 GAIA 燃料组件技术相结合,将适用于所有 17×17 堆型的压水反应堆(pressurized water reactor,PWR)。该燃料元件的设计燃耗将提高到 75 GW/t,计划在 2025 年之前实现批量应用[21]。美国西屋公司正在研发的 EnCore 燃料组件的燃料元件中有 1 种方案采用 ADOPT 和铬涂层包壳,计划在 2023 年前实现该燃料元件的商用[22]。

3)微栅 UO_2 燃料[23]

韩国原子能研究所开发的微栅 UO_2 燃料掺杂 SiO_2 基混合氧化物,其微观结构类似蜂窝状,每个晶粒之间都有类似植物细胞的细胞壁的结构。设计该种结构是为了提高裂变产物包容能力,降低由裂变产物引起的包壳内表面腐蚀和燃料元件内压;类似细胞壁的结构则有利于燃料的快速蠕变变形,降低 PCMI 中的包壳应力,避免严重事故中燃料的大规模破碎。

4)硅化物燃料

U-Si 体系中有 U_3Si_2、U_3Si 等,但 U_3Si 的辐照肿胀较大,而 USi 和 U_3Si_5 的存在可能会导致裂纹产生,U_3Si_2 最具应用潜力。美国爱达荷国家实验室通过真空电弧熔炼得到 U_3Si_2 铸锭,再将 U_3Si_2 铸锭破碎,获得 U_3Si_2 粉体,并对 U_3Si_2 粉体进行球磨,获得粒径较小的 U_3Si_2 粉体。利用 UF_6 直接合成 U_3Si_2 可以提高硅化物燃料制备的经济可行性(避免使用金属铀的中间体),但目前尚无成熟的工艺。

U_3Si_2 燃料的密度比 UO_2 燃料密度高 17%,U_3Si_2 燃料的热导率是 UO_2 燃料热导率的 5~10 倍,U_3Si_2 燃料的热膨胀系数是 UO_2 燃料热膨胀系数的 1.7 倍,U_3Si_2 燃料的辐照肿胀可能比 UO_2 燃料辐照肿胀高。与 UO_2 燃料相比,U_3Si_2 燃料的热物理性能得到改善,从而允许采用更先进的包壳材料,如 SiC 复合包壳。西屋公司正在研发的 EnCore 燃料组件包含 2 种燃料元件的组合方案,一是 U_3Si_2 燃料与 SiC 复合包壳或铬涂层包壳组合,二是铬涂层包壳与 ADOPT 组合,计划在 2027 年前实现前一种燃料元件组合方案的商用[21]。

5）氮化物燃料[18]

氮化物燃料主要指 UN 燃料，其制造工艺比 UO_2 更难，通过传统烧结工艺很难在短时间内将燃料密度提高到 90% TD 以上。UN 制造方法多种多样。最常见的方法有如下几种：① 在 $1\,073\sim1\,173$ K 下，金属铀在氮气或 NH_3 中进行氮化作用；② 在 $3\sim5$ bar($0.3\sim0.5$ MPa)的氮气中通过电弧熔化金属铀进行氮化；③ 将块状金属铀的氢化物进行氮化；④ 溶胶-凝胶法，在非常低的温度下进行氮化物沉淀，这种方法能产生非常纯净的氮化物燃料，但仅限于实验室技术和环境；⑤ 碳热还原过程，通过在氮气气氛中用碳还原 UO_2 细粉获得氮化物。

UN 燃料与水的相容性较差，很容易和空气、水发生反应，UN 燃料制造需要在惰性气体中进行。当包壳破损时，氮化物燃料与水蒸气发生反应，此反应在温度高于 523 K 时速度加快，并产生爆炸性气体氢。因此，应防止 UN 燃料与水蒸气接触，并且避免包壳破损。为提高 UN 燃料与水的相容性，目前正尝试通过减小开口孔隙率和降低制造中的碳含量来实现，也有研究通过添加 U_3Si_2 形成 UN-U_3Si_2 复合燃料，以保护 UN 晶粒。

天然氮包含 99.6% ^{14}N 和 0.4% ^{15}N，在快谱或热谱反应堆中，采用 ^{14}N 的氮化物燃料在核反应过程中具有以下缺点：① ^{14}N(n, p)中子俘获反应产生大量长寿期放射性产物 ^{14}C；② ^{14}N(n, α)反应产生 ^{11}B；③ ^{14}N(n, α)反应产生 He，可能引起更大的燃料辐照肿胀和燃料元件内压。这些缺点可以通过浓缩 ^{15}N 来避免。但浓缩 ^{15}N 的引入会引起制备成本提升，降低成本又是 UN 燃料需要重点关注的一个重要问题。

UN 燃料在高温下会发生分解，生成铀并释放 N_2，其分解的速率与氮气分压和温度有关。快谱反应堆中使用的氮化物燃料在温度大于 $2\,000$ K 条件下会发生分解。因此，在正常运行条件下，氮化物燃料的运行温度应不超过 $2\,000$ K。

在正常运行条件下，与氧化物燃料相比，由于 UN 燃料具有较高的热导率，其裂变气体释放份额显著降低。但若采用天然氮，则会产生 16% 的氦和氢，并且大部分释放在燃料元件的气腔内。由于辐照肿胀率较高，PCMI 是 UN 燃料的主要缺点。为了防止包壳破损，应调整燃料孔隙率和芯块-包壳间隙，采用较低的等效燃料密度，一般设置为 $70\%\sim80\%$（具体取决于目标燃耗）。由于 UN 燃料的热导率较高，故不会导致芯块中心温度过高。

6) 碳化物燃料[18]

碳化物燃料 UC 具有较高的理论密度(比 UO_2 高约 24%)和较高的热导率(UO_2 的 7~10 倍)。UC 燃料的辐照肿胀率更高(大约是 UO_2 的 2 倍),为了补偿高辐照肿胀率,需要设计 10%~20% 的孔隙率来降低燃料密度。

UC 的制备方法有很多种,但制备工艺尚在改进中,距离工业化应用还有一定的距离。UC 粉具有自燃性,制作过程中需要采用手套箱,这会产生额外成本。与 UO_2 燃料相比,UC 燃料的辐照肿胀率高、蠕变率低,可能会通过PCMI 引起包壳破损。继而冷却剂进入燃料元件中变成蒸气,并与 UC 燃料反应形成爆炸性气体。因此,应开发防水的 UC 燃料。

7) 全陶瓷弥散微封装燃料[24-25]

包覆燃料颗粒的概念在 20 世纪 60 年代的核动力火箭研制中首次被提出,后改进为 TRISO① 燃料颗粒,在 20 世纪 80 年代成功应用于高温气冷堆,具有成熟的工程应用经验。TRISO 燃料颗粒是由燃料核芯和 4 层包覆层构成的,燃料核芯材料是 UO_2、ThO_2 等裂变材料,4 层包覆层的材料从内到外依次是低密度热解碳(Buffer 层)、内高密度各向同性热解碳(IPyC 层)、碳化硅(SiC 层)和外高密度各向同性热解碳(OPyC 层)。4 层包覆层都是通过化学气相沉积法在流化床中沉积制得,其中热解碳是由乙炔气体热解得到,致密热解碳是由丙烯和乙炔的混合气体制得,而碳化硅层则是由三氯甲基硅烷热解得到。

TRISO 颗粒弥散组成的燃料可以有多种结构形式,如圆柱形、球形、棱柱形等,适用于不同的反应堆。其中,全陶瓷弥散微封装燃料是圆柱形结构,它将 TRISO 颗粒弥散在 SiC 基体中制成弥散燃料芯块,再将弥散燃料芯块装在包壳中,具有很强的裂变产物包容能力。

全陶瓷弥散微封装燃料设计需要关注的主要问题是裂变材料装载量较低引起的经济性下降。增加裂变物质装载量的方式包括如下几种:① 增大铀的富集度;② 采用高铀密度燃料核芯(如 UN);③ 提高燃料核芯在包覆燃料颗粒中的体积占比;④ 提高包覆燃料颗粒在燃料芯块中的体积占比;⑤ 增加燃料芯块直径。

8.3.2　耐事故包壳

传统的锆合金包壳具有很低的热中子吸收截面,在反应堆正常运行工况

---

①　TRISO 为 tristructural isotropic 的缩写。

下具有优良的力学性能、耐腐蚀性能以及耐中子辐照的性能。理想的 ATF 包壳材料应具有如下性能：① 在正常运行期间减少腐蚀和吸氢；② 与其他材料相比，具有同等或更优的辐照后力学性能；③ 对堆芯中子经济性的影响较小；④ 显著降低高温水蒸气氧化反应速率；⑤ 在高温下保持较好的力学性能。

某一种 ATF 包壳材料方案难以同时满足上述性能要求，近期的包壳方案是涂层包壳，而中远期的目标是研发新的基体材料，包括 FeCrAl 不锈钢包壳和 SiC/SiC 复合包壳。

1）涂层包壳[26-27]

国际上正在研发的包壳涂层按材料可以分为 2 类：以 $M_{n+1}AX_n$（MAX相）为主的陶瓷涂层和以 Cr、Cr-Al 合金及 FeCrAl 不锈钢为主的金属涂层。对于 MAX 相，其中 M 是过渡族金属，A 是 13 至 16 族元素，X 是 C 和（或）N，代表了一系列层状三元碳化物和氮化物，如 Ti_2AlC、Cr_2AlC、Zr_2AlC、Zr_2SiC 等。虽然 MAX 相涂层在 LOCA 工况下具有良好的抗氧化性能，但在正常运行工况下会形成 Al_2O_3 和 SiO_2 等氧化物，在高温高压水环境中会发生溶解。除 MAX 相陶瓷涂层外，一些氮化物陶瓷涂层，如 TiN 和 CrN 等，属于硬化材料，可改善抵抗磨损和腐蚀的性能。在目前测试的陶瓷涂层材料中，TiN 和 CrN 可能是唯一与水在正常运行工况下相容性较好的材料，与无涂层的锆合金包壳相比，其耐腐蚀性能显著提高。但 TiN 和 CrN 与高温水蒸气发生反应，在生成具有保护性的氧化物的同时，产生大量的氢气和氮气，给 LOCA 带来了隐患。

金属涂层方面，FeCrAl 和铬合金等金属涂层的抗氧化性能是依靠形成致密的氧化物（如 Cr_2O_3 或 Al_2O_3）保护膜来阻碍氧扩散至锆合金包壳基体的，从而降低包壳的氧化速率。但 FeCrAl 中的铁与锆在 900 ℃ 左右时发生共晶反应，在界面处会形成各种相[如 FeZr、$ZrFe_2$、$Zr(Fe,Cr)_2$ 等金属间化合物]，它们是典型的脆性材料，可能导致包壳发生脆性断裂而失效，带来较大的安全隐患。金属铬涂层与基体锆合金同为金属材料，热膨胀性能较为接近，且高纯金属铬具有耐高温、抗氧化和抗蠕变等优点，铬涂层已成了包壳涂层的研发主流。

法国的法马通公司和美国的西屋公司在铬涂层研发方面走在了世界的前列，他们开展了大量的堆外试验，且策划和实施了材料级、短棒级、先导燃料棒和先导燃料组件辐照考验（见表 8-4），在工程应用上取得了实质性的突破，并计划在近几年实现铬涂层包壳的批量化商用。

表 8-4　法马通和西屋公司开展的研究内容

项目		法国法马通	美国西屋
制备工艺及工艺成熟度		离子镀	冷喷涂后抛光
		2017 年底具备全尺寸包壳管制备工艺	2018 年具备全尺寸壳管制备工艺
力学性能		拉伸、恒温恒压蠕变、瞬态功率跃增	拉伸、蠕变、爆破、疲劳
腐蚀性能		415 ℃/1 MPa 360 ℃/18.7 MPa,250 d	633 K/(21.4～22.8)MPa,200 d
磨蚀		格架磨蚀和异物磨蚀	未见报道
吸氢		415 ℃/1 MPa 360 ℃/18.7 MPa,200 d	未见报道
高温氧化		1 000～1 200 ℃水蒸气环境	1 200 ℃水蒸气环境
Cr-Zr 共晶反应		1 300～1 500 ℃水蒸气环境	1 300 ℃水蒸气环境
热工性能		未见报道	对 CHF 和结垢的影响
中子辐照	材料辐照	2016 年,在 Gösgen 堆	2015 年,在 ATR 堆
	燃料短棒	2017 年,与 UO_2 燃料结合; 2018 年,与掺杂 Cr_2O_3 的 UO_2 燃料结合	2015 年,在 ATR 堆
	先导棒	2019 年 2 月和 12 月,与掺杂 Cr_2O_3 的 UO_2 燃料结合	2019 年 4 月,与 ADOPT 或 UO_2 燃料结合
	先导组件	2021 年,与掺杂 Cr_2O_3 的 UO_2 燃料结合	计划 2022 年,与 ADOPT 结合
商用计划		2025 年,与 GAIA 组件结合	2023 年,与 ADOPT 结合; 2027 年,与 U_3Si_2 燃料结合

2) FeCrAl 包壳[28-29]

FeCrAl 系列合金具有较好的高温抗氧化性能,已经广泛应用于很多行业。铁素体 FeCrAl 合金在高温蒸气氧化过程中其表面会生成致密稳定的氧化物,能够防止合金进一步氧化,具有较好的抗氧化性,并在正常运行工况以及事故工况下具有优良的力学性能,从而成为 ATF 包壳的候选材料之一。开展 FeCrAl 合金包壳研发的国家主要有美国、日本、韩国和中国,以 FeCrAl 合金包壳和 FeCrAl - ODS 合金包壳 2 条技术路线为主。

对于 FeCrAl 包壳,主要存在以下难点与挑战:一是相比于锆合金,FeCrAl 合金的中子吸收截面较大;二是 FeCrAl 合金的氚迁移率较大。氚是一种裂变产物,FeCrAl 合金和锆合金类似,都不与氢反应生成稳定的氢化物,而 FeCrAl 合金较高的氚迁移率会导致氚从包壳渗透进入冷却剂中。

制造加工技术不是目前 FeCrAl 合金主要的应用困难,现有的研究已经表明,传统金属类材料的机械加工技术(轧制、挤压和焊接等)都适用于 FeCrAl 合金材料。作为体心立方铁基合金,FeCrAl 合金的辐照硬化和脆化情况较为严重,获取完整的 FeCrAl 合金材料性能检测数据是当前重要的研究内容。美国通用公司在 2018 年实现了 FeCrAl 包壳入商用堆辐照。入堆辐照的 FeCrAl 包壳包含了 2 种类型:AMPT 型(ODS 的 Fe - 21Cr - 5Al - 3Mo)和 C26M 型(Fe - 12Cr - 6Al - 2Mo - 0.3Y)。与 UO_2 燃料结合的 FeCrAl 包壳先导燃料棒,在 2019 年 12 月入商用堆 Exelon's Clinton 辐照。同时,美国能源局计划在 2022 年,开展采用 FeCrAl 包壳的先导燃料组件进入商用堆辐照。

3) SiC/SiC 复合包壳[30]

SiC 具有很高的高温强度,在 1 600 ℃下仍可保持相当高的抗弯强度,耐热性能优于其他陶瓷。SiC 没有熔点,在 2 830 ℃下发生热分解,变成富硅的气体和固态的碳。SiC 有 2 种晶型:α - SiC 为高温晶型,六方结构;β - SiC 为低温晶型,立方结构。与其他陶瓷一样,SiC 是一种脆性材料,单质 SiC 难以承受反应堆运行中的 PCMI,并可能在热循环中发生疲劳断裂。为此,需要采取一定措施来提高 SiC 韧性,目前主要的研究方向是 SiC 纤维增韧 SiC 基复合包壳(即 SiC/SiC)。

SiC/SiC 复合包壳由 SiC 纤维、多晶 β - SiC 单质基体和界面相组成。某些设计中为了增强材料气密性还加入了金属衬层。对 SiC/SiC 复合包壳整体的性能来说,SiC 纤维、界面相和 SiC 基体的性能都非常重要:① SiC 纤维是增加复合包壳韧性的关键,其生产工艺比较复杂;② 界面相多为热解碳(PyC)、氮化硼(BN)或两者的多层材料,因为其本身为层状结构且具有一定的物理厚度,促使裂纹在与该层物质发生作用时发生扩展方向的改变,从而避免了 SiC 纤维的断裂,使得复合材料整体表现为伪塑性行为,材料的破坏不再是瞬时断裂;③ SiC 单质基体的主要作用是屏障放射性裂变产物,特别是气态裂变产物 Kr、Xe 的渗透。

此外,SiC/SiC 复合包壳还具有小的中子吸收截面、优良的耐辐照性能。这些优良特性使得 SiC/SiC 复合包壳成为 ATF 包壳的重要候选材料。尽管复合包壳具有很多优势,但要在轻水堆中实现应用,还存在如下问题需要解决:

(1) SiC 纤维及复合包壳的制造问题。SiC 纤维的生产工艺十分复杂,目前仅有日本 2 家公司可以提供辐照性能稳定的核应用级 SiC 纤维。此外,将 SiC 纤维编织成包壳预成型件(即纤维编织体)的工艺复杂。常用的纤维编织结构包括绕丝法、二维编织法、三维编织法(四向、五向和六向)等,纤维编织结构的不同对于复合材料的力学性能、各向异性等都有显著影响。由于 SiC 陶瓷可焊性差,因此需要开发具有高气密性及足够强度的包壳管与端塞的连接工艺。

(2) SiC 与水在正常运行工况下的相容性问题。在压水反应堆(PWR)水质下,如果不控制冷却剂中的溶解氢含量,则 SiC 腐蚀减重不容忽视。国际上已针对缓解 SiC 溶解速率的技术方案开展了广泛研究,解决方案包括涂层、特殊表面处理以及调整水的化学成分等。

参考文献

[1]　YAN B H. Review of the nuclear reactor thermal hydraulic research in ocean motions[J]. Nuclear Engineering & Design, 2017, 313: 370 - 385.

[2]　马建,李隆键,黄彦平,等.海洋条件下舰船反应堆热工水力特性研究现状[J].核动力工程,2011,32(2): 91 - 96.

[3]　ISHIDA I, KUSUNOKI T, MURATA H, et al. Thermal-hydraulic behavior of a marine reactor during oscillations[J]. Nuclear Engineering & Design, 1990, 120 (2/3): 213 - 225.

[4]　ISHIDA T, KUSUNOKI T, OCHIAI M, et al. Effects by sea wave on thermal hydraulics of marine reactor system[J]. Journal of Nuclear Science & Technology, 1995, 32 (8): 740 - 751.

[5]　ISHIDA T, YORITSUNE T. Effects of ship motions on natural circulation of deep sea research reactor DRX [J]. Nuclear Engineering & Design, 2002, 215 (1): 51 - 67.

[6]　谭长禄,张虹,赵华.基于 RELAP5 的海洋条件下反应堆热工水力系统分析程序开发[J].核动力工程,2009,30(6): 53 - 56.

[7]　谭长禄,张虹.核反应堆系统设计实验室年会论文集[C].成都:核动力工程杂志社,2010.

［8］ 高璞珍,刘顺隆,王兆祥. 纵摇和横摇对自然循环的影响［J］. 核动力工程,1999,20(3)：36－39.

［9］ 鄢炳火,于雷,张杨伟,等. 海洋条件下核动力装置自然循环流动特性的无量纲分析［J］. 核动力工程,2009,30(1)：36－39.

［10］ LU D, XIAO Z, CHEN B. A new method to derive one set of scaling criteria for reactor natural circulation at single and two-phase conditions［J］. Nuclear Engineering & Design, 2010,240(11)：3851－3861.

［11］ 封贝贝,杨星团,姜胜耀. 起伏强度和周期对自然循环流动特性的影响［J］. 哈尔滨工程大学学报,2015,36(4)：448－451.

［12］ 姜胜耀,杨星团,宫厚军,等. 起伏因素影响自然循环流动的机理分析［J］. 原子能科学技术,2009,43(增刊1)：92－96.

［13］ WU H W, LAU C T. Unsteady turbulent heat transfer of mixed convection in a reciprocating circular ribbed channel［J］. International Journal of Heat & Mass Transfer, 2005, 48 (13)：2708－2721.

［14］ WANG X, ZHANG N. Numerical analysis of heat transfer in pulsating turbulent flow in a pipe［J］. International Journal of Heat & Mass Transfer, 2005, 48 (19)：3957－3970.

［15］ 黄振,高璞珍,谭思超,等. 摇摆对传热影响的机理分析［J］. 核动力工程,2010(3)：52－56.

［16］ 高璞珍,庞凤阁,刘殊一,等. 倾斜对强迫循环和自然循环影响的比较［J］. 核科学与工程,1997,17(2)：88－92.

［17］ 高璞珍,王兆祥,刘顺隆. 起伏对强制循环和自然循环的影响［J］. 核科学与工程,1999,19(2)：26－30.

［18］ PASAMEHMETOGLU K, MASSARA S, COSTA D, et al. State-of-the-art report on light water reactor accident-tolerant fuels［R］. Paris：Organisation for economic co-operation and development, 2018.

［19］ LEENAERS A, DE TOLLENAERE L, DELAFOY C, et al. On the solubility of chromium sesquioxide in uranium dioxide fuel［J］. Journal of Nuclear Materials, 2003, 317(1)：62－68.

［20］ CARDINAELS T, GOVERS K, VOS B, et al. Chromia doped UO_2 fuel：investigation of the lattice parameter［J］. Journal of Nuclear Materials, 2012, 424(1/2/3)：252－260.

［21］ ROBERT O, ZESES K, PENG X, et al. The proceedings of top fuel 2019,Seattle, 2019［C］. La grange park：Amecican nuclear society, 2019.

［22］ REBEYROLLE V, VIOUJARD N, SCHOLER A C. The proceedings of top fuel 2019,Seattle, 2019［C］. La grange park：Amecican nuclear society, 2019.

［23］ KIM D J, RHEE Y W, KIM J H, et al. Fabrication of micro-cell UO_2-Mo pellet with enhanced thermal conductivity［J］. Journal of Nuclear Materials, 2015, 462：289－295.

［24］ TERRANI K A, KIGGANS J O, KATOH Y, et al. Fabrication and characterization of fully ceramic microencapsulated fuels [J]. Journal of Nuclear Materials, 2012, 426(1/2/3): 268 - 276.

[25] TERRANI K A, KIGGANS J O, SILVA C M, et al. Progress on matrix SiC processing and properties for fully ceramic microencapsulated fuel form[J]. Journal of Nuclear Materials, 2015, 457: 9 - 17.

[26] BRACHET J C, IDARRAGA-TRUJILLO I, FLEM M L, et al. Early studies on Cr-coated zircaloy-4 as enhanced accident tolerant nuclear fuel claddings for light water reactors[J]. Journal of Nuclear Materials, 2019, 517: 268 - 285.

[27] BISCHOFF J, DELAFOY C, VAUGLIN C, et al. Arevanp's enhanced accident-tolerant fuel developments: focus on Cr-coated m5 cladding[J]. Nuclear Engineering and Technology, 2018, 50(2): 223 - 228.

[28] ZINKLE S J, TERRANI K A, GEHIN J C, et al. Accident tolerant fuels for lwrs: a perspective[J]. Journal of Nuclear Materials, 2014, 448(1/2/3): 374 - 379.

[29] KIM H G, YANG J H, KIM W J, et al. Development status of accident-tolerant fuel for light water reactors in Korea[J]. Nuclear Engineering and Technology, 2016, 48(1): 1 - 15.

[30] SNEAD L L, VENNERI F, KIM Y, et al. Fully ceramic microencapsulated fuels: a transformational technology for present and next generation reactors — properties and fabrication of FCM fuel[J]. Transactions of the American Nuclear Society, 2011, 104: 1 - 6.

第9章
海洋核动力平台布置型式及
发展趋势

海洋核动力平台反应堆通常为压水反应堆(PWR)。压水反应堆按照其反应堆冷却剂系统的布置方式分为分散布置、紧凑布置以及一体化布置。采用何种布置方式一般由反应堆的用途、使用条件等特点，以及工业发展水平等决定。

本书2.1节"海洋核动力平台的特点"，详细描述了海洋核动力平台的特点，根据上述内容，其反应堆的布置方式需尽量满足并有利于下述需求。

(1) 保持机动性及高可靠性的需求。海洋核动力平台主要为舰船提供动力，如核动力破冰船、核动力深海装置等，需要在复杂多变的海洋条件下保持持续的动力，即保持机动性，因此需要提高核动力装置系统和设备的可靠性。系统简化是实现可靠性的重要途径和手段之一，高自然循环能力可以保证良好的机动性。

(2) 布置紧凑、质量轻的需求。由于舰船总体对空间及质量、重心有严苛的要求，故海洋条件下的核动力装置对空间及质量、重心也有严苛的要求，即要求布置紧凑、质量轻、稳定性好。布置紧凑的需求主要体现在尽量减小反应堆安全厂房直径(反应堆安全厂房体通常布置为卧式)。

(3) 消除大破口失水事故的需求。大破口失水事故发生后，反应堆冷却剂快速从系统喷出，堆芯短时间裸露，为了保证堆芯安全，对安全注射系统配置要求较高。此外，高温高压的反应堆冷却剂瞬间大量喷放到反应堆安全厂房，会造成反应堆安全厂房压力温度快速上升，为了保证反应堆安全厂房的完整性，需要较大的反应堆安全厂房容积，或设置反应堆安全厂房降压排热系统。这与实现海洋核动力平台的布置紧凑、质量轻及稳定性好的要求相矛盾。因此，海洋核动力平台存在消除大破口失水事故的应用需求。

9.1 反应堆冷却剂系统简介

压水反应堆冷却剂系统由反应堆、反应堆冷却剂泵、稳压器、蒸汽发生器和相应的管道、仪表组成。

9.1.1 系统功能及设计要求

压水反应堆冷却剂系统正常运行时,具有如下功能:① 反应堆冷却剂(RCP)系统将热量从反应堆堆芯传送到蒸汽发生器,然后由蒸汽发生器传递给二回路系统;② 反应堆内的冷却剂作为中子慢化剂,使中子速度降低到热中子的范畴;③ 为了防止不利于传热的偏离泡核沸腾,由稳压器控制反应堆冷却剂系统压力;④ 反应堆正常停堆或紧急停堆时,参与堆芯余热和设备潜热的排出。

反应堆冷却剂系统还具有如下安全功能:① 系统的压力边界作为一道屏障,防止放射性物质向舱室环境泄漏;② 在各种异常工况或事故工况下,系统为堆芯冷却提供条件。

图 9-1 为反应堆冷却剂系统基本工作原理图。反应堆冷却剂由反应堆冷却剂主泵驱动实现强迫循环,反应堆冷却剂由下至上流过堆芯,在堆芯内作

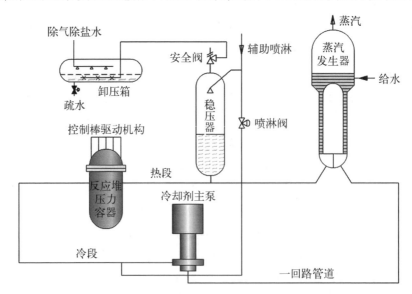

图 9-1 反应堆冷却剂系统基本工作原理图

为中子慢化剂将中子速度降到热中子范畴,并将燃料产生的热量带出堆芯,经过蒸汽发生器一次侧,通过蒸汽发生器传热管将堆芯热量导出给蒸汽发生器二次侧。

海洋核动力平台反应堆冷却剂系统的一般设计要求如下:

(1) 应满足系统功能要求及核动力装置总体性能要求。

(2) 在正常运行和中等频率事故工况下,系统的传热能力应确保燃料元件不损坏,并应保证反应堆冷却剂系统压力边界的完整性;在更严重的事故工况下,系统能够为堆芯提供冷却条件,保证事故工况不超过限制准则要求。

(3) 应具有足够的自然循环能力。在反应堆冷却剂泵不能运行时,依靠系统的自然循环能力通过蒸汽发生器或其他排热手段排出反应堆余热,保证燃料元件温度不超过限值,反应堆冷却剂系统的压力温度不超过限值。

(4) 系统布置应充分考虑设备、管道、阀门和支承件在安装、运行、维修、在役检查和更换核燃料时的可达性和可操作性,同时要尽量减小舱室尺寸。

(5) 系统设计需满足冗余要求,并保证各冗余环路、各设备能独立工作。

9.1.2　系统组成及布置

反应堆冷却剂系统的设计首先应满足系统的功能要求、设计要求以及反应堆的总体性能要求等,遵照有关标准和规范,合理配置主设备(包括设备的结构型式和性能参数),确定系统的布置型式。主设备的配置与系统布置型式互相影响。反应堆冷却剂系统的布置型式分为分散型布置(也称分散布置)、紧凑型布置(也称紧凑布置)以及一体化布置。这三种反应堆冷却剂系统布置方式各有不同的特点,适用于不同的场所或用途,没有绝对的优劣之分。

反应堆冷却剂系统主设备通常由反应堆压力容器、蒸汽发生器、稳压器、反应堆冷却剂泵等主设备以及连接主设备的管道等组成。连接各设备的管道型式与反应堆冷却剂系统布置型式有关(详见 9.2 节),例如:回路式分散布置由 2 条或 2 条以上环路组成,每条环路包括蒸汽发生器、反应堆冷却剂泵以及连接上述设备的主管道等组成;紧凑布置通过短管或特殊结构紧密连接布置在一起;一体化布置则取消了主管道。

如图 9-2 所示为典型的两环路反应堆冷却剂系统流程图。系统由 2 条或 2 条以上连接到反应堆压力容器的环路组成,环路对称布置。每个环路包括 1 台蒸汽发生器、1～2 台反应堆冷却剂泵。反应堆冷却剂由反应堆冷却剂泵驱动,依靠反应堆冷却剂泵的运行实现强迫循环,反应堆冷却剂由下至上流过堆芯,被燃料元件加热后流出堆芯,经过蒸汽发生器一次侧,通过蒸汽发生器传热管将堆芯热量导出给蒸汽发生器二次侧,冷却剂流出蒸汽发生器后返回反应堆冷却剂泵吸入口。反应堆冷却剂系统还设置有 1 台稳压器,实现反应堆冷却剂系统压力的调节、控制和保护。

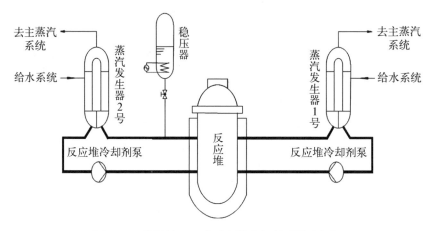

图 9-2 典型的两环路反应堆冷却剂系统流程图

9.2 布置方式简介

压水反应堆的布置方式即反应堆冷却剂系统的布置方式,其取决于反应堆的用途、厂址、功能、目标等。

9.2.1 分散布置

传统的反应堆冷却剂系统多数采用分散布置。分散布置的反应堆冷却剂系统通常由 2 条或 2 条以上对称布置的环路组成。每条环路有 1～2 台反应堆冷却剂泵和 1 台蒸汽发生器,由管道、阀门等将反应堆压力容器、蒸汽发生器、主泵等连接起来。稳压器设置在其中一条环路的热段。反应堆压力容器、反应堆冷却剂环路、蒸汽发生器(热交换器)、反应堆冷却剂泵和稳压器相互独立。目前大多数海洋核动力平台反应堆,尤其是国外的船用反应堆多采用此种布置方式。例如苏联的列宁号破冰船、日本的陆奥号核商船以及美国的萨瓦纳号核商船等。

图 9-3 为反应堆冷却剂系统三环路分散布置图。如图 9-3 所示,分散式

布置每个环路的冷却剂流程一般为反应堆冷却剂在堆芯自下向上流动并被加热后,从堆芯上部的反应堆出口分别经由2条环路的热段进入各自对应的蒸汽发生器一次侧,在流过蒸汽发生器的传热管时,将热量传递给二次侧给水并使之产生蒸汽供二回路使用。被二回路给水冷却的反应堆冷却剂离开蒸汽发生器,经由过渡段返回到反应堆冷却剂泵的入口,分别由每条环路的反应堆冷却剂泵驱动,从环路的冷段进入反应堆,在反应堆压力容器和堆内构件之间的下降环腔自上往下流动至压力容器下腔室,在下腔室搅混后折向向上进入堆芯并从下向上通过堆芯,冷却剂被再次加热后离开堆芯从而形成持续的闭式循环。

1—反应堆压力容器;2—蒸汽发生器;3—稳压器;4—反应堆冷却剂泵。

图 9 - 3　反应堆冷却剂系统分散布置图(三环路反应堆)

分散布置压水堆有着几十年的运行经验,其优点如下:① 设计简单,技术成熟可靠;② 分散布置的反应堆冷却剂系统由于其单个主设备是相互独立体,因此维修和现役检查的可达性好、拓展性好,对设备可靠性的要求相对较低等;③ 分散布置反应堆可以达到较高的功率,满足核电站的经济性要求。

分散布置的缺点和不足如下:① 一回路系统复杂、连接管道长,存在失水事故发生的可能性,因此,对抗失水事故的应急堆芯冷却系统要求较高,需要更多的空间、水资源、电力资源的支持;② 主要设备分散布置,增大了装置的体积和质量;③ 连接主设备的环路管道长、阀门多,环路阻力较大,使得反应堆冷却剂系统自然循环能力较低；④ 分散布置的反应堆压力容器、蒸汽发生器、反应堆冷却剂泵全是相对固定不动的，因此需要考虑连接各设备的管道的热膨胀影响。

9.2.2 紧凑布置

紧凑布置是指蒸汽发生器、反应堆冷却剂泵、稳压器等各主要设备通过短管紧密布置在压力容器周围。紧凑布置也适用于反应堆冷却剂环路，其各主设备[反应堆压力容器、蒸汽发生器（热交换器）、反应堆冷却剂泵和稳压器]是相互独立的，但与分散布置主设备间较长的连接管道不同，紧凑布置的环路通常为短管设计，各设备之间由较短的双层套管连接。

图 9-4 为典型紧凑布置反应堆冷却剂系统布置示意图。如图所示，紧凑布置每个环路的冷却剂流程一般为反应堆冷却剂在堆芯自下向上流动并被加热后，通过连接压力容器和蒸汽发生器的双层套管的内管流入直流蒸汽发生器一次侧，经蒸汽发生器换热后，进入反应堆冷却剂泵，被反应堆冷却剂泵驱动后，流入蒸汽发生器底部，经过蒸汽发生器和压力容器相连的双层套管外部环腔进入压力容器下降段和下腔室，在下腔室搅混后折向向上进入堆芯并从下向上通过堆芯，被再次加热后离开堆芯从而形成持续的闭式循环。

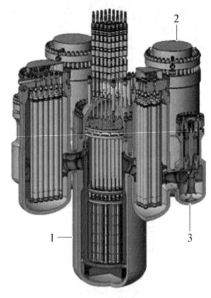

1—反应堆压力容器；2—蒸汽发生器；3—反应堆冷却剂泵。

图 9-4 典型紧凑布置反应堆冷却剂系统示意图

紧凑型布置的优点如下：① 系统简化、布置紧凑、体积较小、质量较轻。② 由于各主要设备由短管连接，使得系统阻力较小，有利于提高反应堆自然循环能力。③ 双层套管连接方式从设计上消除了大破口事故工况，降低了对安全注射系统以及反应堆安全厂房系统的需求。④ 各设备互相独立，方便安装、运行和维修。维修和现役检查的可达性好、拓展性好，对设备可靠性的要求相对较低。⑤ 由于降低了反应堆冷却剂系统整体的布置空间需求和质量，从而降低了反应堆安全厂房尺寸要求。

紧凑布置的缺点和不足如下：① 由于其蒸汽发生器等主设备与反应堆压力容器紧凑连接，将给屏蔽布置带来一些困难和问题；② 一回路冷却剂装量少，一次侧应对冷却剂热膨胀的能力减弱，增大了反应堆冷却剂系统超压风险；③ 紧凑布置的连接各设备的管道均为短管，无法考虑连接管的热补偿，要设计特殊结构使得蒸汽发生器、反应堆冷却剂泵与反应堆压力容器之间存在滑动，以补偿管道受热膨胀的影响。

9.2.3 一体化布置

一体化布置反应堆是将蒸汽发生器、反应堆冷却剂泵等主设备与反应堆压力容器进行一体化组合。常见的一体化布置有两种型式，一种是半一体化布置：将蒸汽发生器置于反应堆压力容器内，将稳压器、反应堆冷却剂泵等主设备与反应堆压力容器直接相连的一体化组合。另一种是全一体化布置：将蒸汽发生器、稳压器等主设备置于反应堆压力容器内，将反应堆冷却剂泵与反应堆压力容器直接相连的一体化组合。

图 9-5 为典型的半一体化布置的结构示意图[1]。如图所示，一体化布置反应堆冷却剂流程一般为反应堆冷却剂在堆芯自下向上流动并被加热后，向上进入置于压力容器顶部

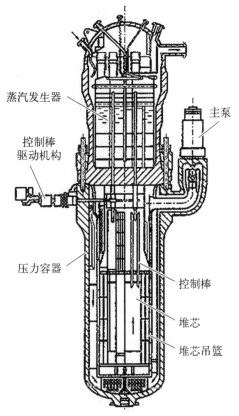

图 9-5 典型的半一体化布置结构示意图

的蒸汽发生器进口环腔,流入蒸汽发生器传热管束的一次侧,在蒸汽发生器换热后,冷却后的反应堆冷却剂由双层套管外管进入外置于压力容器并与压力容器紧密相连的反应堆冷却剂泵,被反应堆冷却剂泵驱动后通过双层套管内管进入压力容器环腔和下腔室,在下腔室搅混后折向向上进入堆芯并从下向上通过堆芯,冷却剂被再次加热后离开堆芯从而形成持续的闭式循环。

图9-6为全一体化布置的小型模块式反应堆(SMR)剖面示意图。如图所示,所有的主设备,包括蒸汽发生器、稳压器和控制棒驱动机构均布置在压力容器内。其失水事故的最大破口为与一回路相连的辅助系统接管破口。

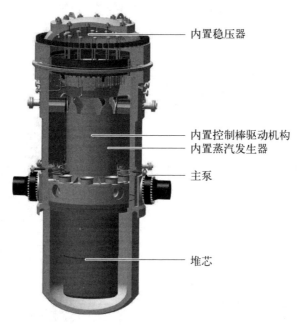

内置稳压器

内置控制棒驱动机构
内置蒸汽发生器

主泵

堆芯

图9-6 全一体化布置的反应堆剖面示意图

一体化布置反应堆优点如下:① 一体化布置比紧凑布置结构更加简化、布置更加紧凑、体积更小、质量更轻。② 蒸汽发生器内置于压力容器,取消了连接蒸汽发生器与压力容器的主管道;外置于压力容器的各主要设备由短管与压力容器相连。因此,系统流动阻力较小,有利于提高反应堆自然循环能力。③ 将蒸汽发生器置于压力容器最上部,在减小空间的前提下,实现冷热心位差的最大化以提升有限空间的自然循环能力。④ 外置的反应堆冷却剂泵通常由双层套管与反应堆压力容器相连,从设计上消除了大破口事故,降低了对安全注射系统以及安全厂房系统的需求参数。⑤ 系统采用模块化设计制造,便于安装。⑥ 与紧凑布置相比,进一步减小了反应堆安全厂房尺寸。

一体化布置反应堆缺点如下:① 一体化反应堆,尤其是全一体化反应堆把蒸汽发生器、稳压器等主设备置于压力容器内,将反应堆冷却剂系统主要设备进行了高度集成,压力容器内部结构复杂,使得一体化反应堆设备的在役检查、维护和更换较困难,对设备的运行可靠性要求高。② 相关设备在反应堆压力容器内高度集成,因此对设备有更高质量可靠性和技术成熟度的要求。③ 一回路冷却剂装量少,一次侧应对冷却剂温度压力自调节的能力减弱,增大了反应堆冷却剂系统超压风险。

9.3 海洋核动力平台布置要求及发展趋势

反应堆冷却剂系统的布置将直接影响反应堆冷却剂系统的性能,如自然循环能力、初因事件、应对事故能力等,进而影响反应堆安全性、机动性及平台的总体性能。海洋核动力平台布置发展大概经历了3种布置型式:分散型布置、紧凑型布置以及一体化布置。其中,分散布置和紧凑布置都是回路型布置。

海洋核动力平台整体的安全性和先进性很大程度上取决于反应堆冷却剂系统的设计、布置,反应堆冷却剂系统的布置极大地影响着海洋核动力平台整体的质量、外形尺寸等。

如9.2节所述,分散型布置、紧凑型布置和一体化布置这3种布置方式都有自身的优缺点,并没有绝对的好坏之分。一个反应堆选择哪种布置方式,与研制技术水平、工业水平等外在因素有关,但更多地取决于由反应堆的用途、运行环境、参数要求等决定的反应堆自身特点。海洋核动力平台的特点决定其布置方式3个方面的追求:系统简化、高自然循环能力以及消除大破口失水事故。海洋核动力平台的发展一直向着这3个方向不懈地努力。

9.3.1 海洋核动力平台布置要求

海洋核动力平台面积容积有限,但"麻雀虽小,五脏俱全",平台需要在有限的面积容积里布置下与陆上核电站几乎一样多的内容,因此海洋核动力平台的设计既要满足陆上核电站的标准要求,又要保证海洋核动力平台的设计特点和要求。

(1)追求系统简化。系统简化是指在保证核动力装置功能、安全等指标的前提下,通过系统功能兼顾、设备共用等技术,尽可能地减少系统和设备数量。

系统、设备数量的减少,有利于实现模块化设计建造;同时,通过系统、设备数量的减少,可以降低系统操纵难度及误动概率,最终提高装置可靠性和机动性。

系统、设备数量的减少,将大幅缩减舱室尺寸需求,有利于核动力装置小型化、轻量化。

(2)追求高的反应堆自然循环能力。自然循环是指不依赖主泵驱动,利用反应堆冷却剂回路中冷热流体之间的位差和密度差,在重力作用下产生的驱动力,使反应堆冷却剂循环流动,带出堆芯热量,实现能量转换。

核动力装置自然循环能力越高,自然循环工况能达到的运行功率就越大,就越有利于保持反应堆发挥功能和保障安全,即当供电系统或主泵发生故障时,依靠自然循环冷却堆芯,带出释热,在为平台提供一定功率的同时能提高反应堆的安全性,降低系统对供电可靠性的依赖程度。但也并非自然循环能力越高越好,太高的自然循环能力可能对反应堆与蒸汽发生器之间冷热芯位差提出要求,这会影响到平台重心和稳心的设计。

(3)追求消除大破口失水事故的系统设计。海洋核动力平台要求空间小、质量轻,在小空间的反应堆安全厂房里发生大破口失水事故时,往往要求安全厂房容积大壁厚,但这又与海洋核动力平台体积小、质量轻的要求相矛盾。在设计上消除大破口失水事故的核动力平台大幅缩减了对安全厂房尺寸的需求,减小了安全厂房质量,降低和简化了对安全厂房降压冷却系统及应急堆芯冷却系统的要求。

9.3.2 海洋条件核动力装置布置的发展趋势

最初的海洋核动力平台基本都采用分散布置,例如苏联的列宁号破冰船、美国的萨瓦纳号核动力商船、日本的陆奥号核动力商船。随着工业能力和设计能力的发展和进步,紧凑布置及一体化布置反应堆以其系统简化、结构紧凑、可使装置体积小、质量轻、安全性高等优点而受到青睐。越来越多的国家已采用或正在研究紧凑布置或一体化布置的海洋核动力平台,以更好地满足海洋核动力平台的特点及要求。紧凑布置和一体化布置是海洋核动力平台布置的发展趋势。

1954 年,美国第一艘也是世界第一艘核动力潜艇鹦鹉螺号下水,鹦鹉螺号采用分散布置反应堆。美国于 1959 年提出了一体化反应堆概念,1961 年开始研究海洋条件下的自然循环压水堆。

1957 年苏联第一代船用核动力装置列宁号破冰船下水,其堆型为分散布置反应堆,苏联的第二代船用核动力装置为采用紧凑布置形式,苏联的第三代船用核动力装置为布置更加紧凑的核动力装置。苏联从 1981 年开始研制全自然循环一体化压水堆核动力装置。在船用堆的基础上,俄罗斯开发了全自然循环压水堆 ABV-6M。ABV-6M 是俄罗斯自然循环一体化压水堆设计的典型代表,也是目前世界上最紧凑的全自然循环一体化压水堆。

日本是一个海洋国家,经济发达,资源匮乏,从长远考虑,它具有发展核动力商船、海洋考察船、深海探测船(器)、破冰船以及潜水船(艇)的需求。从 1980 年开始,日本不仅成功研发了大功率一体化船用压水堆(MRX),并且先后开发出用于下潜 6 000 m 的深海科学调查船用反应堆 DRX 和小型潜水反应堆 SCR,DRX 和 SCR 为全自然循环一体化压水堆。

一体化反应堆体积小、质量轻、设备布置紧凑,特别适合于中小型核电站和船舶核动力装置。从美、法、俄、日等国核动力装置的发展可以看出,越来越多的海洋核动力平台采用紧凑布置或一体化布置,反应堆一体化布置及紧凑布置反应堆已经成为海洋核动力平台的发展趋势。

总之,海洋核动力平台正朝着一体化、模块化和消除平台外应急的方向发展。

参考文献

[1] 彭敏俊. 船舶核动力装置[M]. 北京:中国原子能出版社,2009.

第 10 章
严重事故预防与缓解

　　海洋核动力平台在设计、建造及运行的各个环节都遵循一系列安全原则，以确保实现反应堆故障工况下三大安全功能的实现，即反应性控制、堆芯余热有效导出以及放射性产物的包容。针对实际运行过程中可能发生的事故，设计上要求针对不同事故类型，设置若干专门的安全设施阻止事故升级，使反应堆尽快恢复至安全状态。专设系统容量是基于设计基准事故的确定论安全分析结果，同时考虑了单一故障准则予以确认的。在某些低概率事故下，安全专设可能出现多重故障导致三大安全功能无法实现，导致堆芯持续升温并损坏，严重时可能发生大面积堆芯熔化，这类事故称为严重事故。若不及时有效终止事故进程，堆芯熔融物可能熔穿第 2 道放射性屏障——压力容器，并进入船体。船舱内的蒸汽爆炸、可燃气体燃爆等复杂热工水力过程可能引起超压，导致船舱结构完整性丧失，放射性物质进入环境。

　　虽然严重事故发生概率很低，但事故造成的后果和不良影响极大，因此海洋核动力平台必须首先考虑事故的预防，对于预防措施失效情况下的极端情形，则必须采用必要的缓解策略，将放射性物质扩散的危害降至最低。对于陆上核设施而言，专设系统的冗余安全设计、系统外部及厂内相对充分的事故应对资源等条件可终止或延缓超设计基准事故向严重事故的发展进程。对于海洋核动力平台而言，离岸孤岛运行、有限的外部辅助资源决定了实际可采用的事故干预手段有限，在这种客观条件下，应当积极研究拓展海洋核动力平台现有系统设备的安全功能，并充分发挥海洋环境的优势，以提升平台对严重事故的预防及缓解能力。海洋核动力平台完全可以通过多种措施来避免严重事故发生，其较陆上核电站更不易发生严重事故。本章仅从现象、预防和缓解等方面对严重事故相关"知识"予以介绍。

10.1 反应堆严重事故现象及过程

核反应堆设计中,考虑了各种各样的始发事件,但一般仅考虑设备或系统单一故障。某些概率很低的核反应堆状态,可能由设备或系统的多重故障引起,并导致堆芯状态明显恶化,它们可能危及多层或所有用于防止放射性物质释放屏障的完整性。这类事件序列的总和被称为严重事故。业界对于核反应堆严重事故的全面重视始于 1979 年三哩岛事故,此后开展了大量实验和理论研究,并在此基础上提出了众多严重事故分析模型和程序,但由于严重事故是一个"多组分、多相态、多物理场"的"复杂耦合过程"[1],对严重事故关键机理现象的认知尚待持续深入,因此对事故演变过程的预测也具有较大的不确定性。

10.1.1 严重事故基本概念

按照严重事故的发展进程,其过程大体可分为压力容器内和压力容器外两个发展过程,主要是以压力容器是否能够保证其完整性从而包容放射性物质继续向安全壳内扩散为依据。

压力容器内的严重事故主要序列包括以下内容。

(1)高温氧化及锆水反应:当堆芯内的含锆成分材料温度上升到一定程度时,材料与水蒸气发生剧烈的化学反应,产生金属氧化物、释放出氢气并产生大量热量的过程。氧化过程对材料本身的力学性能和外部的流动换热有较大影响。

(2)堆芯熔化:堆芯损伤状态从氧化到堆芯熔融的恶化过程。其间伴随着大量能量释放,从而导致燃料芯块、包壳以及控制棒材料熔化,堆芯几何结构逐步丧失。预防和缓解堆芯降级进程是严重事故管理的重要内容。

(3)熔融物形成及迁移:随着堆芯损伤进程的发展,反应堆燃料组件、控制棒、堆内结构等出现大范围熔化,此时堆内材料,如锆、不锈钢、铪等金属与氧化铀、氧化锆等氧化物形成了一种复杂的共熔状态。熔融物在压力容器内的流动、迁移和再分布特性是由其组分和压力容器内外部冷却特性所决定的。如何描述熔融物在压力容器内的行为,特别是熔融物的冷却机制,是分析熔融物特性的重点内容。

压力容器外部的严重事故主要序列包括以下内容。

（1）熔融物-堆腔材料反应：随着堆芯熔融物聚集在压力容器下封头形成碎片床或熔池，一旦衰变热无法通过压力容器下封头被有效带走，则会导致下封头融穿或蠕变破裂失效。堆芯熔融物将进入反应堆安全厂房或船舱，并与反应堆安全厂房底部的混凝土或者船堆腔底部金属材料发生反应，产生大量不凝结气体，导致腔内压力快速升高，进而威胁舱室完整性。

（2）蒸汽爆炸：高温堆芯熔融物熔穿压力容器下封头之后也可能与堆腔内的冷却剂接触，随即发生燃料熔融物与冷却剂相互作用（fuel and coolant interaction，FCI），短时间内引起蒸汽爆炸，产生的冲击波可能直接威胁堆腔及内部构筑物的完整性，导致最后一道安全屏障失效。

（3）氢气燃爆：锆水反应产生的氢气通过一回路破口喷放进入反应堆安全厂房后与其他气体的可燃混合物从被点燃、火焰加速，经快速的爆燃转爆轰后形成爆轰冲击波的现象。氢气燃爆过程中释放出的化学反应热会加热燃烧产物、构筑物以及附近的系统及设备等，爆轰冲击波更是对所接触的结构和设备产生强烈力学作用。这些过程都可能对放射性裂变产物的包容屏障和缓解其释放过程与后果的系统带来不利影响。

10.1.2　严重事故重要现象

核反应堆的严重事故主要现象如图 10-1 所示，包括：① 堆芯氧化及熔融现象。由于反应堆失水，堆芯温度持续上升，将造成燃料元件和其他部件过

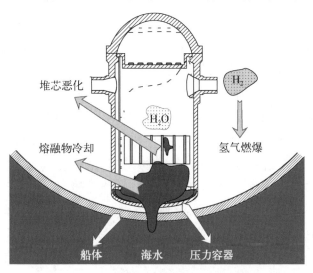

图 10-1　核反应堆严重事故主要现象示意图

热、氧化及熔融,使堆芯状态开始恶化。② 堆芯熔融物冷却现象。随着严重事故进程的发展,堆芯内形成的高温熔融物将进入压力容器下封头,由于压力容器下部有残余的水,压力容器外部也可能有冷却水,堆内熔融物与下封头之间会形成窄缝,熔融物将开始冷却。若得不到足够冷却,熔融物将继续向下移动,熔穿压力容器和反应堆安全厂房,并最终进入海水中。③ 反应堆安全厂房内氢气燃爆现象。堆芯材料氧化形成的可燃气体氢气进入安全厂房,当氢气积聚到一定浓度,可能会发生燃爆,危及安全厂房完整性。

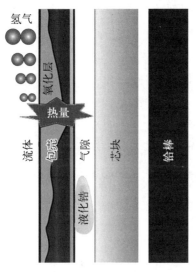

图 10 - 2　堆芯材料氧化及熔融迁移现象示意图

堆芯材料氧化及熔融迁移现象如图 10 - 2 所示,包括:① 堆芯材料高温氧化。细棒型燃料元件堆芯温度持续上升时,堆芯材料将与水蒸气发生剧烈的化学反应,产生金属氧化层,释放出氢气,并产生大量热量。材料的高温氧化一方面可能使结构脆化甚至失效,另一方面将使堆芯继续升温,并影响严重事故早期堆芯的可冷却性。② 多组分堆芯材料的熔融迁移。燃料棒元件堆芯存在锆、不锈钢、铪等高熔点金属及二氧化铀、碳化硼等物质,这些物质在高温情况下的熔融特性将影响核反应堆严重事故早期的进程。

熔融物冷却的具体现象如图 10 - 3 所示,包括:① 熔融物与下封头之间形成窄缝。由于熔融物与压力容器下封头两种材料的膨胀率不同,在两者之间可能会形成毫米级的窄缝,冷却水可通过这种窄缝对下封头进行一定冷却,因而窄缝的形成有利于保持压力容器下封头的完整性。② 压力容器内部熔融物与水的相互作用。堆芯内形成的熔融物进入压力容器下封头时,由于下封头内有残余的水,熔融物将与冷却水接触,发生破碎及氧化等复杂的物理化学过程,形成多孔结构的固态熔融物碎片床并堆积在压力容器下封头内。③ 压力容器外部狭小空间内冷却水对熔融物的冷却。堆芯内形成的熔融物进入压力容器下封头时,若压力容器外部有冷却水,则熔融物的衰变热大部分由下封头壁面导出并传给外部冷却水。如果下封头外任一壁面处的实际热流密度小于该位置的临界热流密度(即冷却水带走的热量大于熔融物传出的热量),则下封头能保持完整性;反之,下封头将被熔穿烧毁。

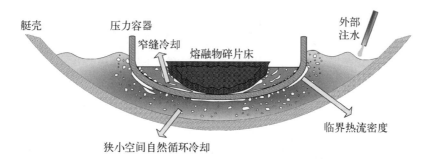

图 10‑3　熔融物冷却现象示意图

　　氢气燃爆的具体现象如图 10‑4 所示,包括:① 氢气等气体的迁移。堆芯升温、氧化和熔化过程中产生的大量水蒸气、氢气和裂变气体进入反应堆安全厂房,由于反应堆安全厂房空间狭小,结构布局具有复杂性,因而氢气等气体的流动、扩散、聚积过程具有特殊性。② 氢气的燃烧、爆燃和爆炸。反应堆安全厂房自由容积较小,严重事故下堆芯材料氧化产生的可燃气体氢气进入安全厂房,将导致氢气浓度非常高,同时大量高温水进入安全厂房,将导致安全厂房温度及压力非常高,当氢气在高温高压的安全厂房中积聚到一定浓度时,可能发生燃烧、爆燃或爆轰,对安全厂房构筑物及反应堆系统设备等带来严重冲击,危及安全厂房完整性。

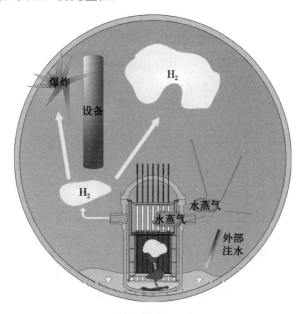

图 10‑4　氢气燃爆现象示意图

海洋核动力平台反应堆严重事故基本演化过程等方面与核电站存在一定的共性,对于海洋核动力平台而言,发生严重事故的可能性虽然极低,但可能性依然存在,因此在设计上也须考虑严重事故的预防及缓解。

10.2 严重事故的预防措施

核安全研究的目标是减少放射性物质厂外泄漏概率,并实现即使核动力装置发生严重事故时也可在技术上采用合理可行的措施减轻或缓解事故后果。在设计上,为了避免反应堆出现损坏,基于"纵深防御、多样性设计、冗余设计"等安全思想,针对维持次临界、余热导出以及放射性包容三大安全功能,以核电站为例,提出了下面的预防措施。对海洋核动力平台而言,由于其运行环境和功能特点与陆上核电站存在差异,选择预防严重事故的措施也不会相同。下列预防措施即使对陆上核电站也未必都是必需的。"必要性"和"经费投入合理性"是选择预防措施的重要标准。

1) 多样性停堆保护

多样性停堆保护主要是为了应对超设计基准事故发生后,紧急停堆功能无法实现,堆芯持续加热升温直至发生损坏的情况。导致紧急停堆功能无法实现的原因可分为两类:一是反应堆保护系统信号发生多重故障,使得紧急停堆信号无法发出或者停堆断路器拒动;二是控制棒驱动机构因机械故障等原因卡住,造成控制棒无法落入堆芯。

针对第一类故障,在保护系统设计中采用冗余测量仪表通道及多个停堆断路以满足单一故障原则。同时,为防止保护系统出现软件共模故障,还可设置多样化保护系统(DAS)。

针对第二类因机械故障引起的正常停堆系统无法投入的情况,设计上应配备驱动原理、实现方式不同于正常停堆系统的备用停堆方案,例如采用补水泵或者化容系统循环泵向一回路直接注入硼酸溶液的方式实现紧急停堆。

2) 维持一回路冷却剂装量

在发生超设计基准事故之后,若能维持一回路冷却剂系统装量,则堆芯完整性在很大程度上可得到保证。一般通过设置自动卸压系统及反应堆安全注射系统来保证一回路系统冷却剂装量。对于小破口失水事故,系统降压缓慢,事故早期安注流量难以进入堆芯,为了使得安注流量尽早进入堆芯,应在不造成原有堆芯冷却剂装量快速减少的前提下尽快降低系统压力,以低于高压安注注入压头。通常可考虑自动卸压和高压安注系统配合的方式实现堆芯补水。例如西屋公司 AP1000[2] 的 4 级自动卸压系统(ADS)。对于大、中破口失水事故,系统压力下降及堆芯冷却剂丧失速度较快,还需设计大流量的低压安注泵及堆芯补水箱等满足堆芯补水需求。发生事故后长期的堆芯水量维持主要通过安注系统再循环功能来保证。

3) 建立有效的堆芯余热导出途径

为避免超设计基准事故向严重事故方向恶化,应当建立有效的反应堆余热导出途径,可利用的策略包括利用蒸汽发生器二次侧冷却、一回路系统补水-卸压以及非能动余热排出系统。

(1) 蒸汽发生器二次侧冷却:在一回路主冷却剂泵运行的条件下,堆芯余热导入蒸汽发生器二次侧,此时可利用蒸汽发生器主给水系统启动给水、辅助给水系统配合 SG 旁排系统操作将热量导出至冷凝器或大气中。

(2) 一回路系统补水-卸压操作:若二次侧冷却完全丧失,一回路热量无法通过蒸汽发生器导出时,应考虑通过一回路系统补水-卸压的方式进行快速降压冷却,即主动间断开启稳压器安全阀进行排放带走显热,同时利用安全注射系统向一回路注入冷水。

(3) 非能动余热排出系统:在应急可靠电丧失的条件下,一回路主冷却剂泵可能无法工作,在反应堆堆芯和最终热阱之间构建一个不依赖电力的热量导出途径,对事故的缓解与处理大有裨益。首先,非能动余热排出热交换器(PRHR)系统对彻底解决长期断电带来的风险有着得天独厚的优势,例如日本的 MRX 核动力商船[3-4] 已经装备了非能动余热排出系统,在全船断电事故情况下,能起到缓解事故的作用;其次,对类似于 ATWS 等产热与排热矛盾突出的事故,非能动余热排出系统亦能在一定时间内维持反应堆系统的状态,为事故处置争取宝贵的时间。以一回路失水为先导事件的严重事故进程,对于小破口失水事故,其堆芯恶化进程相对较慢,事故早期压力容器内仍有一定水装量,同时借助冷却剂系统的自然循环能力,在事故早期投入非能动余热排出系统,可有效实现堆芯降温降压,为实现安注流量更快注入、恢复系统供电争取宝贵的时间。

由于非能动余热排出系统在设计上能够发挥海洋环境最终热阱的优势,且运行无需外部能动支撑,因此,在条件资源极其有限的情况下,利用非能动余热排出系统导出堆芯余热,防止堆芯损坏就显得非常重要。

4）维持安全壳完整性

反应堆安全厂房是阻止放射性物质向环境扩散的最后一道屏障。在事故条件下一回路系统破口向反应堆安全厂房内质能释放将造成反应堆安全厂房内压力升高,当超过反应堆安全厂房设计压力时,则可能造成其完整性丧失。为避免此风险,应当及时排出反应堆安全厂房内部热量并及时采用降压操作,具体措施包括以下内容。

（1）反应堆安全厂房喷淋:在事故条件下,布置在反应堆安全厂房顶部的喷嘴喷放出过冷液滴,在下降过程中通过热交换,使得反应堆安全厂房内的高压水蒸气凝结,从而有效降低反应堆安全厂房内部压力;同时,必要时可在喷淋冷却水中添加化学药剂,达到洗消反应堆安全厂房大气环境中放射性碘及气溶胶的目的。对于海洋核动力平台而言,喷淋水源可考虑环境海水,相比于陆上核动力装置,有限水源已不再成为限制。反应堆安全厂房喷淋投入的同时,应当注意由此带来的氢爆风险概率的上升。这是因为喷淋的冷凝作用在降低水蒸气体积份额的同时可能会造成反应堆安全厂房大气环境中氢气含量的上升,使得大气氛围进入氢气燃爆区。

（2）氢气消除措施:为消除氢爆产生压力冲击波对反应堆安全厂房结构完整性带来的影响,必须对反应堆安全厂房内氢气含量进行控制。一般多采用氢气复合器、惰化、点火器等方式进行。氢气复合器[1,5-7]是在安全厂房氢气浓度达到燃烧极限之前时,通过催化作用使得反应堆安全厂房内的氢气与氧气发生反应,从而降低氢气浓度。为使得氢气复合器能够有效去除氢气,应当保证氢气复合器的消氢效率不低于平均氢气产生速率。点火器利用弱能电火花引燃低浓度氢气-氧气混合气的方式,在氢气浓度未达到爆轰区间时就将其消除,从而避免爆轰风险,常用于大型压水堆核电站。对于海洋核动力平台而言却并不推荐采用这种措施,这是因为海洋核动力平台反应堆安全厂房自由容积较小,万一点火器引燃处于爆轰浓度的氢气混合气团,空间对压力变化缓冲效应较弱,更容易发生超压。惰化策略在沸水堆小型反应堆安全厂房控氢策略中有所应用,惰化策略一般采用氮气或二氧化碳,这是由于氮气和二氧化碳在化学上有很大的稳定性。反应堆安全厂房内空气中的氮气（或二氧化碳）和氧气比在事故预惰化中影响重大,而事故发生后反应堆安全厂房内蒸气凝结并不影响氮氧比,不会造成较大影响。

5）加强应急供电系统可靠性

福岛核事故凸显了应急电源在导出堆芯余热,防止堆芯进一步恶化方面的重要性。海洋核动力平台配备的应急供电系统在正常供电系统失效时,以蓄电池或柴油发电机为电源,给核动力装置重要负荷供电。

而针对秦山二期 3、4 号机组的研究[8]表明,在发生全船断电事故后,现有蓄电池设计仅能保证厂用重要负荷维持正常运转 3 h 左右。相比之下,海洋核动力平台由于外部支持少,其可靠蓄电池应在设计容量上具有更大安全裕度,这对发生事故后恢复正常供电是有利的。

6) 加强事故预案

海洋核动力装置远离陆地,在发生事故之后,不能像陆上电站一样迅速调配各方资源进行事故应急,在多数情况下只能依靠自身条件进行事故处置。在这种情况下,严重事故应急预案就显得非常重要。预案应当从多重极端条件的出发点进行设计,考虑多重设备故障、船内火灾、触礁和搁浅等事件叠加对各种应急措施顺利实施的影响,事故应急对策应遵循简捷、可靠的原则。

10.3 严重事故的缓解

基于海洋核动力平台特点,吸取福岛核事故的经验教训,借鉴现有核电厂严重事故的研究方法,可从堆腔注水系统和可燃气体控制策略两方面探索提高海洋核动力平台严重事故的缓解能力。

10.3.1 堆腔注水系统

由于海洋核动力平台处于海洋环境,近似于无限热阱的外部条件为严重事故下熔融物的压力容器外部冷却,从而为实现堆芯熔融物压力容器内滞留提供了较为有利的条件。这种将下封头熔融物的衰变热带走的方法可避免压力容器结构失效的风险,进而避免了熔融物进入安全壳后可能引起蒸汽爆炸等风险。

以浮动式核电站堆腔注水系统为例,堆腔注水系统(reactor cavity water injection system, RCI)在发生堆芯熔化的严重事故后,通过压力容器外部冷却带走堆芯熔融物热量,实现压力容器内堆芯熔融物的滞留。系统由非能动系列和能动系列组成。其中非能动系列依靠反应堆安全厂房抑压水箱的水通过重力驱动注入堆腔,淹没反应堆压力容器堆芯活性段,并在一定时间内补偿堆腔内水的蒸发量,以“非能动”的方式实现反应堆压力容器的冷却。能动系列则通过堆腔注水泵将冷却水或反应堆安全厂房地坑水注入堆腔,冷却反应堆压力容器外壁面,导出堆芯熔融物的热量,防止压力容器熔穿,维持压力容器的完整性,减轻事故的后果。当堆芯出口温度超过 650 ℃时,堆腔注水系统投入,冷却水注入压力容器与外部保温层之间的流道。设计上应保证非能动堆腔注水系统淹没堆芯活性段等高堆腔的时间不超过 25 min,能动系列保证堆腔注水流量为 10 t/h。冷却水通过 2 台完全相同的堆腔注水热交换器带出压力容器外壁导出的热量,每台堆腔注水热交换器的流量均能够满足系统冷却能力的要求,采用海水对注入堆腔的地坑水进行冷却。

10.3.2 可燃气体控制策略

核电站内有关氢气缓解措施的目标主要是防止反应堆安全厂房结构的失效,进而防止不可控的放射性物质释放。在严重事故进程中或者事故后的长期阶段里,氢气燃烧可能会威胁反应堆安全厂房的完整性和封闭性,采用特定的设计可以防止基础设备不会受到氢气燃烧的影响。

10.3.2.1 不同氢气控制策略比较

反应堆安全厂房完整性面临的挑战可能出现在以下几个方面。

(1) 氢气爆燃及爆炸对反应堆安全厂房结构造成的高温高压负荷。

(2) 高压、压差、局部高温和燃爆造成的投射物可能会破坏与缓解事故后果相关的安全设备。

(3) 局部氢气爆炸产生的投射物对反应堆安全厂房结构造成较大的冲击载荷。

如图 10-5 和表 10-1 所示,目前主要的氢气风险控制措施可以分为如下 2 种基本情况: 通过反应堆安全厂房惰化策略防止可燃混合气体的形成;通过

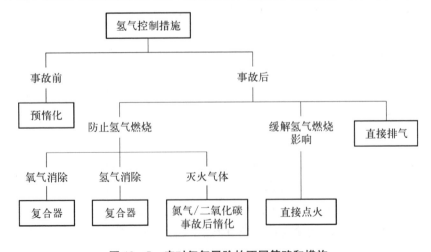

图 10-5 应对氢气风险的不同策略和措施

限制局部氢气浓度缓解燃烧带来的后果。目前的氢气缓解措施中,非能动的控制方式主要包括事故预惰化、自然对流混合和催化复合器;能动的控制方式主要包括事故后惰化、事故后稀释、强制对流混合、点火器等。表 10‐2 列出了不同氢气缓解措施的优劣。

表 10‐1　严重事故应对氢气风险的不同措施

目　　的	措　　施	功　　能
控制氧气浓度,防止可燃混合气体形成	事故预惰化 事故后惰化	维持安全壳内氧气浓度在燃烧极限之外
控制氢气浓度,防止可燃混合气体形成	混合:自然对流; 专设系统; 通过局部惰化实现事故后稀释; 复合器	利用安全壳内空气稀释氢气; 稀释氢气/氧气; 消除氢气/氧气
防止燃爆造成高温高压	直接点火; 通过局部惰化实现事故后稀释	缓慢燃烧氢气; 降低局部关键区域爆燃可能性

表 10‐2　不同氢气缓解措施比较

缓解措施	优　　点	缺　　点
事故预惰化	不依赖氢气产生条件; 效果得到充分证明; 非能动,无需操作干预; 正常运行可减少腐蚀问题	安全壳内操作人员有窒息危险; 正常维修花费较大; 影响维修停堆的时间和频率; 需要氧气检测装置; 需要额外的措施长期控制氧气浓度
事故后惰化	不依赖氢气产生条件; 有效防止爆炸	事故早期就需要操作人员干预; 操作标准与事故有关; 安全壳增压; 可能产生可燃性混合气体
事故后稀释	增加安全壳稀释能力; 减小局部氢气爆炸和相关的动态载荷	氢气和氧气未被从安全壳内消除,需要长期的氢气和氧气浓度控制; 局部设备的损坏仍有可能发生; 事故期间需要操作人员干预且操作与事故序列有关; 安全壳增压

（续表）

缓解措施	优　点	缺　点
非能动氢气复合器（PAR）	在低于可燃浓度之前消除氢气和氧气； 自动启动（非能动），不需要操作人员干预； 促进安全壳内气体混合、实现长期氢气和氧气浓度控制	传质限制； 污染或化学中毒影响催化剂消氢效率； 消氢能力有限，不能应对高氢气释放速率； 布置受安全壳结构和运行维修限制
直接点火	快速响应，消除氢气和氧气能力强； 防止强烈的爆燃爆炸过程； 一些点火器是非能动的	需要外部能源（火花式）； 需要操作人员干预（火花式和电击发式）； 氢气分布不确定导致点燃不确定性； 安装位置及数量需要详细分析； 局部载荷增加

　　海洋核动力平台采用小型反应堆安全厂房设计，与沸水堆 MARK Ⅰ 和 MARK Ⅱ 型安全壳类似，但其自由体积较小，事故后更容易超压，因此应尽可能防止任何形式的氢气燃烧。因而有必要创造一个氧气浓度较低的反应堆安全厂房气体氛围。事故预惰化措施是一种经过充分论证并广泛应用于沸水堆安全壳的氢气控制措施，小型反应堆安全厂房氢气控制系统的设计同样借鉴了类似设计。预惰化措施可以在短时间内防止任何形式的氢气燃烧，即使严重事故下氢气快速释放时，反应堆安全厂房的惰化状态也保证不会有足够浓度的氧气支持氢气燃烧。但是，水辐照分解等作用会缓慢地、长时间地释放氢气和氧气，一段时间后反应堆安全厂房内可能会积累足够多的氧气而发生氢气燃烧甚至爆炸，因此惰化后的反应堆安全厂房还需要设计相关系统来应对长时间的氢气和氧气释放，非能动氢气复合器（passive hydrogen recombiner，PAR）是一种常见而且有效的措施。总之，通过事故预惰化和采用氢气复合器两种措施相结合是一种合理的降低小型反应堆安全厂房的氢气风险的方式。以下两小节将简述小型反应堆安全厂房氢气复合器系统和反应堆安全厂房惰化系统的设计。

　　通过比较分析可知，对于海洋核动力平台小反应堆安全厂房可采用事故预惰化方案降低严重事故下反应堆安全厂房内的氢气风险。

10.3.2.2　惰化抑燃策略设计

　　对于需要绝对禁止氢气燃烧的反应堆安全厂房环境，必须降低环境中氧气浓度。为了达到这个目的，通常采用注入惰化气体来降低氧气的浓度，使反应堆安全厂房气体环境保持在氢气的可燃浓度水平以下。

惰化气体一般采用氮气或二氧化碳,这是由于氮气和二氧化碳在化学上有很大的稳定性。反应堆安全厂房内空气中的氮气(或二氧化碳)和氧气的比值在事故预惰化中起着重大作用,而事故发生后反应堆安全厂房内蒸汽凝结并不影响氮氧比,不会造成较大影响。

1) 预惰化初始充气量

向安全厂房内注入惰化气体时可直接注入安全厂房中,当排出的气体放射性过高时可通过气体处理系统间接注入。由于安全厂房压力需要维持在相对稳定的水平,注入惰化气体的速度受到排气速度的限制,假设事故预惰化在一个理想的等温等压条件下进行,安全厂房在充入惰化气体的同时开启安全厂房排气操作以维持安全厂房内部压力保持不变,则预惰化过程所需要充入的惰化气体的体积 I 为[9]

$$I = V\ln\frac{C_0}{C_f} \qquad (10-1)$$

式中,V 为所惰化安全厂房的自由容积,C_0、C_f 分别反应堆安全厂房内初始氧气的体积分数和最终的氧气的体积分数。

Shapiro 图给出了氢气-空气-水蒸气混合物的可燃特性区间(见图 10-6):

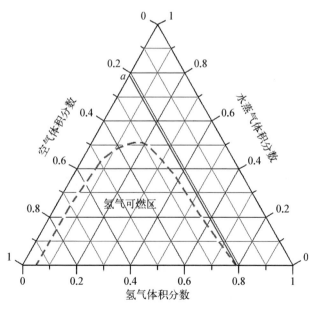

图 10-6　安全厂房惰化气体预充量模型

虚线与氢气浓度轴包含的区域即氢气可燃的体积分数区间为[4%～78%]。以氢气可燃浓度上限为基准做水蒸气浓度轴的平行线与空气浓度轴的交点为 a ,故如果要将氧气体积分数需要降到燃烧极限以下,则应当将空气体积分数控制在上图氧气轴线 a 点对应的体积分数以下,即空气的体积分数应当不高于22%,对应氧气的体积分数应当控制在4.62%以下。

假设海洋核动力平台反应堆安全厂房运行处于常温常压状态(1.01×10^3 Pa,298 K),则安全厂房内氧气的体积分数 C_0 为21%。安全厂房的自由容积为1 840.0 m^3 ,按照式(10-1)计算,应当预充进入安全厂房的氮气容积为2 786.0 m^3 。

2)安全厂房惰化系统设计

考虑反应堆安全厂房可能存在泄漏,假定其泄漏率为3%/d(对应0.03 MPa),失水事故下容许的泄漏率最大值为3%/h。因此,为了维持反应堆安全厂房始终处于惰化状态,在正常运行时还应配备相应气体循环回路维持反应堆安全厂房惰化环境。

惰化系统通常包含1只高压液氮储存箱、1个主液氮汽化器(蒸汽加热)、1个辅助电加热液氮汽化器、2条氮气注入管线、2条排气管线、1条辅助降压管线、1条安全厂房超压保护管线和相关的阀门等仪器。

(1)液氮储存箱:液氮储存箱是一种常见的低温液体储罐,用于维持安全厂房正常运行时的惰化。根据液氮的热工特性,在21℃的温度下,1 m^3 的液氮可以膨胀至696 m^3 的纯气态氮。按照泄漏率(3%/d)计算,并假定液氮储存箱容量可维持1年(365 d)的惰化需求,那么厂房所需的氮气总量应当为930.8 m^3 ,折算成所需液氮的容积应当为1.34 m^3 。液氮的温度和压力分别维持在110 K、1.3～1.5 MPa。液氮储存箱放置在安全厂房外,主要由外壳、内槽和夹层组成。储存箱外壳一般由坚固的不锈钢制成,以防止碰撞等外因造成损坏。液氮储存于内槽中,储存箱内槽一般由耐腐蚀的铝合金制成。外壳与内槽之间的夹层中装有绝热材料,以减少外界与液氮之间的热交换,具体设计方案如图10-7所示[10]。

(2)液氮汽化器:液氮汽化器可将110 K的低温高压液氮加热成300 K左右的气体。由于本系统功能定位是安全厂房惰化条件维持,所需气流量较小,因此在惰化管线中可采用蒸汽加热的汽化器。对于补给管线,氮气流量较小,可直接采用电加热式的液氮汽化器。图10-8所示为一种蒸汽加热汽化器,图10-9所示为一种电加热汽化器。

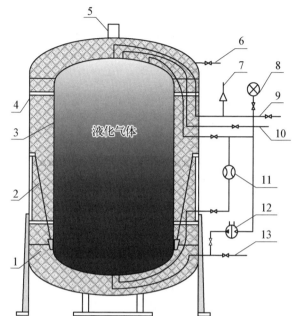

1—绝热层；2—内支承；3—内筒；4—外筒；5—集料口、安全装置；6—抽真空管、阀；7—安全阀；8—压力表；9—气体放空管；10、13—液体进出管阀；11—液面计；12—增压阀。

图 10−7　典型低温液体储槽罐的设计示意图

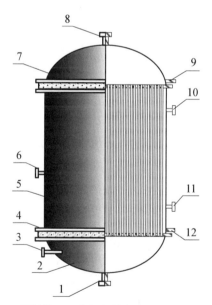

1—排污管；2—液相段封头；3—液相入口；4—下管板；5—筒体；6—蒸汽出口；7—气相段封头；8—气相出口；9—上管板；10—蒸汽入口；11—排气管；12—法兰。

图 10−8　蒸汽加热汽化器

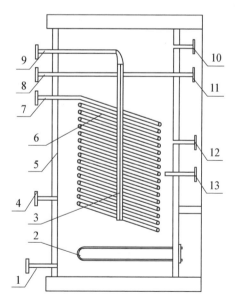

1—排污管；2—电热管；3—中心管；4—进水管；5—水箱；6—盘管；7—进液管；8—气相出口；9—安全阀接管；10、11—液位计接管；12—压力表接管；13—温度计。

图 10−9　电加热汽化器

参考文献

［1］ 苏光辉. 轻水堆核电厂严重事故现象学［M］. 北京：国防工业出版社,2016.

［2］ 林诚格. 非能动安全先进核电厂 AP1000［M］. 北京：中国原子能出版社,2008.

［3］ 于俊崇. 船用核动力［M］. 上海：上海交通大学出版社,2016.

［4］ 彭敏俊. 船舶核动力装置［M］. 北京：中国原子能出版社,2009.

［5］ ANALYTIS G T. Implementation of the renormalization group (RNG) $k - \varepsilon$ turbulence model in GOTHIC/6. lb：solution methods and assessment［J］. Annals of Nuclear Energy, 2003, 30(3)：349 – 387.

［6］ PETERSON P F. Scaling and analysis of mixing in large stratified volumes［J］. International Journal of Heat and Mass Transfer, 1994, 37：97 – 106.

［7］ ROHDE J. Proceedings of the OECD/NEA/CSNI workshop on the implementation of hydrogen mitigation techniques, Canada, 1996［C］. Winnipeg：University of Manitoba Press, 1996.

［8］ 邹志强. 全厂断电(SBO)事故序列及其应对措施研究［R］. 成都：中国核动力研究设计院：2012.

［9］ BABUSHOK V, TSANG W, LINTERIS G T, et al. Chemical limits to flame inhibition［J］. Combustion and Flame, 1998, 115：147 – 160.

［10］ KARWAT H, STOLZE P. Proceedings of the OECD/NEA/CSNI Workshop on the implementation of hydrogen mitigation techniques［C］. Winnipeg, Canada：University of Manitoba Press, 1996.

第 11 章
征兆导向应急事故规程

应急事故规程是核动力装置事故预防和缓解的重要组成部分,与纵深防御的各道防线相适应,为操作员的事故诊断和恢复措施提供明确的指导。海洋核动力平台的启动和运行与陆上核电站类似,主要包括初次启动、正常冷启动、热启动、稳定功率运行、变工况运行、异常运行工况、事故工况、热停堆、冷停堆工况等。但海洋核动力平台与陆上核电站的不同在于受到海洋条件的影响,以及动力装置需适应变工况运行,需要满足相关的特别任务需求。本章从应急事故规程的发展历程开始,结合海洋核动力平台运行工况的特点,给出事故应急规程技术路线选取考虑,着重阐述规程应对范围、事故导向与状态导向如何结合等关键问题。11.3 节中以华龙一号为例,介绍其征兆导向应急事故规程体系开发工作,其中规程开发过程所形成的思路、方法、技术体系,可用于海洋核动力平台的事故应急规程设计。

11.1　应急事故规程的发展历程

为使放射性得到限制,核电厂安全设计原则[1]采用了纵深防御理念。在事故防御上设置了不同层次,首先是防止偏离正常运行及防止安全重要物项的故障,如果运行事件升级为事故工况,这就不仅需要通过固有安全特性和(或)专设安全设施保证核电厂各道屏障安全,还需依靠应急事故规程(emergency operating procedure,EOP)指导操作员使反应堆回到安全状态。

国际原子能机构(IAEA)关于应急事故规程的定义:当电厂参数超过反应堆保护系统整定值或专设安全系统整定值时,应急操作规程指导操作员执行必要的操作,以缓解事故后果。应急事故规程是核电厂事故预防和缓解的重要组成部分,与核电厂纵深防御的各道防线相适应,为核电厂操作员的事故诊断和恢复措施提供明确的指导。

应急事故规程的开发工作量极为庞大,工作内容极为复杂,涉及核反应堆系统、安全及辅助系统、事故分析、数字化仪控以及运行等多个专业。应急事故规程设计的目的是应对事故,最初规程的开发是基于确定论事故分析的直接延伸,以具体事故为导向进行总体设计。1979 年三哩岛事故以前的核电厂应急事故规程就是单纯的事故导向应急规程。不同的事故有不同的瞬态特征,在大量安全分析工作的基础上,针对不同的事故特征形成不同的规程,再进行各类事故的判断和处理。

然而,事故导向的应急规程所依据的安全分析是以符合核电厂设计规格书的初始工况为基础的。由于各种复杂的原因,包括操作员的误操作,有可能事故发生之前核电厂已偏离了技术要求,事故的瞬态进程未必与预定的规程相符。另外,操作员征兆判断事故带有主观特性,需要充分时间认证。此外,还有可能发生始所未料的事故。因此,系统失效以及操作员的判断失误等叠加事故将导致重大损失。三哩岛事故正是这种情况,在极为复杂和紧张的时刻,要求操作员服从一个根据自己的判断所选用的特定规程是不合理的,故三哩岛事故之后各国以征兆为主要导向标志的新规程正是为了解决这一问题,主要是应对思路的改变,既然需要应对的事故无限,但关心的核电厂安全状态有限。因此,三哩岛之后的应急事故规程以状态/征兆为主要导向。

1980 年,法国核电厂在原有的事故导向规程(I、A 规程)之外,增加了超设计基准事故 H 规程和以核电厂参数为基础的状态导向的 SPI/U/SPU 规程,形成混合型应急事故规程体系,然后在此基础之上进行拓展,逐步采用状态导向规程替代事故导向规程,直至 2000 年之后才基本完善,形成了纯粹的状态导向事故规程(status oriented procedures,SOP)。美国西屋公司业主委员会(WOG)对事故规程进行了修订和再开发,形成了适用于西屋压水堆核电厂的应急响应导则(emergency response guidebook,ERG),从 1983 年至 2014 年,WOG 一共完整发布了 3 版 ERG,并在每一个完整发布版阶段有若干修订版本,但总体框架基本不变,由最佳恢复策略(optimal recovery guidelines,ORGs)和关键安全功能(critical safety functions,CSF)恢复策略共同组成。

国内二代加核电厂应急事故规程主要采取法系技术路线,秦山二期、秦山二期扩建、海南昌江以及方家山、福清 1~4 号等核电机组,均采用了混合型应急事故规程体系。2010 年,岭澳核电厂 3、4 号机组首次采用 SOP 体系,此后,阳江核电、宁德核电、红沿河核电、防城港核电等全部采用了 SOP 体系,大亚湾核电厂于 2015 年切换至 SOP 体系,岭澳 1、2 号机组 2016 年切换至 SOP 体系。

11.2　应急事故规程开发

本节首先回顾应急事故规程开发的技术路线的发展历程,然后针对海洋核动力平台,分析应急事故规程开发的顶层设计所应考虑的关键问题。

11.2.1　技术路线

事故导向规程(event oriented procedures,EOP)基本属于 20 世纪 80 年代技术,以单一事故初因的设计基准事故为导向进行总体设计,如果发生规程没有涵盖的初始事故、专设安全系统部分或全部失效等复杂事故工况,很难按照 EOP 正确、高效地控制事故后果。另外,在 EOP 中,事故处理取决于事故初因诊断的准确性,但 EOP 仅在事故初期对核电厂进行诊断,如果诊断失误或是操作失误,将可能给核安全带来更为严重的后果。

SOP 以系统状态参数为恢复目标,具有较强的叠加事故应对能力,但在应对任何事故时均遵循诊断、操作、监测再定向的处理模式,需要在状态判断与操作措施的效果之间进行迭代,规程冗长,存在不少重复步骤,导致处理过程缓慢,在事故处理上不具效率。

因此,事故导向与状态导向规程充分结合是最优的规程体系方式,其兼具事故导向快速简单以及状态导向灵活、应对事故范围覆盖面大的优点,美国西屋公司的 ERG 正是如此。该规程对海洋条件下运行工况复杂,事故处置时间窗口要求高的海洋核动力平台而言尤其适合。因此,海洋核动力平台应急事故规程可采用的技术路线为以美系 ERG 为基础,采用事故导向与状态导向充分结合的征兆导向应急事故规程(symptom based emergency operating procedures,SEOP)。如果核电厂发生停堆或安注,在没有辨明事故初因的情况下,首先采取行动确保堆芯功率的可控以及冷却,然后针对主要的事故进行诊断,一旦明确则立即转入事故导向规程(最佳恢复策略 E 系列),同时始终进行状态监测,确保安全功能(关键安全功能恢复 F 系列)。

11.2.2　关键问题

海洋核动力平台应急事故规程开发的顶层设计上应当充分考虑以下关键问题。

（1）事故应急规程应对范围：应急事故规程除了须覆盖单个事故初因的设计基准事故之外，还必须覆盖多个初因叠加或后续系统失效的事故。但叠加事故考虑到何种程度？假设严重事故序列发生，超过电厂的应对能力，则无法通过应急规程的开发设置使得电厂能够阻止堆芯的损坏。因此，从某种程度上讲，应急事故规程为一种机制，能够充分发挥电厂性能，处理停堆/安注之后，严重事故发生之前（停堆/安注之前属于 AOP 范围，严重事故发生之后属于 SAMG 范围）这一范围之内的单一事故或叠加事故。换句话说，不能因为应急事故规程的设置不当，把本可以应对的事故或叠加事故变得无法应对，阻碍了安全功能的发挥，导致更为严重的事故后果[2]。另外，传统的事故应对更为强调满功率下的事故应对，而忽视了停堆工况下的事故应对，例如停堆工况下的自动信号及专设安全设施、辅助系统的运行考虑不足。因此，不管是最新的 IAEA 安全导则还是 HAF 102 均指出，需考虑停堆工况下的事故应对。

（2）事故导向与状态导向如何结合：美系 ERG 具有纵深防御的体系，E 系列处理的事故按发生概率分为 2 个层级，单个的 E 与 ES 规程处理设计基准事故，E 系列各规程相配合以及 ECA[①]规程处理事故叠加的复杂事故工况，目的是通过电厂参数判断出事故类型，进而对事故进行针对性处理。当状态进一步恶化时则由 F 系列兜底，不再判断具体事故，以关键参数的安全状态为恢复目标，可以推断出如果状态进入 F 系列其初因一定为超出 E 系列概率更小的叠加事故。因此，美系 EOP 分为 E、ECA、F 三个层级，在划分上可根据 PSA 的见解，按其事故发生的概率进行设置，发生概率相对较大的则用"事故导向"方式处理，其具有快速、电厂状态控制更好的优点；发生概率较小则用"状态恢复"方式处理，该方式尽管相对缓慢但覆盖面更大。因此，在 E 系列导则设置上参考 PSA 见解，以功能失效截断频率为划分界限，同时考虑事故判断的难易程度，以此设置 E 系列具体导则。

（3）海洋核动力平台设计特点体现：在具体规程的开发中注重海洋核动力平台的设计特点，特别是安全系统及自动动作的体现，如中压安注、快速冷却、非能动余热排出系统（PRS）、主泵自动停运等，上述设计特点导致事故应对的特异性。另外，导则制订涉及大量关键定值的确定，这些定值决定了有效导则的选取、关键设备可用性判断、导则中具体操作的动作时间和走向等，对事故干预的及时性、准确性、有效性起关键作用。因此，需要在充分吸收国内

---

① ECA，emergency contingency actions 缩写，表示紧急应急行动。

外核电厂事故处理策略的同时,结合海洋条件影响,开展全面的运行分析支持性计算,依据海洋核动力平台的设计和事故响应特性,制订相应的事故应对策略。

11.3　华龙一号应急事故规程体系

在上述几节开发思路下所完成的华龙一号 SEOP 能够对设计基准事故、超设计基准事故以及严重事故的早期采取及时、有效地干预并终止事故的恶化,将反应堆系统保持在安全状态。SEOP 具有征兆导向事故应急导则特征,将事故导向与状态导向充分结合,其形成的应急事故导则框架体系如图 11－1 所示[3]。导则体系包括最佳恢复策略导则 E 系列,关键安全功能树及其恢复规程 F 系列,停堆关键安全功能状态树及其恢复规程 SDF① 系列,共计 49 个导则,涵盖所有运行工况(模式 1~6)下的事故应对。

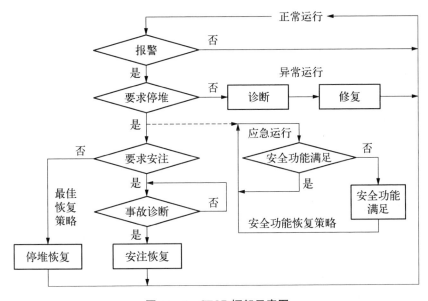

图 11－1　SEOP 框架示意图

11.3.1　最佳恢复导则

1) E 系列

E－0 为 SEOP 的总体引导规程,一旦核电厂发生紧急停堆或安注情况则

---

① SDF,英文 shut down functions 的缩写。

进入 E-0,采用边对症处理边诊断的策略,防止在诊断过程中核电厂工况的进一步恶化和误判断。因此,在弄清事故性质之前,确认停堆或专设安全系统的自动动作,保证核电厂能处在比较安全的状态。在诊断出事故类型之后,立即转入事故导向的最佳恢复规程,然后继续回到征兆导向的应急运行规程 E-0进行关键安全功能的巡检,从而防止在执行事故导向规程的长期过程中出现意外情况后失去关键安全功能。

事故导向的最佳恢复导则以安注是否投入分为两大类型。安注未投入类型为 ES0 系列[4],包括停堆响应,丧失所有交流电和自然循环冷却的导则。安注投入类型包括一次侧冷却剂丧失 E1 系列、二次侧冷却剂丧失 E2 系列以及蒸汽发生器传热管破裂(SGTR)E3 系列。

(1) E1 系列。一次侧冷却剂丧失:该类型事故涉及的征兆与冷却剂丧失事故(LOCA)相关。该类型包括的情况有失水、安注减少和终止、冷热段转换长期再循环的冷却和降压。

(2) E2 系列。二次侧冷却剂丧失:该类事故涉及与二次侧冷却剂丧失相关的征兆,包含多个蒸汽发生器二次侧丧失的事故。该类规程包含失效蒸汽发生器隔离的导则。

(3) E3 系列。SGTR:该类事故涉及与蒸汽发生器传热管破裂相关的征兆,包括多个蒸汽发生器的传热管破裂以及 LOCA 或二次侧冷却剂丧失同时发生的传热管破裂。该类规程包含传热管破裂之后的冷却和降压导则,安注终止和降低导则以及稳压器压力控制功能失效的导则。

2) F 系列

SEOP 为确保核电厂 3 道安全屏障完整性(见图 11-2),从六大关键安全功能(次临界、冷却剂装量、压力边界完整性、安全壳完整性等)出发,根据华龙一号核电厂系统及设计特点,确定关键安全功能的表征参数(征兆),研究各安全功能优先级排序,最终建立相应的关键安全功能状态树规程。关键安全功能状态的检查以状态树 F-0 为指示,指导操作员选用合适的恢复导则,以处置超设计基准事故。功能恢复导则分为 6 个基本类型,与关键安全功能一致。每一类型中的导则数目由状态树架构确定。每类关键安全功能具有 2~5 个恢复导则。

图 11-2 中所示的安全功能的基本类别具体总结如下。

(1) 次临界度(S):该类型处理与未停堆相关的预期瞬态,重返临界以及丧失停堆相关的征兆。

(2) 堆芯冷却(C):该类型处理反应堆冷却剂系统水装量丧失引起的堆芯

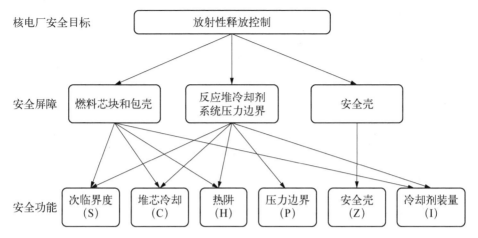

核电厂安全目标　　放射性释放控制

安全屏障　　燃料芯块和包壳　　反应堆冷却剂系统压力边界　　安全壳

安全功能　　次临界度（S）　　堆芯冷却（C）　　热阱（H）　　压力边界（P）　　安全壳（Z）　　冷却剂装量（I）

图 11-2　安全屏障与关键安全功能之间的关系

冷却不足、恶化以及饱和相关的征兆。

（3）热阱（H）：该类型处理由所有蒸汽发生器（SG）丧失水装量导致二次侧热阱不足相关的征兆。该类型包含如下任一 SG 情况的响应导则：高水位、低水位、超压以及丧失正常蒸汽释放能力。

（4）压力边界（P）：该类型处理紧急和预期热冲击和冷态超压工况相关的征兆。

（5）安全壳（Z）：该类型处理潜在安全壳超压、淹没以及高放射性相关的征兆。

（6）冷却剂装量（I）：该类型处理高稳压器水位、低稳压器水位以及压力容器空泡相关的征兆。

关键安全功能状态树及恢复导则的应用主要是为了监督和保护可能导致及触发安全注射的各种异常工况，同时直接指导操作员应对超出设计基准的小概率事故。在叠加专设安全系统失效的事故工况中，最佳恢复导则和紧急行动可能会首先保障关键安全功能。因此，关键安全功能状态树和恢复导则的应用是独立于初因事件和核电厂设备状况的。关键安全功能树和恢复导则必须与一套完整的事件导向导则互为补充，以求得最佳的事故后恢复效果。上述 SEOP 的 E/F 系列适用范围为模式 1～4。

3）SDF 系列

针对模式 5、6，开发了停堆关键安全功能状态树 SDF0 及其对应的缓解规程 SDP 系列。

SDF0 规程（停堆关键安全功能状态树）作为停堆关键安全功能恢复规程

的引导规程,为维修冷停堆或换料冷停堆阶段提供了明确的关键安全功能状态的判断方法,并确定合适的功能恢复规程。只要进入维修冷停堆或换料冷停堆工况,就应该开始 SDF0 规程的监视,引导操作员进入 6 种停堆安全功能恢复规程(SDP[①]),包括堆芯冷却、热阱(停堆工况下,热阱是余热排出系统)、安全壳、次临界度、一回路完整性(停堆工况下,一回路完整性的威胁主要是低温超压)、主系统水装量。停堆工况下的 SDP 的设计原则与 F 规程类似,考虑了相同的放射性屏障(燃料包壳、一回路压力边界、安全壳),在任何工况下都应避免放射性物质不可控地释放到环境中。

11.3.2　华龙一号征兆导向应急事故规程应用

本节针对给水流量丧失、给水管道破裂事故、给水流量完全丧失 3 个事故在 SEOP 引导下的瞬态展开分析研究。上述事故工况的初因有一定关联性,均为 SG 给水侧出现故障,属于设计基准 Ⅱ 类事故至 Ⅳ 类事故,再叠加系统失效至超设计基准事故,以此展示华龙一号 SEOP 在应对具体事故时的使用方法,体现规程应对单一事故和叠加事故的能力,同时也能凸显华龙一号事故应对的设计特点。

11.3.2.1　方法及假设

针对事故瞬态的计算分析采用最佳估算程序(RELAP5 程序),对初始工况、功能假设、控制系统等未考虑偏差,本研究着重模拟了华龙一号特定情况下的安全系统应对反应,如中压安注、快速冷却、非能动余热排出系统等;操作员的手动操作,包括控制给水流量/蒸汽排放、控制上充下泄、停止安注泵等,尽可能真实地展现事故的客观瞬态过程。

11.3.2.2　事故进程模拟及分析

给水流量丧失事故发生后,蒸汽发生器水位低信号与给水蒸气流量失配信号符合触发反应堆停堆。操作员由停堆信号进入 E‑0 规程(停堆或安注),检查并确认紧急停堆、停机、应急安全母线供电正常后,根据 E‑0 第 4 步(安注未启动),转入 ES‑0.1 规程(停堆响应),辅助给水系统自动启动排出堆芯余热。操作员根据一回路温度、稳压器压力、稳压器水位等信息调节 TSC 阀门开度以及上充和下泄流量,将电厂逐步引导至稳定的热停堆状态。图 11‑3 给出了给水流量丧失事故应急导则流程,图 11‑4 所示为事故瞬态关键参数的变化趋势。

---

① SDP,英文 shut down procederes 的缩写。

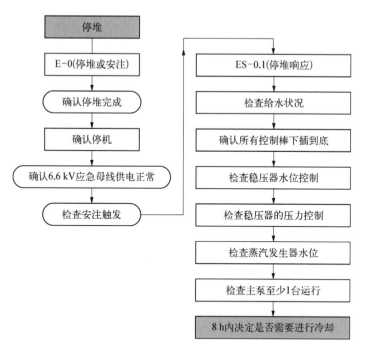

图 11 - 3　给水流量丧失事故应急导则流程

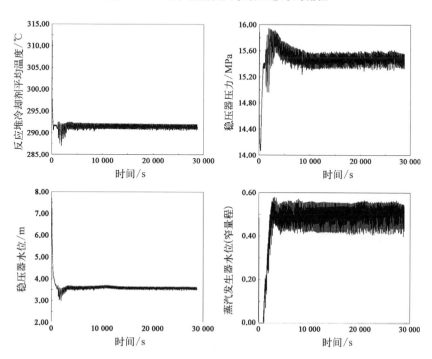

图 11 - 4　给水流量丧失事故瞬态关键参数的变化趋势

给水管道发生破口后,蒸汽发生器(SG)水位低信号与给水蒸气流量失配信号符合触发紧急停堆;由蒸汽流量高信号与补偿蒸汽压力低信号符合触发安注系统动作;由安注信号触发主给水隔离、辅助给水启动。操作员由停堆信号进入 E－0 规程(停堆或安注),检查并确认自动保护动作,如紧急停堆、停机、辅助给水启动、安全壳隔离等。E－0 规程第 21 步,通过检查蒸汽发生器二次侧,若完全失压,则根据非预期响应转入 E－2 规程(故障蒸汽发生器隔离),在识别破损 SG 之后,再次确认破损 SG 隔离,并从 E－2 规程跳转至 E－1 规程。通过调节完好 SG 的辅助给水流量,使得 SG 的水位逐渐上升至所需的范围内。复位安注和安全壳隔离。确认建立上充流量以维持稳压器水位;判断能够达到安注终止条件(出口过冷度、二次侧热阱、主系统压力和稳压器水位),则从 E－1 规程转至规程 ES－1.1,停运安注泵;调节上充流量和建立下泄;调节 SG 蒸汽排放;控制稳压器电加热器和喷淋,最终可以将电厂引导至稳定的运行水平。如图 11－5 所示为给水管道破裂事故关键参数的变化趋势,图 11－6 为给水管道破裂事故应急导则流程。

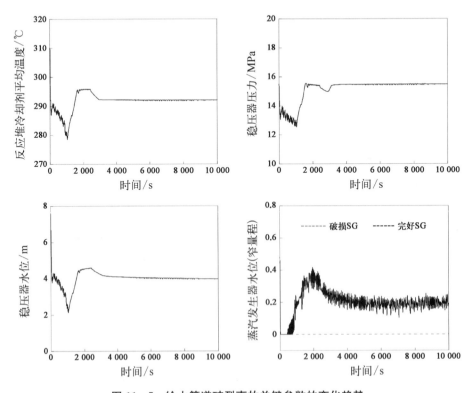

图 11－5　给水管道破裂事故关键参数的变化趋势

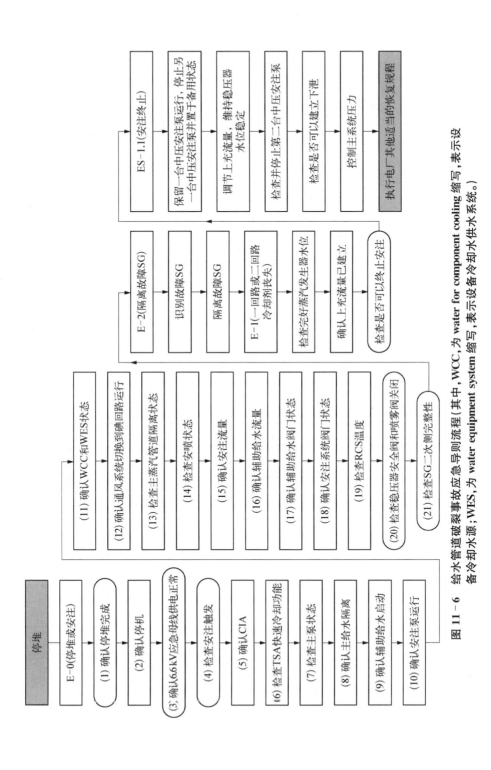

图 11 - 6　给水管道破裂事故应急导则流程(其中，WCC 为 water for component cooling 缩写，表示设备冷却水源；WES，为 water equipment system 缩写，表示设备冷却水供水系统。)

当正常给水不可用,随后辅助给水系统未能启动或丧失功能,将造成所有给水流量完全丧失。事故发生后,蒸汽发生器水位低信号触发反应堆紧急停堆。操作员由停堆信号进入 E-0 规程(停堆或安注),检查并确认紧急停堆、停机。给水流量为零,SG 水位下降低于 15%窄量程时触发红灯工况,进入关键安全功能恢复导则 FR-H.1(失去二次热阱),在无法建立辅助给水流量的情况下,二次侧非能动余热排出系统自动投入运行,持续排出堆芯余热,冷却剂系统降温降压。直至达到正常余热排出系统投入条件,手动停止非能动余热排出系统运行,最终采用正常余热排出系统将电厂引导至安全状态。图 11-7 给出了给水流量完全丧失事故应急规程流程,图 11-8 为给水完全丧失事故关键参数的变化趋势。

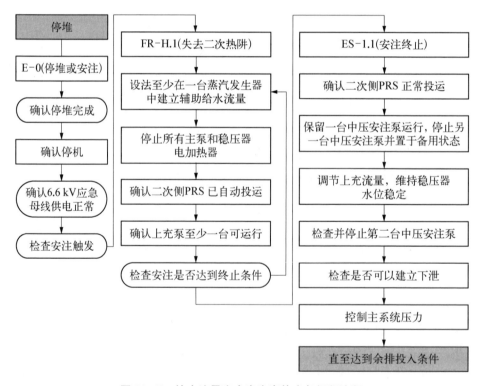

图 11-7 给水流量完全丧失事故应急规程流程

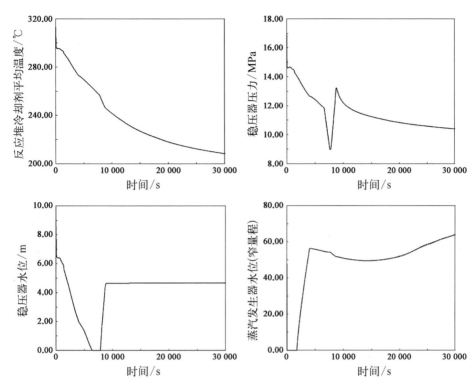

图 11-8　给水完全丧失事故关键参数的变化趋势

表 11-1 所示为各事故工况涉及的规程对比。

表 11-1　各事故工况涉及的规程对比

事　故	涉及规程
给水流量丧失事故	E-0、ES-0.1
给水管道破裂事故	E-0、E-2、E-1、ES-1.1
给水流量完全丧失事故	E-0、FR-H.1、ES-1.1

以上分析结果表明:

(1)上述事故在初因未判明情况下,先确保自动启动安全功能,然后快速判断进入最佳恢复策略规程;如果状态恶化,关键安全功能恢复导则迅速介入。总体来讲,华龙一号在各种事故下均能根据 SEOP 步骤达到安全状态。

(2)在面对 SG 二次侧给水系统故障时,无论设计基准事故或是超设计基准事故,SEOP 能够充分调用华龙一号安全系统,灵活转换,符合其设计特点。

华龙一号 SEOP 为征兆导向规程,将事故导向与状态导向规程充分结合,具有快速处理单一设计基准事故,以及灵活应对叠加事故的良好能力。

华龙一号 SEOP 分为最佳恢复策略规程 E 系列、关键安全功能树及其恢复导则 F 系列以及停堆关键安全功能状态树及其恢复规程 SDF 系列,SEOP 体系完整,能够全范围覆盖核电厂模式 1~6 运行工况。

华龙一号 SEOP 充分符合华龙一号的设计特点,判断条件及应对措施设置合理,能够快速灵活调用各系统对抗事故,事故判断和缓解措施有效、可靠。

华龙一号 SEOP 实现由传统的事故导向至先进的征兆导向的转变,成为华龙一号标志性的安全设计特点之一,其开发过程所形成的思路、方法、技术体系,可用于同类核电厂及核动力的事故应急规程设计,并可为现役核电厂规程的改进提供借鉴。

参考文献

[1] 国家核安全局. HAD103/01—2004 核动力厂运行限值和条件及运行规程[S]. 北京:国家核安全局,2004.

[2] 濮继龙,王晓航. 核电厂应急运行规程及在严重事故预防与缓解中的作用[R]. 北京:国家核安全局,1989.

[3] 冉旭,喻娜,李峰,等. "华龙一号"征兆导向应急事故规程开发[J]. 核动力工程,2020,41(6):121-125.

[4] 喻娜,冉旭. E20 系列(二回路破口事故)规程支持性计算- MSLB(100%FP)[R]. 成都:中国核动力研究设计院,2016.

第 12 章
海洋核动力平台核应急

　　海洋核动力平台在其设计、建造和运行各环节贯彻了纵深防御、多重屏障的安全设计理念，并采用安全专设系统以应对多种预计可能出现的故障、事件或事故的发生。海洋核动力平台核应急是为了在万一发生超设计基准工况时，避免或限制放射性物质的扩散而提前做好的应对措施。核应急的目标包括重新控制局面和减轻放射性后果，避免或最大限度地减少严重确定性效应，提供急救，提供关键医疗和设法处理辐射损伤，减少随机性效应危险。同时，随时向公众通报情况和维持公众信任，尽实际可能减轻非放射后果。

　　海洋核动力平台能够满足偏远孤岛和极地的供电、供热、海水淡化及海洋石油开采、化工等特殊需求。其多变的运行环境、相对恶劣的运行条件以及有限的外部应急资源使得其核应急比陆上核设施更加复杂和困难：既要满足公众影响人数较多、后果严重的港口及近海的核应急需求，又要充分考虑离岸海洋条件下摇摆、碰撞、触礁等外因事件引发的核应急工况。针对核与辐射应急的成熟技术及相关科研普遍集中于固定式陆上核设施，对于海洋核动力平台的核应急相关研究开展得并不充分。

12.1　核应急相关政策法规简介

　　核紧急情况可能导致反应堆内放射性物质不可接受地释放。通过加强应急响应能力，确保在事故工况下快速有效地控制事故，减轻其放射性后果。特别在 1986 年苏联切尔诺贝利核事故后，国际社会认识到核事故的影响是超越国界的，故各国纷纷针对核应急方面开展了法制建设。目前，国际上拥有核电的国家均基于自身的特点制定了相关的政策法规，设立了相关的核应急组织以及建设了主要应急设施。

12.1.1 法律和法规

在国际核事故应急法制建设过程中,以国际原子能机构(IAEA)为代表的有关国际组织积极推动《及早通报核事故公约》(1986 年)、《核事故及辐射紧急情况援助公约》(1986 年)、《核安全公约》(1994 年)等国际条约,这些条约构建了国际核事故应急法律框架,为世界各国在核事故应急方面的立法奠定了重要的法律基础。

我国在 1984 年加入了国际原子能机构,缔结了《核事故及辐射紧急情况援助公约》等多项公约,承担着对本国核电发展的安全责任以及核事故国际通报、国际救援的义务。之后我国在秦山核电站、大亚湾核电站建设中,开始了核事故应急工作,以最大限度地控制和减少核事故造成的影响。1993 年,《核电厂核事故应急管理条例》颁布,规定了核事故应急的指导方针、遵循原则和具体措施,核事故应急的法制化之路正式开启。随后,我国出台了一系列配套的部门规章、安全导则、管理规定、技术标准等规范性文件。经过 30 多年的探索发展,我国已逐步建立了一套适应本国国情的国家、地方、核电厂营运单位三级核事故应急管理体制,核事故应急领域的立法也初具规模,基本做到了有法可依。我国针对陆上核电厂及研究堆的核应急制定了相对完善的法律法规,如表 12-1 所示,包括《中华人民共和国核安全法》《核电厂核事故应急管理条例》《核电厂营运单位的应急准备和应急响应》等系列核安全导则和《电离辐射防护与辐射源安全基本标准》(GB 18871—2002)《核电厂环境辐射防护规定》(GB 6249—2011)《核电厂应急计划与准备准则》(GB/T 17680—2008)等。这些法律和法规规定了每一个核电厂及其所在地的省级地方政府,以及中央政府,都应当有周密的应急计划和响应的应急准备。这些法律、法规基本涵盖了核电厂核事故应急的一般要求、应急准备、应急响应、公众防护、应急报告、应急演习、放射环境管理、医学应急管理、医学应急准备和响应等方面。

表 12-1 我国现行的核应急相关国家法律、部门规章、安全导则和管理规定

序号	法规编号	法规名称
1	中华人民共和国主席令第 73 号	《中华人民共和国核安全法》
2	国务院令第 124 号	《核电厂核事故应急管理条例》

（续表）

序号	法规编号	法规名称
3	HAF 002/01—1998	《核电厂核事故应急管理条例实施细则之一——核电厂营运单位的应急准备核应急响应》
4	HAD 002/01—2010	《核电厂营运单位的应急准备和应急响应》
5	HAD 002/02—1990	《地方政府对核动力厂的应急准备》
6	HAD 002/03—1991	《核事故辐射应急时对公众防护的干预原则和水平》
7	HAD 002/04—1991	《核事故辐射应急时对公众防护的导出干预水平》
8	HAD 002/05—1992	《核事故医学应急准备和响应》
9	HAD 002/07—2010	《核燃料循环设施营运单位的应急准备和应急响应》
10	—	《国家核应急预案》
11	—	《国家及核应急专业技术支持中心核救援分队管理办法》
12	—	《核应急报告管理办法》
13	—	《国际核事件分级核事件报告系统管理办法》
14	GB 18871—2002	《电离辐射防护与辐射源安全基本标准》
15	GB 6249—2011	《核电厂环境辐射防护规定》
16	GB/T 17680—2008	《核电厂应急计划与准备准则》

12.1.2　核应急组织

美国目前拥有上百台核电机组，除了民用核电以外，还拥有众多核动力装置。美国核应急管理体系经验丰富，其建设经历了数十年的演变，大致可分为三个阶段[1]。第一个阶段为初始阶段，即 1946 年美国原子能委员会成立到三哩岛事故之前，该阶段美国民用核电发展迅速，但是核应急的发展相对滞后。第二阶段为成型阶段，即三哩岛事故后至"9·11"恐怖袭击事件前。三哩岛事故发生后,卡特总统签署了第 12127 号总统令,组建了独立机构联邦紧急措施署,1985 年出台了《联邦核事件应急计划》。第三个阶段为改革阶段,即"9·11"恐怖袭击事件后,该阶段内美国全面提升了核事件应急管理能力,联邦紧急措施署并入了国土安全部,发布了《国家应急框架计划》。美国国土安全部在 2008 年发布了针对核事故的应急反应计划,把核事件大致分为了两大类:一是因意外事故导致的核事故,主要包括民用核电事故、核材料丢失、核燃料运输事故等;二是故意导致的核事故,主要包括恐怖组织的袭击等。美国核应急管理体系采用 4 级管理体系[2],依次是联邦政府、州政府、地方政府、涉核单位。每个组织层级又都包含 4 个部分,即政府应急管理部门、核医学专业实验室、公共卫生服务机构和私营机构。美国核应急管理已经发展成为一个机构齐全、机制完善、资源较为充足、具备较强应急响应能力的体系。作为国家重大事件应急管理体制的一个组成部分,核应急对包括核恐怖袭击在内的各种核事件做了较为充分的应急响应准备。

日本开展核事故应急救灾工作的基础性法律是《紧急事态基本法》。2000年 6 月,日本颁布了《核灾害事件应急特别法》。该法规定灾害事件发生时成立国家核灾害对策总部,核灾害对策总部直接隶属于内阁首相[3]。日本核事故应急响应总部设在东京,设有 20 个场外应急中心,由内阁府(各政府职能部门)、地方政府(都道府县及市町村)、许可证持有者组成会商共同协调指挥系统,从而构成了以首相为核心的内阁政府、地方政府和许可证持有者三位一体的应急响应协调机制。制订重大核事故应急对策,明确各部门在核事故应急响应中的职责,成立国家核灾害对策总部,并设现场对策总部组织响应行动。

俄罗斯在苏联解体后,继承了其众多核设施,并于 1994 年重组了联邦民防、预警和紧急状态部。紧急状态部需要全面负责包括核应急在内的各类突发事件应急响应工作。俄罗斯的核应急管理体制以紧急状态部为核心,内务部、国防部或者内卫部队等部门全面配合其工作。紧急状态部拥有独立的应急救援部队及装备。该部按部队建制,统一制服,统一警衔。在纵向上,俄联邦、联邦主体(州、直辖市、共和国、边疆区等)、城市和基层村镇四级政府设置了垂直领导的紧急状态机构。同时,为强化应急管理机构的权威性和中央的统一领导,在俄联邦和联邦主体之间设立了六个区域中心,每个区域中心管理下属的联邦主体紧急状态局,全俄形成了五级应急管理机构逐级负责的垂直管理模式。联邦、区域、联邦主体和城市紧急状态机构(部、中心、总局、局)下设指挥中心、救援队、信息中心、培训基地等管理和技术支撑机构,保证了紧急状态部有能力发挥中枢协调作用。

法国作为一个核能大国,其核应急管理体制概括起来为"两条主线、两级管理、两个决策中心"的3级核应急管理体系[4]。两条主线分别是政府行政当局和核电营运者单位。两级管理是指政府行政当局线上的国家核应急协调机构、核安全与辐射防护总局、民防总局构成的国家级机构和以省长为主的地方级机构,在营运者单位线上有法国电力公司总部为主的国家级机构(业主总公司)和以核电站为主的地方级机构。两个决策中心分别是省长为保护公众、保护环境而采取行动的行政中心和核电企业为控制机组状态、保护电站工作人员、保证信息畅通成立的技术中心。法国核应急管理工作的特点主要体现:一是公众对核应急知识认识度高,各级应急组织非常重视核应急工作,有相应的人力、物力、财力投入;二是其核应急工作包括交流、评估、计划和行动4个主要环节,各类演习是核应急准备的主要工作内容,法国规定每个核电站每3年应参与一次国家级核应急演习;三是法国地方政府核应急管理部门、核电厂以及有关单位都制订有核应急计划,为应急响应提供可靠的依据,且特别重视辐射监测工作,形成各自的监测网络数据库和信息系统,已成为核应急的一项基础性业务工作。

加拿大在1990年发布了《应急管理与民事保护法》(*Emergency Management and Civil Protection Act*),并建立了《联邦应急响应计划》(*Federal Emergency Response Plan*)、联邦应急响应管理系统(Federal Emergency Response Management System)和国家应急管理系统(National Emergency Response System)。加拿大卫生部作为该国核应急管理的牵头单位,与超过18个国家机构组成国家核应急管理机构,并由卫生部执行联邦核应急计划。加拿大核应急管理实施三级体制,分别是国家级(联邦)、省级和核场址应急机构。联邦核应急机构的主要任务是在应急情况下提供总协调,确保信息的畅通与共享,确保合作任务的圆满完成,在核应急情况下,为省级核应急机构提供支持,并负责与邻国和国际社会保持联系。当其他国家发生核或辐射紧急情况时,卫生部作为国际原子能机构核应急响应中心的联络点,负责协调加拿大的应急响应,尽量使公民受的影响最小。省级核应急机构主要承担在本省范围内保护公众的健康和安全、保护财产和环境等任务,各应急机构必须具有地方政府的场外核应急计划。核场址应急机构负责场内应急计划区的应急准备和响应。

针对核应急响应,我国也已构建了相应的核应急管理体系,核应急管理工作遵循"常备不懈,积极兼容,统一指挥,大力协同,保护公众,保护环境"的方针。我国核事故应急实行三级管理,即国家级、地方(省、自治区、直辖市)政府级以及核设施营运单位,分别负责全国、本地区和本单位的核事故应急管理工作。

根据我国核应急相关法律法规的规定,核事故应急管理工作由国务院指定的部门总体负责,核设施所在地的省、自治区、直辖市人民政府指定的部门负责其行政区内的核应急管理工作,核应急机构统一指挥本单位的核事故应急响应行动,上级主管部门领导具体核事故应急工作。此外,中国作为核事故应急工作的重要力量,在国际核事故应急响应中提供有效的支援。

全国的核事故应急管理工作负责部门拟定国家核事故应急工作政策,统一协调国务院有关部门、军队和地方人民政府的核事故应急工作,组织制订和实施国家核事故应急计划,审批核设施厂外应急计划,实施批准进入和终止核应急状态,提出并组织实施核事故应急响应行动的建议,审批核事故公报、国际通报,发出请求国际援助的方案。

地方政府应按照核应急要求编制地方核应急计划,设立专门的核应急组织,保证核应急组织的准备状态,在必要时开展核应急行动。核设施营运单位应急组织主要负责制订场内核事故应急计划,统一指挥场内核事故应急响应,确定应急等级、缓解事故、恢复电厂安全等。核设施运营单位应急准备与应急响应工作要点主要包括:① 核应急计划的依据和内容;② 运营单位和国家及地方应急组织、主管部门以及国家核安全监管部门之间应有的联系;③ 应急组织;④ 应急状态及应急行动水平;⑤ 应急计划区;⑥ 应急响应;⑦ 场区人员的辐射防护措施;⑧ 核应急设施和设备;⑨ 应急终止和恢复活动;⑩ 核应急响应能力的维持;⑪ 记录和报告。在设计建造、首次装料前、运行及退役等不同阶段核设施的运营单位及相关单位均应按照有关要求开展应急准备和应急响应工作。

总体上说,我国的应急管理体系与国外核电发达国家基本上一致,但随着核行业的进一步发展以及未来其他行业对核能应用的拓展,需进一步健全核应急管理体系。此外,现有的核事故应急能力主要还是针对陆地上发生的核事故进行准备和响应,海洋核事故应急能力仍有待进一步提升。

12.1.3 核应急设施及设备

核设施主要应急设施和应急设备包括主控制室、辅助控制室、技术支持中

心、应急控制中心、运行支持中心、通信系统、监测和评价设施、防护设施以及
应急撤离路线等。

　　应急控制中心是应急指挥部在应急期间举行会议及进行指挥的场所,其
位置应设在海洋核动力平台内与主控制室相分离的地方,在核应急期间,人员
可以快速抵达该中心以及时取得反映核动力装置当前状态的重要参数和其邻
近地区放射性泄漏状况以及气象数据,控制中心应设置有联络主控制室、辅助
控制室、场内其他重要地点以及场内外应急组织的可靠通信手段,应有适当的
措施,长时间地防护因严重事故而引起的危害,确保其可居留性。

　　技术支持中心的主要功能是对主控制室的工作人员提供技术支持以缓解
事故后果,技术支持中心为应急控制中心提供实时的海洋核动力平台重要参
数,为制订严重事故对策提供依据。同时,技术支持中心也可作为与主控制室
操作不直接相关的应急工作人员的会议地点,技术支持中心应与应急控制中
心独立设置,并通过安全可靠的通信、信息交流设备进行交流,保障技术支
持功能的实现;设计上要求技术支持中心应能抵御设计基准外部事件,如设
计基准地震、强风和海啸、洪水等。同时,技术支持中心同应急控制中心的
供电系统应当包含正常电与应急电系统以保证严重事故条件下的通信、照
明等需求。

　　运行支持中心是在应急响应期间供执行设备检修、系统或设备损坏探查、
堆芯损伤取样分析和其他执行纠正行动任务的人员,以及有关人员集合与等
待指派具体任务的场所。运行支持中心与主控制室、核电厂场内的响应队伍
及场外的响应人员(如消防队)之间有安全可靠的通信设备,有足够的空间用
于响应队伍的集合、装备和安排工作。运行支持中心应与核电厂主控制室、技
术支持中心分开设置。运行支持中心的位置设置在核电厂保护区内,或在能
够快速进入保护区的其他合适位置。应考虑应急期间该中心的可居留性要
求,应确定专门用于运行支持中心的可居留性准则。当事故的实际影响使该
中心不满足所要求的准则时,该中心的功能应转移到其他场所。

　　应急通信系统应保障在应急期间营运单位内部(包括各应急设施、各应急
组织之间)与国家核安全监管部门、应急组织单位等的通信联络和数据信息传
输。应急通信系统应具有足够的通信容量(冗余性)、通信手段的多样性,以确
保在应急状态下的可运行性,并应具有防干扰、抗过载、防窃听或在丧失电源
时不造成损坏的能力。

　　监测和评价设施应具备以下功能:监测和诊断核电厂事故状态;监控核

电厂运行状态与事故状态下的气载或液载放射性物质释放量;监测事故状态下核电厂厂房内有关场所、场区及其附近的辐射水平和放射性污染水平;按照有关规定,监测厂址地区气象参数和其他自然现象(如地震);预测和估算事故的场外辐射后果。目前,我国近岸海域放射性监测采用实验室分析测量方法。海上应急监测采用现场采样-实验室分析方法,实施流程为采样—制样—测量—分析,虽然可以提高监测灵敏度和精确度,但从采样到实验室分析耗时较长。采样时要考虑频次,制样、测量需要消耗时间、人力和物力,整个监测过程对仪器设备、采样量、采样和制样方法的要求较高,某一环节出现疏漏,都会导致监测误差增大。

此外,有一些其他设施的要求,例如医疗应急设施、淋浴与去污设施、安全撤离路线和应急集合点,以及可居留性要求等。

12.2   海洋核动力平台核应急特点

与陆上核电站相比,海洋核动力平台具备以下特点。

(1) 可移动性,运行环境多样。可能位于海上及港口附近,也存在水面和水下之分。

(2) 海洋核动力平台内部可供系统设备布置的自由空间较为有限,因此无法像陆上电站一样配置冗余的安全设施。

(3) 海洋核动力平台长时间处于可移动的状态,可能不处于各省级行政区划的地理范围内;海洋自然条件可能引发核应急工况,例如极端海啸、台风等造成海洋核动力平台的倾斜和摇摆状态所引发的事故工况。

(4) 海洋核动力平台时常远离陆地和人口聚居区,但可能会接近海上工业、渔业作业点或航线。因此,除海上自然条件引起的核应急工况外,还应考虑这些因素可能引发的风险。

基于上述特点,海洋核动力平台在核应急方面应当着重关注以下差异。

(1) 对于某一海域可能邻近多个省份的海岸线,一旦发生紧急事件,现行所在地主管政府的情况在海域将不适用。因此,对于离岸运行时的核应急工作应以海洋主管部门为主,对于核平台处于港口检修换料时应以所属地的省级地方政府为主。

(2) 对于海上核动力平台,选址还应考虑海运航线和海产养殖/捕捞等海洋经济、生态和环境特征。

（3）现有核电厂应急计划区划分适用于陆上大型核电厂,对于海洋核动力平台这种远离公众聚居地的小型堆而言,应急计划区的划分并不适用,需进一步论证。

（4）应急设施和设备方面,现有规定要求技术支持中心、应急控制中心、运行支持中心等设施应设在场区内或附近与核电厂主控制室相分离的地方,并应保证应急期间的应急人员可以顺利地抵达,然而在空间资源紧张的海洋核动力平台上,这些设施的设置很难满足预期的功能目标。

（5）陆上核电厂本身是固定的,一旦发生了会对周边产生不可忽视威胁的严重事故时,只能组织周边的公众采取隐蔽或撤离等措施。海洋核动力平台是可移动的,一旦其出现异常情况,可以考虑撤离,使其远离人口稠密地区,避免影响公众。

（6）在应急时,往往需要向核电厂进行必要的人员输送、应急物资的补给,以及送入外部电力,这些应急所必需的人力和物力资源在海上的送入可能会比较困难,尤其在发生恶劣海况导致的严重事故时,将会更加困难。

（7）海洋核动力平台的对外通信联系相对困难,尤其是有线通信条件的保障更加困难,为了确保对外通信联系,可能需要无线信号中转加强设备和卫星通信设备等作为常规无线电的冗余备用手段。

（8）海洋核动力平台处于海面上,其周边难以布设现有的各类辐射监测设施设备,导致其事故后环境监测和环境影响评价存在困难,可能需要开发适应于海洋条件的相关监测器材。

（9）治安保卫难度较大,且需要考虑预防船舶碰撞等具有海洋特点的安保风险。

基于上述特点,为提升我国海洋核动力平台核应急处置水平,应着重在应急计划区划分和应急计划编制、应急设施和设备等方面开展进一步研究,例如,远距离通信和技术保障人员与物资快速运送保障等应是海洋核动力平台应急研究和实施的重点。

为了将核事故产生的不利后果,以及对海洋核动力平台上及平台以外人员及环境带来的威胁降至最低,必须建立充分的核应急准备及快速响应能力,使得对于不同危急程度的核应急场景能够采取满足需求的较为经济的投入同时获取尽可能大的利益,即根据当前核应急等级,进行相应的核应急准备,并实施对应的核应急策略。由此可见,应急状态分级是判断海上核动力平台是否应进入应急状态的重要依据,需要对海上核动力平台的应急状态进行分级。

12.2.1 应急状态分级

我国《国家核应急预案》将核设施应急状态分为4个等级：应急待命、厂房应急、场区应急、场外应急，分别对应Ⅳ级、Ⅲ级、Ⅱ级、Ⅰ级4级响应。国内外核电厂、研究堆、核动力船舶也基本上参考该分类方法，海洋核动力平台与核电厂类似，将应急状态划分为4个等级，或基于核事故造成的放射性释放的估算后果、应急响应的需求对等级划分做适当的调整，如：对于某些海上小型核动力船舶，若涉核厂房边界（特别是堆厂房）与船舶边界距离较近（甚至为同一边界），且船上功能分区设计简单，这类核动力船舶就可将其应急状态划分为应急待命、船上应急、船外应急3个等级。

以海上核动力平台为例，其总体示意图如图12-1所示，基于平台上的功能区划分和厂房布置，同时考虑平台上和平台外应急响应可能涉及不同的应急响应主体，可将海上核动力平台的应急状态划分为应急待命、厂房应急、平台内应急、平台外应急4个等级，分别对应Ⅳ级、Ⅲ级、Ⅱ级、Ⅰ级4级响应，其中，涉核厂房包括核岛、常规岛、核动力综合控制室、应急动力及平台设备区。

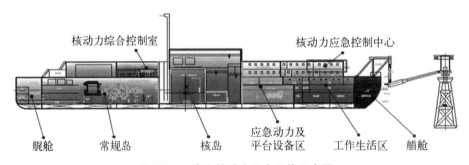

图12-1 海上核动力平台总体示意图

对于各应急状态的具体说明如下。

（1）应急待命。针对正在进行和已经发生的事件，事件指示潜在的平台安全水平降级已经开始，已达到或超过了平台核动力装置技术规格书中规定的运行限制条件。预期的放射性物质释放量不会要求采取任何的平台外应急响应或监测（除非平台相关安全重要物项发生了进一步的降级）。宣布这一应急状态等级是为了确保：① 已经执行了未来应急响应中的第一步，使运行人员进入准备就绪的状态；② 为异常事件的信息和决策提供系统的操作。

（2）厂房应急。针对正在进行和已经发生的事件或事故，事件或事故涉及实际的或潜在的实质性的平台安全水平降级。预期放射性物质释放造成的平台边界及以外的照射水平能限制在采取紧急防护行动(撤离)的干预水平的一小部分(1%)。宣布这一应急状态等级是为了确保：① 应急人员在形势变得更加危急时,能迅速地执行应急响应或在需要时执行确定的辐射监测；② 为平台外权力机构提供平台当前状态和参数的信息。这里的"实质性的平台安全水平降级"指监测平台相关安全重要物项功能的参数已达到或超过了报警值(即,指示平台相关安全重要物项的功能已不能维持)。

(3) 平台内应急。针对正在进行和已经发生的事故,事故涉及实际的或可能的保护平台边界外公众所需的相关平台功能的严重失效。预期放射性物质释放造成的平台边界及以外的照射水平将限制在采取紧急防护行动(撤离)的干预水平的一部分(10%)。宣布这一应急状态等级是为了确保：① 应急响应中心的人员已到位；② 监测队被派遣；③ 如果形势变得更加危急,要保证平台外需撤离的人员已就位、提供与平台外权力机构磋商的渠道、通过政府机构给公众提供更新信息。

(4) 平台外应急。针对正在进行和已经发生的事故,事故涉及实际的或即将到来的伴随着安全壳完整性潜在丧失的实质性的堆芯降级或熔化。预期放射性物质释放造成的平台边界及以外的照射水平能达到或超过采取紧急防护行动(撤离或拖离)的干预水平。宣布这一应急状态等级是为了确保：① 启动平台外公众的防护行动；② 提供来自平台营运单位和平台外组织测量信息的连续评估,基于实际的或潜在的放射性物质释放,启动额外的应急响应；③ 提供与平台外权力机构磋商的渠道,通过政府机构给公众提供更新信息。

相较于固定式陆上核设施,海上核动力平台在应急待命、厂房应急、平台内应急这 3 个等级的应急状态与固定式陆上核设施并无实质上的差异。其区别在于对海上核动力平台,应急状态分级中除了考虑与陆上核设施(特别是滨海核设施)相同的外部事件引发的核事故外,还需考虑处于海洋环境下外部碰撞、触礁等海上核设施特有的外部事件。平台外应急与固定式陆上核设施的场外应急存在较大差异,这主要是由其移动性造成的。

12.2.2　应急分级水平

海上核动力平台应急状态分为应急待命、厂房应急、平台内应急、平台外应急 4 个等级,这 4 个等级依次表征了平台安全水平的逐级下降、放射性物质释放影响范围的逐级扩大、放射性后果危害程度(人员数量、受照剂量)的逐级加重、应急响应程序的逐级复杂,不同等级的应急响应投入的应急响应要素显著不同,因此要明确各等级应急状态的基线,即确定各等级应急状态的入口准则,这就要通过应急分级水平(emergency classification level,ECL)来实现。

从海上核动力平台核事故后可能导致的放射性物质失控程度、放射性物质释放影响范围和放射性后果严重程度、应急响应主体责权范围和防护目标人群这4个方面考虑,海上核动力平台应急分级水平可参照表12-2进行分级。

表12-2　海上核动力平台应急分级水平

应急状态	放射性物质失控程度	放射性物质释放影响范围和放射性后果严重程度	应急响应主体责权范围和防护目标人群	
			事故平台、事故平台营运单位	母港/寄泊港/事故地就近港营运单位、地方政府、国家
应急待命	放射性物质包容体、屏蔽体超过运行要求(温度、压力、泄漏率等),且不能纠正	放射性物质泄漏、屏蔽体破坏造成放射性/辐射监测读数达到或超过技术规格书规定的运行限值的2倍,且在规定的时间内不能恢复	通知船上相关人员处于戒备状态	得到通知
厂房应急	燃料包壳、一回路系统压力边界,任意1道屏障(潜在)丧失	放射性物质已扩散至核岛厂房以外的涉核厂房,且平台边界(或以外)TEDE[①]达到或超过0.1 mSv或甲状腺CDE[②]达到或超过0.5 mSv	启动部分船上应急响应,保护涉核厂房内的所有人员及进入涉核厂房支援的人员	相关应急组织处于戒备状态
平台内应急	燃料包壳、一回路系统压力边界、安全厂房,任意2道屏障(潜在)丧失	放射性物质已扩散至整个平台,且平台边界(或以外)TEDE达到或超过1 mSv或甲状腺CDE达到或超过5 mSv	全面启动平台上应急响应,保护平台上所有人员及登上平台支援的人员	启动部分平台外应急响应(应急监测、应急支援等)

（续表）

应急状态	放射性物质失控程度	放射性物质释放影响范围和放射性后果严重程度	应急响应主体责权范围和防护目标人群	
			事故平台、事故平台营运单位	母港/寄泊港/事故地就近港营运单位、地方政府、国家
平台外应急	燃料包壳、一回路系统压力边界、安全厂房任意 2 道屏障丧失，且第三道屏障（潜在）丧失	放射性物质已蔓延至平台外，且平台边界（或以外）TEDE 达到或超过 10 mSv 或甲状腺 CDE 达 到 或 超 过 50 mSv	同平台内应急	全面启动平台外应急响应，保护平台外应急区内的所有公众及从平台上撤离的人员

注：① TEDE，total effective dose equivalent 缩写，表示总有效剂量当量；
　　② CDE，committed dose equivalent 缩写，表示待积剂量当量。

12.2.3　应急分级矩阵

应急分级水平给出的是各等级应急状态的入口准则，在实际的应用中，要通过应急分级矩阵表来实现海上核动力平台应急状态的识别和判断，为实际核应急工作的开展提供指导。

海上核动力平台应急分级矩阵表包括 5 种识别类的 5 个矩阵表：① 识别类 S（反应堆系统故障）；② 识别类 C（冷停堆/换料系统故障）；③ 识别类 F（裂变产物屏障丧失）；④ 识别类 A（放射性流出物/辐射水平异常）；⑤ 识别类 H（灾害及其他影响平台安全的情况）。每个矩阵表由应急状态等级（emergency classification，EC）、初始条件（initiating condition，IC）、反应堆运行模式（operating mode，OM）、应急行动水平（emergency action level，EAL）、索引（index，ID）5 个部分组成；应急状态等级则依次呈"升级趋势"；存在"升降级关系"的初始条件和应急行动水平，列于矩阵表的同一行；依次考虑每一识别类、初始条件、索引、应急行动水平的重要性，编排矩阵表中的排列顺序和编号。其中，识别类 S 的应急分级矩阵表的示例如表 12-3 所示。

在实际的应用中，要基于 EAL，同时配合 OM、IC、ID 实现海上核动力平台应急状态的识别。其中，EAL 最关键，它是识别应急状态等级的具体指标和标准,它可以是仪表的读数和状态指示、可观察的事件、计算和分析的结果、进入了特定规程或发生的自然现象,它与海上核动力平台核动力装置设计、平台布置、平台轨迹、平台外环境特性的具体参数直接相关。IC是对相似EAL的归类;ID是对相似IC的归类;OM与海上核动力平台核动力装置的设计及核事故发生时所处的运行模式相关,可归纳为7种典型的OM:功率运行、启动、热备用、热停堆、冷停堆、换料和卸料。

表12-3　海洋核动力平台应急分级阵列识别类S
(反应堆系统故障)的应急分级矩阵表示例

EC		U(应急待命)	A(厂房应急)	S(平台内应急)	G(平台外应急)
ID1:交流电源	IC1	SU1:应急母线平台上交流电源全部丧失,持续时间≥15 min	SA1:只有一列交流电源为应急母线供电,持续时间≥15 min	SS1:应急母线平台外和平台上交流电源全部丧失,持续时间≥15 min	SG1:应急母线平台外和平台上交流电源全部长时间丧失
	OM	功率运行;启动;热备用;热停堆	功率运行;启动;热备用;热停堆	功率运行;启动;热备用;热停堆	功率运行;启动;热备用;热停堆
	EAL	EAL1-SU1:×××kV(平台设计值)应急母线平台上交流电源(平台配置的,如柴油发电机)全部丧失,持续时间≥15 min	EAL2-SA2:平台上柴油发电机只能为一列×××kV应急母线供电,且平台外交流电源全部丧失,持续时间≥15 min;或EAL1-SA1:只有一列平台外交流电源为×××kV应急母线供电,且平台上柴油发电机全部失效,持续时间≥15 min	EAL1-SS1:×××kV应急母线平台外交流电源全部丧失,且平台上柴油发电机全部失效,持续时间≥15 min	EAL1-SG1:×××kV应急母线平台外交流电源全部丧失,且平台上柴油发电机全部失效,持续时间≥15 min

12.3　海洋核动力平台应急区

设置核应急区是为了在核事故期间能有效地组织受到类似威胁的人群采

取类似的应急响应行动,核应急区即预先做出了具体应急响应安排并做好了充分应急准备的区域。应急区决定了核设施进入了应急状态、启动了相应等级应急响应后,实施应急响应的范围、参与应急响应的人群及采取的应急响应行动。

12.3.1　划分标准

1978 年,美国核管理委员会(Nuclear Regulatory Commission,NRC)发布了 NUREG‐0396 *Planning Basis for the Development of State and Local Government Radiological Emergency Response Plans in Support of Light Water Nuclear Power Plants*[5],首次提出应急计划区(EPZ)的概念,建议轻水堆核电厂基于烟羽照射途径和摄入途径将场外应急区划分为 2 个 EPZ,这成为此后各国普遍采用的核设施场外应急区划分标准的基础。

1981 年,国际原子能机构(IAEA)发布 Safety Series No. 55 *Planning for Off‐Site Response to Radiation Accidents in Nuclear Facilities*[6],将场外应急区分为烟羽计划区与食入应急计划区,这与 NUREG‐0396 类似。我国核电厂场外应急标准《核电厂应急计划与准备准则　第 1 部分:应急计划区的划分》(GB/T 17680.1—2008)也采用了这一划分方法。

1997 年,IAEA 和国际放射性防护委员会(International Commission on Radiological Protection,ICRP)基于对苏联切尔诺贝利核事故放射性后果的研究,在 IAEA‐TECDOC‐953 *Method for the Development of Emergency Response Preparedness for Nuclear or Radiological Accidents* 中,将可能存在较严重场外放射性物质释放的核设施的场外应急区细分为预防行动区(PAZ)、紧急防护行动区(UPZ)、长期防护行动区(LPZ)3 个应急计划区。此后,IAEA 于 2003 年对上述标准进行了修改和补充,提出应加强对低概率事故的应急响应与准备计划,决定不再采用"食入应急计划区"或"长期防护行动计划区"的提法,建议根据应急期间的实际信息确定限制食品使用的半径,推荐将核设施的场外应急区划分为 PAZ、UPZ、食品限制计划半径。

2013 年,IAEA 针对日本福岛核事故后应急响应失当的经验教训,发布了 EPR‐NPP PUBLIC PROTECTIVE ACTIONS 2013 *Actions to Protect the Public in an Emergency due to Severe Conditions at a Light Water Reactor*[7],建议将核设施的场外应急区划分为 PAZ、UPZ、扩展计划距离(EPD)、摄入和商品计划距离(ICPD)2 个应急计划区和 2 个应急计划距离。

12.3.2　近海及远海应急区

对于海洋核动力平台而言,其应急区至少应包括以平台实体边界区分出的涉核厂房、平台上涉核厂房以外、平台外这 3 个应急区,由于平台外范围较广、涉及的应急响应主体复杂、平台外应急区还应进一步划分,这与陆上核设施场外应急区的情形类似,是应急区划分的重点。

从目前国内外核设施场外应急区的划分来看,其首要的任务是对核设施的核威胁与辐射威胁类型进行评估。按照 IAEA 最近的标准 IAEA No. GSR Part 7,海洋核动力平台的核威胁与辐射威胁既可表现为"核电厂等设施,可能导致场外的严重确定性健康效应",又可表现为"研究堆或船舶等核动力推进设施,可能导致场外公众的受照剂量达到有必要采取紧急或早期防护行动的剂量(干预水平)"。

对于海洋核动力平台处于港口及近海的情况,平台外人群可能遭受的核事故后威胁可分为两类:类型 I,严重的确定性健康效应(如死亡);类型 II,随机性健康效应的风险(如癌症)。这两类的区别在于是否会对场外人群造成严重的确定性健康效应,因此海上核动力平台的威胁类型可通过估算出的 PAZ 范围(PAZ 的作用是避免严重的确定性健康效应)是处于平台上还是平台外来判断,如果估算出的 PAZ 范围全部落在平台上,即可将平台视作威胁类型 II,否则应将平台视作威胁类型 I。考虑到威胁类型 I 场外应急区的划分更加复杂,应急响应与准备的要求也更加详细,暂时将海上核动力平台视作威胁类型 I,将平台外应急区划分为 2 个应急计划区(PAZ、UPZ)和 2 个应急计划距离(EPD、ICPD)。

对于海上核动力平台处于远海的情况,由于平台所处海域不确定、海洋条件不同且受平台核事故影响的附近船只、海洋工程、航空器等存在较大的随机性,因此预先在远海划分诸如港口及近海那样的平台外应急区是不现实的,同时考虑到平台在远海进入平台外应急后,首要的应急响应任务是缓解平台附近船只、海洋工程、航空器上公众的健康威胁,而缓解这种威胁的最有效手段是使平台附近船只、海洋工程、航空器等避让至远离平台的一定安全距离,避免平台核事故后放射性物质释放对其造成的直接影响,将该安全距离定义为应急警戒距离(ECD)。

另外,如果海上核动力平台在远海进入平台外应急,由于在远海的救援需求时间更长、救援难度更大、救援面临困难的不确定性更大,一般情况下会利用自备设备向平台外输送应急非必须人员离开平台，然后等待应急支援。同时，要尽可能包容放射性物质以保护平台外公众及环境，同时组织平台附近船只、海洋工程、航空器上的公众设法远离平台，避免遭受不必要的伤害。

综上，可将海上核动力平台所处港口及近海划分为 2 个应急计划区（PAZ、UPZ）和 2 个应急计划距离（EPD、ICPD），所处远海划分为 1 个应急警戒距离（ECD）。

参考文献

［1］　黄平，倪峰.美国问题研究报告：美国全球及亚洲战略调整［M］.北京：社会科学文献出版社，2012.

［2］　WILBER D, DAIGLER D, NIELSEN E C, et al. Nuclear/radiological emergency response in the USA［J］. International Journal of Emergency Management，2007，4（3）：339－355.

［3］　李韡.日本核应急管理体系［J］.国外核新闻，2011(3)：3.

［4］　赵华.国外发达国家核应急管理体制特点及启示［J］.现代职业安全，2009(12)：3.

［5］　COLLINS H E, GRIMES B K, GALPIN F. Planning basis for the development of state and local government radiological emergency response plans in support of light water nuclear power plants［R］. Washington DC：Nuclear Regulatory Commission，1978.

［6］　International Atomic Energy Agency. IAEA－TECDOC－225 Planning for off-site response to radiation accidents in nuclear facilities［R］. Vienna：International Atomic Energy Agency，1981.

［7］　HOMMA T, TAKAHARA S, IIJIMA M, et al. Actions to protect the public in an emergency due to severe conditions at a light water reactor［R］. Vienna：International Atomic Energy Agency，2013.

第 13 章
倾斜摇摆影响分析

结合核能长效续航和船舶机动转移的特点,浮动式核电站可根据任务需求部署移动至海洋的不同区域,向外界输出电力、热力和淡水等资源。浮动式核电站能够有力支持海上石油钻井平台、近海边远地区(包括南极和北极等区域)及孤立岛屿人类活动区域的任务开展,促进海洋资源勘探和支援海洋边疆建设。

13.1　倾斜摇摆条件下的流动与换热现象

在海洋中行驶的船舶会受到倾斜、起伏和摇摆等情况的影响,导致船用核动力装置产生附加惯性力,使核动力装置反应堆内流体产生周期性流量波动,影响核动力装置内流体流动和传热。随着核动力装置在船舶领域的应用,国内外相关学者开展了以核动力装置为背景的倾斜摇摆条件下加热通道流动及传热特性的研究工作,研究内容主要涵盖了对流传热特性、过冷及饱和沸腾传热特性和临界热流密度等。摇摆运动过程如图 13-1 所示。

为分析研究倾斜和摇摆运动条件对反应堆自然循环能力及堆芯传热特性的影响,Murata 等[1] 基于模型反应堆开展了单相自然循环试验,探究加热功率、摇摆角度

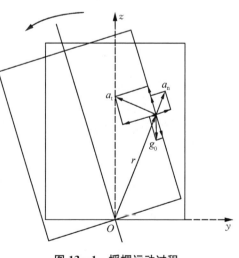

图 13-1　摇摆运动过程

和摇摆周期等参数的影响特征。基于 Richardson 数(Ri)，Murata 等[1]指出存在 3 个不同的传热区：当 $Ri>2$ 时，棒束通道内自然对流过程成为影响换热的主导因素；当 $0.3<Ri\leqslant2$ 时，摇摆运动引起的附加惯性力和自然对流共同影响棒束通道内换热过程；当 $0.05<Ri\leqslant0.3$ 时，摇摆运动引起的附加惯性力将主要影响棒束通道内换热过程。Murata 等[1]基于模型反应堆的自然循环特性试验结果进一步指出，反应堆冷热管段的流量均伴随摇摆运动而发生周期性波动，但堆芯总流量只受摇摆周期的影响。基于试验结果，Murata 等[1]提出了计算摇摆运动条件下反应堆堆芯流量的一维分析模型。

　　基于分析软件 RETRAN - 02/GRAV，Ishida 等[2]研究了紧凑型小型化反应堆堆芯流体自然循环流动及传热特性受倾斜摇摆运动的影响。Ishida 等[2]指出倾斜摇摆运动将使得反应堆堆芯自然循环流量降低，同时船舶的起伏运动将使堆芯功率产生一种周期性波动，某种波动周期下将使自然循环流量产生共振，导致自然循环流量波动显著增大，通过增加管道压力可抑制自然循环流量的共振波动。

　　基于 FLUENT 流体力学计算软件，鄢炳火等[3]和杨宇等[4]对棒束通道内流体流动传热特性开展了相关理论分析和研究工作。针对海洋条件下典型的 4 棒束通道及 7 棒束通道内流体流动及传热特性，鄢炳火等[3]指出摇摆将影响通道内棒束间的流体流动传热特性，会使流体的各流动传热参数发生周期性的波动，其中，4 棒束通道内流体流动传热特性受垂直于流体流动方向的摇摆附加力的影响较为显著，而 7 棒束通道内流体流动传热特性受入口流速和轴向湍流强度的影响较为显著，垂直于流体流动方向的摇摆附加力对棒束间流体的流动传热特性影响不明显。4 棒束通道和 7 棒束通道的结构示意分别如图 13 - 2、图 13 - 3 所示。通过加入摇摆和核反馈等自定义程序，杨宇等[4]分析了摇摆运动下棒束通道内单相核热耦合特性，棒束通道和子通道结构示意如图 13 - 4 所示。杨宇等[4]指出摇摆运动强化了棒束通道内流体的传热特性，但同时使得棒束通道内流体流量降低；核反馈将在一定程度上抑制摇摆运动引起的流量波动。

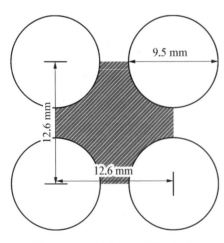

图 13 - 2　4 棒束通道结构示意图

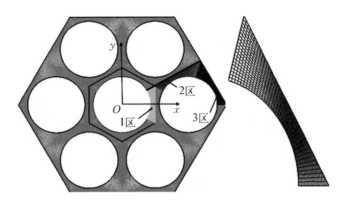

图 13-3　7 棒束通道结构示意图

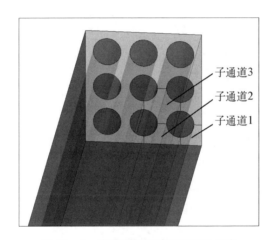

图 13-4　棒束通道和子通道结构示意

　　针对摇摆情况下单相自然循环流动的传热特性,Tan 等[5]通过在摇摆实验平台上搭建自然循环回路开展了研究工作。研究结果揭示了摇摆运动单相自然循环的换热能力:伴随摇摆的频率和振幅的增加,自然循环传热系数也逐渐升高。Tan 等[5]基于实验数据,对摇摆运动下传热系数经验公式的适用性进行了分析,并提出了适用于摇摆运动下的自然循环传热经验关系式。Tan 等[5]进一步指出摇摆运动会造成自然循环回路流量波动,导致自然循环时均流量降低,摇摆运动引起的回路阻力的增加是导致自然循环时均流量降低的主要因素。

　　针对海洋条件下摇摆运动对竖直管内流体换热特性的影响,黄振等[6]建立了竖直管内流体流动运动模型,获得了流体速度分布特性,并分析了近壁面流体运动情况。黄振等[6]的研究结果显示,摇摆条件下竖直管内流体的运动不是非定常流动,因摇摆产生的径向对流交混现象破坏了近壁面流体边界层,提高了壁面的换热能力。结合实验研究结果,黄振等[6]认为摇摆运动能够提升自然循环的换热能力,且摇摆运动越剧烈,自然循环换热能力越强。

针对摇摆运动对管内湍流流动和换热特性的影响,Yan等[7]通过分析计算得出当管内流体流动的雷诺数较低时,摇摆运动引起的附加惯性力对管内流体换热特性影响较大,伴随管内流体流动雷诺数的增大,摇摆运动对管内流体换热特性的影响逐渐减小。针对摇摆运动条件下圆管湍流流量波动对换热特性的影响,Yan等[7]指出流量波动周期对于管内流体的传热特性影响较小,但流量波动幅度和管内时均流量对于管内流体传热特性的影响较大。针对摇摆运动引起的流量波动对不同尺寸通道换热特性的影响,Yan等[7]通过数值模拟得到,圆管及矩形通道中通道尺寸的缩小将降低摇摆运动和流量波动对通道换热特性的影响,同时摇摆运动引起的流量波动对通道换热特性的影响远大于摇摆运动附加力的影响。

针对垂直与倾斜状态下加热窄矩形通道内单相流体传热特性,周伟荣[8]开展了相关实验研究和数值模拟研究工作。实验结果显示,倾斜角度对窄矩形通道单相流体传热特性的影响较小,层流区入口段由于热边界层较薄,传热系数高于充分发展段,但是由于流体受浮升力作用引起的同向混合对流使流动发生层流化,削弱了传热能力,导致对流传热系数减小。周伟荣[8]在相关数值模拟中引入了二次流分析,并指出通道形状及尺寸以及流体在通道内的流态都会影响二次流流动。

针对窄缝矩形通道内影响单相强迫对流传热和过冷流动沸腾传热特性的相关因素,陈勇[9]开展了相关实验工作。陈勇[9]指出:窄缝矩形通道内压力对于单相区的换热特性没有明显影响,热流密度、流量越大,单相区的换热能力越强;在调转速变流量的情况下,摇摆运动对于单相层流和过渡区的影响显著,摇摆运动越剧烈换热能力越强。董相禄[10]通过对窄间隙矩形冷却剂通道进行三维非稳态大涡模拟(LES),以此来研究摇摆运动对窄矩形通道的流动与换热特性的影响。通过分析窄矩形通道单相水瞬态速度场和温度场,董相禄[10]得到了窄矩形通道边界层区瞬态流场空间分布以及时位变化特征和瞬态流场旋涡分布特征。基于摇摆状态与非摇摆状态下摩擦因数和努塞特数的变化机制,董相禄[10]提出了适合于摇摆运动条件的窄矩形通道单相流体摩擦因数和努塞特数的计算关系式。

如图13-5所示,王占伟[11]在对摇摆运动下窄矩形通道内低流速下单相强迫循环传热特性的实验研究中发现：摇摆运动下流量是否波动并不取决于流量的大小，而是取决于驱动力、周期性变化的附加惯性力和回路阻力系数之间的相互关系。对于窄矩形通道内流体传热特性，摇摆运动没有造成窄矩形通道时均传热系数的增加，不会造成时均传热量的增强。王畅[12]对竖直静止及摇摆运动下窄间隙矩形通道内的流动传热特性开展的实验研究结果显示：在沸腾状态下摇摆运动周期力场对流体质量流速的影响与出口含汽率密切相关，在低出口含汽率区域，摇摆运动引起的周期力场未引起沸腾压降及传热特性发生变化，当出口含汽率达到一定程度后，摇摆状态下系统空间位置改变将引起浮升力作用方向及大小发生周期性变化。

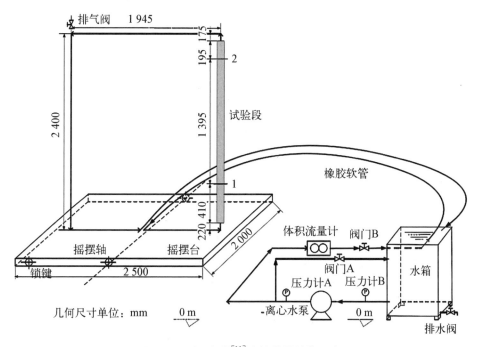

图 13-5　王占伟[11]实验装置结构示意

针对海洋条件下窄矩形通道内自然循环流动传热特性，田旺盛[13]采用了可视化实验研究手段，分析了在竖直静止、倾斜静止和摇摆运动工况中自然循环工况中单面加热窄矩形通道内单相传热特性和过冷沸腾传热特性等。试验中设定摇摆平台的摇摆角度时序过程为正弦变化规律，以模拟海洋运动条件。摇摆角度时序过程如图 13-6 所示，摇摆平台结构如图 13-7 所示。田旺盛[13]指出，在单相自然循环条件下，相比于静止状态，摇摆运动将降低自然循

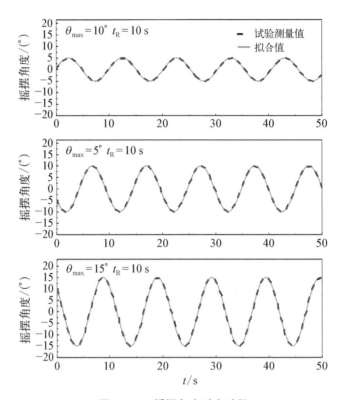

图 13-6 摇摆角度时序过程

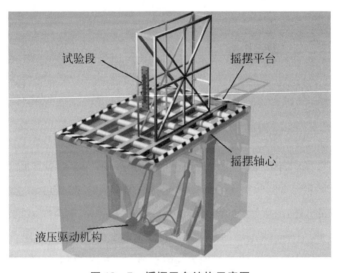

图 13-7 摇摆平台结构示意图

环流量;相比于竖直静止和倾斜静止试验工况,摇摆运动工况中层流区和湍流区的壁面传热系数差异较小,过渡区的壁面传热系数增大。而对于过冷沸腾环境下壁面换热特性,田旺盛[13]指出,实验取值范围内,竖直静止、倾斜静止和摇摆运动的变化对过冷沸腾环境下壁面传热系数的影响较弱,在竖直条件下适用于常规圆管通道内强迫循环传热系数的 Yan 关系式能够较好地适用于倾斜及摇摆运动工况。

如图 13-8 所示,针对海洋条件下多回路系统自然循环流动特性,杨星团等[14]结合理论分析和实验研究开展了相关研究工作。杨星团等[14]基于一维连续方程、动量方程和能量方程建立了倾斜工况下多回路系统自然循环分析模型;基于对称双环路回路装置的试验结果显示,自然循环分析模型具备较好的分析精度;倾斜条件将导致对称结构反应堆内的一部分支路的自然循环能力增强,另一部分支路的自然循环能力减弱。总体而言,倾斜条件将削弱对称结构反应堆内自然循环能力;同时,减小自然循环回路内换热器之间的距离、增大换热器和加热段之间的距离,能够降低倾斜条件对自然循环流量的影响。

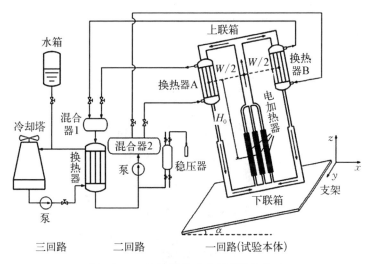

图 13-8 杨星团等试验回路结构示意

13.2 倾斜摇摆条件下的流动不稳定性

核动力系统在海洋环境下运行时将受到海洋条件影响。海洋条件下倾斜摇摆等现象将会给核动力系统带来附加加速度,进而导致核动力系统中反应堆冷却剂出现周期性波动现象、诱导产生流动不稳定,影响反应堆系统的稳定运行。国内外研究者均对海洋条件下核动力系统流动不稳定性现象开展了相关研究工作。由于反应堆冷却剂系统流动不稳定性类型多、影响因素复杂,耦合海洋条件外力场因素,反应堆冷却剂系统将会出现异常复杂的流动行为。

由于自然循环的高固有安全特性,部分核动力系统中通过融入自然循环特性以导出堆芯余热。对于自然循环运行工况下的核动力系统,海洋条件将进一步影响到反应堆系统的稳定运行,成为核动力系统安全运行的制约因素。为分析起伏条件对自然循环运行特性的影响,Woodward[15] 开展了相关实验研究工作。Woodward[15] 指出当系统自然循环流动处于流动不稳定状态时,由起伏运动引起的重力变化将导致自然循环流动特征更趋于复杂。当自然循环流动不稳定性的频率接近重力场变化的频率时,冷却工质流量将出现共振从而使得系统流量波动加剧,导致反应堆系统热工限值降低。

针对海洋运动引起的附加力对核动力船舶中自然循环流动不稳定性的影响,谭思超等[16] 开展了摇摆运动下自然循环流动特征的实验研究(见图 13 - 9)。谭思超等[16] 等指出:摇摆运动将导致自然循环不稳定流动现象提前发生;系统流量出现波动并降至最低点时,出现自然循环不稳定流动。自然循

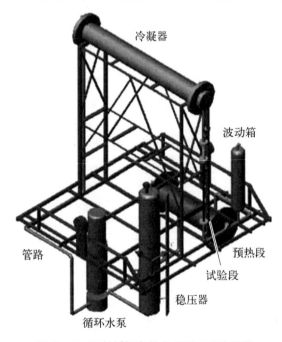

图 13 - 9 倾斜摇摆条件自然循环试验装置

环工况中,摇摆运动振幅和频率的升高将降低系统流动稳定性,而系统压力和冷却水过冷度的升高将增强系统流动稳定性。对于海洋条件下摇摆运动引起的流量波动与自然循环密度波不稳定引起的流量波动的叠加特性,谭思超等[16]指出:叠加效应将加剧自然循环系统的不稳定,同时叠加后波动周期为摇摆周期和密度波脉动周期的最小公倍数;在高含汽率和低含汽率下叠加效应的影响减弱。

针对倾斜摇摆条件下并联通道内的流动不稳定特性,郭赟等[17]开展系列研究工作。通过建模分析计算方式对摇摆状态下管间脉动现象的研究结果表明:由于并联通道入口段对系统不稳定性的复杂影响,摇摆条件下并联通道存在高、低含汽率区域 2 个不稳定区域。同时,摇摆条件下系统非线性特性十分显著,伴随加热功率升高出现流量周期分岔现象,郭赟等[17]认为摇摆运动下并联通道系统可能会出现混沌现象。针对静止及摇摆工况下并联通道内两相流动不稳定性特征,郭赟等[17]开展了数值研究工作,指出摇摆工况的存在使得系统流动趋于不稳定,在摇摆作用下并联通道内具有显著的混沌特性,摇摆运动会使并联双通道管间流量脉动现象提前发生,管间流量脉动会限制摇摆引起的流量波动幅度。通过采用快速傅里叶变换工具对摇摆条件下并联双通道内流动不稳定性分析结果表明,快速傅里叶变换能够准确分析摇摆条件下流量振荡曲线的特性,对摇摆条件下并联双通道系统两相不稳定性具有较好的分辨率,可以被用来鉴别摇摆工况以及评估摇摆的影响程度。

13.3　倾斜摇摆条件下的传热恶化现象

临界热流密度(CHF)是反应堆系统中的一个关键热工限制参数,压水堆中 CHF 影响因素包括冷却水流量、温度和压力等。海洋条件下,由于倾斜摇摆产生的附加作用力将导致反应堆冷却剂流量出现周期性波动,从而影响到临界热流密度。针对海洋条件下反应堆系统内临界热流密度,国内外相关人员开展了理论分析和实验研究工作。

对摇摆条件下常压竖直环形通道内流动水 CHF,庞凤阁等[18]开展了相关实验研究工作。研究结果显示,相比于静止条件下实验结果,摇摆条件将使的竖直通道内 CHF 降低。为分析核动力船舶中相关设备的 CHF 在海洋条件受摇摆运动的影响特征,高璞珍等[19]开展了摇摆条件和非摇摆条件下常压自然循环工况 CHF 实验研究。高璞珍等[19]指出:在常压自然循环工况中,自然循环流动波动较小;在摇摆条件和非摇摆条件下,CHF 试验值趋于一致,摇摆运动对 CHF 的影响较弱;常压工况下,摇摆运动对 CHF 的影响规律在高压工况下的适用性需进一步评估。

针对摇摆条件引起的周期性外立场对脉动流动传热特性的影响,国内相关学者开展了相关理论分析工作。通过将摇摆条件下驱动力分解为定常驱动力与周期性脉动力,黄振等[6]首先分析了摇摆状态下脉动流速度场分布,研究发现在摇摆条件下速度场分布与定常流动存在差异,呈现"速度环效应",即速度最大值出现在壁面附近,且随时间变化,流动速度的变化会引起壁面附近流体和主流中心流体的扰动,从而增强换热。Yan 等[20]研究了圆管、矩形管及棒束通道内海洋条件下脉动流热工水力特性。Yan 等[20]同样将摇摆条件下驱动力分解为定常驱动力与周期性脉动力,通过理论分析研究了瞬变外力场作用下圆管及矩形管内速度场分布及温度场分布,建立了海洋条件瞬变外力场下圆管和矩形通道内层流与湍流流体的流动传热模型,通过理论推导得到了在海洋条件瞬变外力场下圆管和矩形通道内层流与湍流流体的速度、温度、摩擦因数和努塞特数的计算关系式。鄢炳火等[3]指出瞬变外力场对窄缝通道内的流动传热的影响非常微弱,但是对大直径通道内流动传热的影响较为显著。Yan 等[20]指出在流量脉动条件下,定常流动的阻力传热计算关系式不能准确计算大直径通道内的流体流动传热。

13.4　倾斜摇摆条件下的力场特征

海洋条件下倾斜摇摆等现象将会给核动力系统带来附加力场,从而使核动力系统内冷却工质流量、温度和功率分布等参数发生变化,对系统安全性造成较大影响。在自然循环运行条件下,核动力系统内冷却工质流量波动将更明显。针对海洋条件下核动力系统内力场特性,国内外相关学者开展了相关理论分析工作。

高璞珍等[21]通过将海洋条件简化为起伏、摇摆等影响因素,分析了在海洋条件下核动力系统内冷却工质的受力情况及各种惯性力对冷却工质流动的影响,建立了海洋条件对核动力系统一回路冷却工质流动影响特性的数值计算模型。通过采用固结于核动力系统的非惯性坐标系,分析核动力系统一回路冷却工质在倾斜摇摆条件下的流动情况。高璞珍等[21]指出在海洋条件下核动力系统将围绕其初始平衡位置出现 6 个自由度的振荡摇动,冷却工质流动会受到以下 6 个方面影响:① 倾斜;② 重力;③ 平动加速度(如启动、停止或起伏时);④ 转动法向加速度;⑤ 转动切向加速度;⑥ 转动科里奥利加速度。高璞珍等[21]通过建立在竖直运动条件下核动力系统自然循环能力数学模型,进一步分析了起伏条件对核动力系统自然循环和强迫循环运行特性的影响。通过分析起伏条件下一回路冷却剂流量变化及反应堆输出功率的变化情况,高璞珍等[21]指出因一回路系统主泵驱动压头远大于起伏条件引起的驱动压头变化,在强迫循环条件下起伏运动对核动力系统强迫循环运行特性的影响较弱。在自然循环条件下起伏运动将对回路驱动压头造成较大影响,从而导致自然循环流量计反应堆输出功率出现较大波动。通过分析包壳表面最高温度、芯块中心最高温度、最小烧毁比和堆芯热通道的出口含汽率等热工限制准则,高璞珍等[21]指出在起伏运动条件下堆芯热通道的出口含汽率将首先超出安全准则值,对核动力系统自然循环运行造成不利影响。

针对在海洋条件下自然循环系统的流动阻力特性,熊昆[22]开展了在竖直和摇摆条件下自然循环回路矩形通道内单相和两相阻力特性的研究工作。实验结果显示:摇摆运动对矩形通道单相流动状态下层流区的摩擦阻力影响显著,平均摩擦因数随摇摆运动的增强而增大;而紊流区内摩擦阻力受摇摆运动的影响较弱。在过冷沸腾工况下,矩形通道内两相平均摩擦因数随摇摆运动的增强而增大,全液相雷诺数是影响两相摩擦阻力大小的主要因素;同时,瞬时摩擦阻力受最大摇摆加速度的影响较弱,瞬时摩擦阻力的波动幅度随着全液相雷诺数的增大而增大。

针对海洋条件对核动力系统内过冷沸腾气泡受力特性,秦胜杰等[23]指出在过冷沸腾竖直向上流动中,气泡本身受海洋条件摇摆产生的附加加速度的影响较弱,在分析气泡受力时可以忽略不及。在流动沸腾条件下气泡受力和流量紧密相关,气泡受力受流量波动影响显著,气泡脱离点位置会因流量波动而发生改变,从而影响沸腾换热。谢添舟等[24]通过分析摇摆运动引起的瞬变外立场对气泡影响特性,进一步建立了在摇摆条件下气泡脱离直

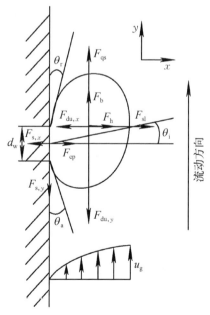

图 13 - 10　在摇摆运动条件下气泡受力示意图

径预测模型。在摇摆运动条件下气泡受力示意如图 13 - 10 所示。谢添舟等[24]指出摇摆在运动条件下壁面气泡脱离过程中浮力、稳态拖曳力和表面张力起主导作用,摇摆运动对浮力的影响较为显著。

李少丹[25]指出海洋条件对核动力系统冷却工质内气泡行为是一种系统性、综合性的影响。海洋条件运动引起的浮力变化将直接影响气泡运动特性,同时海洋条件运动导致反应堆系冷却剂热工边界条件变化对气泡行为的影响也不容忽视。李少丹[25]还指出,海洋运动条件对反应堆系冷却剂过冷沸腾换热的影响主要是由改变局部气泡运动行为导致的。结合海洋条件对气泡运动行为的几个方面影响,李少丹[25]进一步修正了在相关海洋条件下气泡行为预测模型。

参考文献

[1] MURATA H, SAWADA K, KOBAYASHI M. Natural circulation characteristics of a marine reactor in rolling motion and heat transfer in the core[J]. Nuclear Engineering and Design, 2002, 215(1/2): 69 - 85.

[2] ISHIDA T, YORITSUNE T. Effects of ship motions on natural circulation of deep sea research reactor DRX[J]. Nuclear Engineering and Design, 2002, 215(1/2): 51 - 67.

[3] 鄢炳火,顾汉洋,于雷.摇摆条件下典型通道间湍流的流动传热特性[J].原子能科学技术,2011,45(2):179 - 185.

[4] 杨宇,潘良明,何辉.第十四届全国反应堆热工流体学术会议暨中核核反应堆热工水力技术重点实验室 2015 年度学术年会论文集[C].北京:第十四届全国反应堆热工流体学术会议,2015.

[5] TAN S C, SU G H, GAO P Z. Experimental and theoretical study on single-phase natural circulation flow and heat transfer under rolling motion condition[J]. Applied Thermal Engineering, 2009, 29(14/15): 3160 - 3168.

[6] 黄振,高璞珍,谭思超,等.摇摆对传热影响的机理分析[J].核动力工程,2010(3):50 - 54.

[7] YAN B H, GU H Y, YU L. Heat transfer of pulsating turbulent pipe flow in rolling motion[J]. Progress in Nuclear Energy, 2012, 59(59): 59 - 65.

[8] 周伟荣.倾斜窄通道中单相流体的传热特性研究[D].哈尔滨:哈尔滨工程大学,2012.

[9] 陈勇.摇摆条件矩形通道内流体传热特性研究[D].哈尔滨:哈尔滨工程大学,2012.

[10] 董相禄.摇摆条件下窄矩形通道内流动传热的大涡模拟[D].重庆:重庆大学,2012.

[11] 王占伟.摇摆运动下冷却剂低流速流动、传热特性研究[D].哈尔滨:哈尔滨工程大学,2013.

[12] 王畅.周期力场作用下矩形通道内流动与传热特性研究[D].哈尔滨:哈尔滨工程大

学,2013.

[13] 田旺盛.摇摆条件下矩形通道内自然循环传热特性研究[D].哈尔滨:哈尔滨工程大
学,2017.

[14] 杨星团,朱宏晔,宫厚军,等.对称双环路倾斜条件下自然循环特性研究[J].核动力
工程,2013,34(5):124-127.

[15] WOODWARD J B. Natural circulation experiments in an oscillating force field[M].
Michigan: University of Michigan, 1965.

[16] 谭思超,高文杰,高璞珍,等.摇摆运动对自然循环流动不稳定性的影响[J].核动力
工程,2007(5):42-45.

[17] 郭赟,秋穗正,苏光辉,等.摇摆状态下入口段和上升段对两相流动不稳定性的影响
[J].核动力工程,2007,28(6):5.

[18] 庞凤阁,高璞珍,王兆祥,等.摇摆对常压水临界热流密度(CHF)影响实验讲究[J].
核科学与工程,1997(4):367-371.

[19] 高璞珍,王兆祥,庞凤阁,等.摇摆情况下水的自然循环临界热流密度实验研究[J].
哈尔滨工程大学学报,1997(6):40-44.

[20] YAN B H, GU H Y, YANG Y, et al. Theoretical models of turbulent flow in
rolling motion[J]. Progress in Nuclear Energy, 2010, 52(6): 563-568.

[21] 高璞珍,王兆祥.起伏对强制循环和自然循环的影响[J].核科学与工程,1999,19
(2):5.

[22] 熊昆.摇摆对自然循环工况下加热通道内阻力特性的影响[D].哈尔滨:哈尔滨工程
大学,2017.

[23] 秦胜杰,高璞珍.摇摆运动对过冷沸腾流体中汽泡受力的影响[J].核动力工程,2008
(02):20-23.

[24] 谢添舟,陈炳德,闫晓,等.摇摆条件下矩形窄缝通道内汽泡脱离直径模型构建及分
析[J].原子能科学技术,2014,48(5):801-805.

[25] 李少丹.海洋条件下局部汽泡行为及沸腾换热特性研究[D].哈尔滨:哈尔滨工程大
学.2015.

索　引